怎样学好普通话丛书

JILUGUANHUAQU
ZENYANG XUEHAO PUTONGHUA

冀鲁官话区
怎样学好普通话

教育部语言文字应用研究所
国家语委普通话与文字应用培训测试中心 组编

本册主编：岳立静
编　　写：岳立静　宋怡琳　程宗洋
审　　读：高晓虹

·北京·

图书在版编目（CIP）数据

冀鲁官话区怎样学好普通话 / 教育部语言文字应用研究所，国家语委普通话与文字应用培训测试中心组编. -- 北京 : 语文出版社，2024.11
ISBN 978-7-5187-1663-0

Ⅰ. ①冀… Ⅱ. ①教… ②国… Ⅲ. ①普通话－自学参考资料 Ⅳ. ①H102

中国国家版本馆CIP数据核字(2023)第001594号

责任编辑 李 朋
装帧设计 刘姗姗
出　　版 语文出版社
地　　址 北京市东城区朝阳门内南小街51号　100010
电子信箱 ywcbsywp@163.com
排　　版 北京九章文化有限公司
印刷装订 北京鑫海金澳胶印有限公司
发　　行 语文出版社　新华书店经销
规　　格 890mm×1240mm
开　　本 A5
印　　张 8.25
字　　数 205千字
版　　次 2024年11月第1版
印　　次 2024年11月第1次印刷
定　　价 38.00元

010-65253954(咨询) 010-65251033(购书) 010-65250075(印装质量)

前　言

我国宪法规定：国家推广全国通用的普通话。

新中国成立以来，在党中央、国务院坚强领导下，普通话推广工作蓬勃发展，取得举世瞩目的成就。2020 年全国普通话普及率超过 80%，实现了普通话在全国范围内基本普及、语言交际障碍基本消除的历史性目标。新时代新征程，坚定不移推广普及国家通用语言文字，向着全面普及的新目标稳步迈进，要聚焦重点，精准施策，着力解决推广普及不平衡不充分问题，不断提升国家通用语言文字普及程度和质量。为更好满足广大群众学习普通话、提高普通话水平的需求，教育部语言文字应用研究所、国家语委普通话与文字应用培训测试中心联合语文出版社，精心策划和组织编写了这套“怎样学好普通话丛书”。

本丛书是一套基础性、大众化的普通话学习用书，包括系统描述普通话语音、词汇、语法等知识的基础读本，以及针对不同方言区的专用读本。在保证内容表述科学规范的前提下，力求语言平实、深入浅出、通俗易懂。没有语言学专业基础的读者，通过学习基础读本，能够对普通话特别是普通话语音有比较系统的了解。不同方言区的读者，通过学习专用读本，可以比较熟练地掌握普通话与方言的对应规律，针对学习重点与难点进行练习，更快更好地提高普通话水平。

应邀参加本丛书编写、审读的专家学者，既有享有盛誉的著名语言学家，也有学有专长的知名专家和优秀青年学者。他们长期从事普通话教育教学及研究，具有扎实的专业理论功底和丰富的实践经验，对推广普通话满怀热忱，对编写和审读工作精益求精，保证了本丛书的科学性、专业性和实用性。谨向他们表示敬意和感谢！

教育部语言文字应用研究所
国家语委普通话与文字应用培训测试中心

目　录

第一章 冀鲁官话及其使用概况

一、冀鲁官话的使用人口及区域

冀鲁官话分布在河北省的大部分地区、天津市的绝大部分地区（除武清区外）、山东省的近一半地区以及北京的平谷区和山西省的广灵县，使用人口约 8942.5 万，总面积约 179683.5 平方公里。①

据 2012 年版《中国语言地图集》统计，河北省内有 104 个县市区的方言属于冀鲁官话，约占全省的四分之三。山东省内有 51 个县市区的方言属于冀鲁官话，约占全省的一半。天津市所辖 15 区 3 县，除武清区的方言属于北京官话外，其余区县的方言均属冀鲁官话。

在地域上，整个冀鲁官话区环绕着渤海湾分布，由河北、天津以及山东的渤海湾沿岸成环状向内地延伸，东北部至辽宁省的东北官话

---

① 本书行政区划名称、人口及区域面积数据统计，均依据 2012 年版《中国语言地图集》。该版地图集中的行政区划名称及人口数字，取自中华人民共和国民政部编 2004 年版《中华人民共和国行政区划简册》。2004 年以后调整的行政区划名称本书未作相应变更。

区，向北延伸至北京南部、河北省北部的北京官话区，向西和西北延伸至山西省东部的晋语区，向南和西南一直延伸到了山东南部、河南东北部、河北东南部的中原官话区，东南则到了山东东部的胶辽官话区。整个分布区域“像一只不十分圆整的人耳形状”。（钱曾怡，2010）

二、冀鲁官话的分区

1987年版的《中国语言地图集》将冀鲁官话区分为三片，即保唐片、石济片、沧惠片，其下又分13个小片。分片的主要根据是古清声母入声字的今读：保唐片分归阴阳上去四声，其中归阴平、上声的字比普通话多；石济片多归阴平；沧惠片多数归阴平，少数归上声（章桓小片比较特殊，入声自成调类，只有少数字归阴平）。2012年版《中国语言地图集》沿用了1987年版的分片，只作了个别区县归属的修改调整。修改调整以后，冀鲁官话共有162个方言点，各片的分布范围见表1–1。

表1–1　冀鲁官话区内部片、小片分布

<table>
<tr><th>区</th><th>片</th><th>小片</th><th>分布点</th><th>所属省市</th></tr>
<tr><td rowspan="6">冀鲁官话</td><td rowspan="6">保唐</td><td rowspan="2">涞阜</td><td>广灵县</td><td>山西</td></tr>
<tr><td>阜平县、涞源县、曲阳县、蔚县</td><td>河北</td></tr>
<tr><td rowspan="2">定霸</td><td>安国市、安新县、保定市、霸州市、博野县、大城县、定兴县、定州市、高碑店市、高阳县、涞水县、蠡县、满城县、清苑县、容城县、顺平县、唐县、望都县、文安县、雄县、徐水县、易县、永清县</td><td>河北</td></tr>
<tr><td>静海县</td><td>天津</td></tr>
<tr><td rowspan="2">天津</td><td rowspan="2">天津（西边从曹庄子起，沿津浦线到东边的徐庄子、赵庄子，再向南经贵庄、芦庄子、南马集到南端的大韩庄，再向西北经大芦北口、卞庄、邢庄子回到曹庄子）</td><td rowspan="2">天津</td></tr>
<tr></tr>
</table>

续表

区	片	小片	分布点	所属省市
		蓟遵	平谷区	北京
			蓟县、宝坻区、宁河县	天津
			宽城满族自治县、迁安市、迁西县、唐海县、唐山市、兴隆县、玉田县、遵化市、丰南市（今并入唐山市）、丰润县（今并入唐山市）	河北
		滦昌	昌黎县、乐亭县、滦县、滦南县	河北
		抚龙	抚宁县、卢龙县、青龙县、秦皇岛市	河北
冀鲁官话	石济	赵深	安平县、藁城市、高邑县、井陉县、晋州市、栾城县、宁晋县、饶阳县、深泽县、深州市、石家庄市、无极县、武强县、武邑县、行唐县、辛集市、新乐市、赵县、正定县	河北
		邢衡	柏乡县、衡水市、冀州市、巨鹿县、临城县、隆尧县、南宫市、内丘县、平乡县、任县、邢台市、邢台县、新河县、枣强县	河北
		聊泰	广平县（县城以东）、广宗县、馆陶县、故城县、临西县、清河县、邱县、曲周县（东里町以东）、威县、吴桥县	河北
			茌平县、德州市、东阿县、肥城市、高唐县、冠县、济南市、莱芜市、聊城市、陵县、临清市、蒙阴县、平阴县、齐河县、莘县、泰安市、武城县、夏津县、新泰市、沂南县、沂源县、禹城市、淄博市	山东
	沧惠	黄乐	泊头市、沧县、沧州市、东光县、阜城县、海兴县、河间市、黄骅市、景县、孟村回族自治县、南皮县、青县、任丘市、肃宁县、献县、盐山县	河北
			乐陵市、临邑县、宁津县、平原县、庆云县、商河县、无棣县、沾化县	山东
		阳寿	阳信县、滨州市、博兴县、昌乐县、东营市、东营市河口区、高青县、广饶县、惠民县、济阳县、垦利县、寿光市、潍坊市（寒亭区以外的地区）	山东
		莒照	莒南县、莒县、日照市	山东
		章桓	桓台县、利津县、章丘市、邹平县	山东

三、本书所用符号说明

本书描写方言读音时，除“各片方言代表点音系”一节中的方言读音全部采用国际音标记音外，其他各章节中，凡方言读音与普通话读音一致的，皆采用汉语拼音方案记音；凡方言读音与普通话读音不一致的，均采用国际音标记音。

（一）辅音表

表 1–2　国际音标辅音表

发音方法＼发音部位			双唇	齿唇	齿间	舌尖前	舌尖中	舌尖后	舌叶音	舌面前	舌面中	舌面后
塞音	不送气	清音	[p]				[t]			[ȶ]	[c]	[k]
	送气		[p^h]				[t^h]			[ȶ^h]	[c^h]	[k^h]
塞擦音	不送气			[pf]	[tθ]	[ts]		[tʂ]	[tʃ]	[tɕ]		
	送气			[pf^h]	[tθ^h]	[ts^h]		[tʂ^h]	[tʃ^h]	[tɕ^h]		
鼻音		浊音	[m]				[n]	[ɳ]		[ȵ]	[ɲ]	[ŋ]
闪音						[ɾ]						
边音							[l]	[ɭ]				
边擦音		清音					[ɬ]					
擦音				[f]	[θ]	[s]		[ʂ]	[ʃ]	[ɕ]	[ç]	[x]
		浊音		[v]		[z]		[ʐ]	[ʒ]			[ɣ]
无擦通音				[ʋ]				[ɻ]			[j]	

注：标在右上角的 h 为送气符号。

（二）元音表

表 1–3　国际音标元音表

	舌面					舌尖		
	前		央	后		前		后
	不圆	圆	不圆	不圆	圆	不圆	圆	不圆
高	[i]	[y]	[ɨ]	[ɯ]	[u]	[ɿ]	[ʮ]	[ʅ]
半高	[e]			[ɤ]	[o]			
中			[ə]					
半低	[ɛ]		[ɐ]	[ʌ]	[ɔ]			
低	[a]		[A]	[ɑ]	[ɒ]			

（三）声调符号

调值用五度标记法描写，数字“5、4、3、2、1”分别表示“高、半高、中、半低、低”五度相对音高值。本调标在音标的右上角，变调标在右上角本调后，本、变调之间用“–”隔开。例如日照东港方言“洗澡”[θi$^{44-53}$tθɔ^{44}]，即表示“洗”的本调是 44，变调是 53；轻声音节不标本调，调值记作“0”，也标在音标右上角，例如日照东港方言“夜来”[iə$^{31-53}$lɛ^{0}]。

（四）其他符号

ø 是零声母符号。

r 在音节末尾表示儿化。

= 表示同音，≠表示不同音。

~ 标在元音上方表示该元音鼻化，如 [ã]，表示元音 [a] 鼻化。

____ 标在音标下方表示此读音特殊。

除有特殊说明，[　] 内为国际音标。

以仍然存在严整的对应规律。例如，普通话 r 声母的字，在济南话中以韵母的开合为条件，声母分别读为 r 和 l，凡是开口呼韵母的字其声母都读 r，凡是合口呼韵母的字其声母都读 l。了解方言与普通话之间的对应规律，可以帮助我们成批地掌握普通话某类字的读音，迅速地学会普通话。

其实，方言与普通话之间的对应规律不仅表现在语音方面，还表现在词汇和语法方面。我们在学习时，应尽可能多地了解和掌握这些对应规律。

（三）普通话的语音系统

每种语言或方言都有自己的语音系统。方言区的人学习普通话，实际上就是纠正自己的方言语音系统，学习并掌握普通话的语音系统。

一般来说，普通话的语音系统比汉语大部分方言的语音系统都要简单，包括 22 个声母（21 个辅音声母、1 个零声母），39 个韵母，4 个声调。具体见表 2–1、表 2–2。

表 2–1　普通话声母表

b［p］巴步别	p［pʰ］怕盘扑	m［m］明门木	f［f］飞付浮		
d［t］大道夺	t［tʰ］太同突	n［n］拿怒年女			l［l］来路里吕
z［ts］字赞祖	c［tsʰ］词蚕粗		s［s］思三苏		
zh［tʂ］知章竹	ch［tʂʰ］吃昌出		sh［ʂ］师生书	r［ʐ］日让入	
j［tɕ］精经局	q［tɕʰ］清轻趣		x［ɕ］星形需		
g［k］哥贵根	k［kʰ］课亏哭		h［x］河灰寒		
［ø］爱言忘云					

表 2-2 普通话韵母表

开口呼	齐齿呼	合口呼	撮口呼
-i［ʅ］资词思	i［i］衣米地七	u［u］乌布出	ü［y］雨女局
-i［ʅ］知吃诗			
er［ər］儿耳二			
ɑ［A］巴茶杂	iɑ［iA］牙加瞎	uɑ［uA］瓦瓜花	
ê［ɛ］欸	ie［iɛ］叶姐街		üe［yɛ］月觉雪
o［o］波磨佛		uo［uo］窝多果	
e［ɤ］鹅哥德			
ɑi［ai］爱白该		uɑi［uai］歪怪坏	
ei［ei］北飞贼		uei［uei］威队亏	
ɑo［ɑu］袄赵高	iɑo［iɑu］腰交小		
ou［ou］欧周口	iou［iou］油九秋		
ɑn［an］安半敢	iɑn［iɛn］烟边前	uɑn［uan］弯船关	üɑn［yæn］远全选
en［ən］恩本根	in［in］因林斤	uen［uən］文寸昏	ün［yn］云群训
ɑng［ɑŋ］昂帮张	iɑng［iɑŋ］羊良江	uɑng［uɑŋ］王庄光	
eng［əŋ］灯蓬争	ing［iŋ］英丁青	ueng［uəŋ］翁	
		ong［uŋ］东红荣	iong［yŋ］永穷兄

普通话的声调有阴平、阳平、上声、去声四个调类，其中阴平调值为 55，如“高、刀、天、英、黑”，阳平调值为 35，如“爬、平、南、兰、节”，上声调值为 214，如“古、姐、讲、马、北”，去声调值为 51，如“大、破、帽、六、客”。

二、冀鲁官话各片的主要语音特点

根据钱曾怡《汉语官话方言研究》和 2012 年版《中国语言地图

集》，冀鲁官话各片主要语音特点可总结如下。

（一）保唐片的特点

1. 总体特点

（1）古清声母入声字分归四声，只有唐县、顺平、曲阳三地清入字多数归上声。

（2）调值上与普通话比较接近，特别是上声，调值一般都是降升调 214、213（阜平、蔚县、曲阳等少数几个县的上声读高平调），与石济片、沧惠片一般读高平调差异明显。去声起点较高，一般为全降调或高降调（个别读高平调），与普通话比较一致，而石济片、沧惠片去声一般为低降调。阳平一般读平调或升调（只有少数点读降调）。

（3）一般不分尖团。区分尖团的只有涞阜小片的阜平、曲阳，以及定霸小片的博野、高阳、蠡县、望都、安国、定州等。

（4）"阿、安、昂、爱、澳、鹅、恩、欧"等字的声母一般读鼻音 n；少数地方，如涞阜小片的涞源、曲阳，定霸小片的唐县、顺平、望都、易县、定州，滦昌小片的滦县等地，读［ŋ］；滦昌小片的昌黎 n、［ŋ］两读；安新、定兴、高阳、涞水、清苑、雄县、乐亭等地读零声母。

2. 涞阜小片的特点

（1）普通话的 en、in、uen、ün 与 eng、ing、ong、iong 两组韵母相混。该片地处山区，与晋方言区毗邻，当是晋方言特点的延伸。

（2）普通话在唇音声母后读 o 的字，该小片读不圆唇的 e 韵母。

3. 定霸小片的特点

（1）阴平一般不读高平调。

（2）多数地区去声字在轻声音节前能区分出阴去和阳去，如：

救的［$tɕiou^{51}$ $tə^{3}$］≠旧的［$tɕiou^{51-21}$ $tə^{3}$］。

（3）名词、量词加“儿”时，前一字是开尾韵、-u 尾韵或 -ng 尾韵时，多数地方“儿”自成音节，如：（豆）芽儿［ia ər］、条儿［t^{h}iau ər］、凳儿［təŋ ər］。（李巧兰，2007）

4. 天津小片的特点

（1）阴平读低降调。

（2）普通话 r 声母的字在这里读零声母。这在整个冀鲁官话中是较少见的。

（3）普通话的 zh、ch、sh 这组声母两读，一读 z、c、s，一读 zh、ch、sh。这在保唐片中是比较特殊的。

5. 蓟遵小片的特点

（1）阴平一般读高平调，而阳平多数读低平调。只有平谷、兴隆两地是阴平读高升调、阳平读高平调。

（2）普通话在唇音声母后读 o 韵母的字，该小片读不圆唇的 e 韵母。

6. 滦昌小片的特点

（1）去声读高平调。

（2）多数地区去声字在轻声音节前读为两种声调，且其所辖的字是固定的。这一点与定霸小片相同。

（3）动词可以儿化，相当于普通话的动词后加“了”等助词。

7. 抚龙小片的特点

（1）普通话的 z、c、s 与 zh、ch、sh 两组声母，多合一读为

zh、ch、sh。

（2）儿化韵不卷舌而收［ɯ］尾，如青龙：侄儿［tʂəɯ］、鱼儿［yəɯ］。（张世方，2010）

（二）石济片的特点

1. 总体特点

（1）古清声母入声字多数读阴平，少数分归入阳平、上声、去声。

（2）在调值上，上声一般读高调，以高平调为主（只有少数点读为曲折调，与保唐片类似）；去声一般读低降调（只有少数点读全降调，与保唐片类似）；阳平一般读高降调（53 或 54，有些记成中降调 42，只有少数点读 31 调）。在这一点上，石济片与沧惠片是比较一致的，这也是这两片从听感上区别于保唐片的最明显特征。

（3）普通话中的 zh、ch、sh 这组声母读音合一而不分。

（4）“阿、安、昂、爱、澳、鹅、恩、欧”等字有鼻音声母，一般为［ŋ］。只有赵深小片的巨鹿、井陉、深州、武强读 n，与保唐片的特点一致。

2. 赵深小片的特点

（1）阴平一般读低平调或中平调。

（2）声母分尖团音，如“精≠经、齐≠奇、需≠虚”。

（3）“阿、安、昂、爱、澳、鹅、恩、欧”等字在巨鹿、井陉、深州、武强等地读 n 声母。

3. 邢衡小片的特点

（1）普通话中的 er 音节在这里读自成音节的［ɭ］。

（2）普通话读 r 声母的字在这里一般读零声母。

（3）多数地区声母分尖团音。

4. 聊泰小片的特点

（1）阴平一般读曲折调。

（2）普通话 r 声母的字在本小片有较多的地方读 l 声母。其中有的都读 l 声母，如故城、淄博；有的是开口呼前读 r 声母，合口呼前读 l 声母，如济南、泰安。

（3）普通话 -n 尾韵母一般读成鼻化元音韵母。

（4）“百、白、伯、泽、脉、册、隔、北、德、勒、贼、塞、墨”等字多数地区读 ei 韵母。

（三）沧惠片的特点

1. 总体特点

总的来看，沧惠片与石济片特点比较接近。

（1）古清声母入声字多数归阴平，少数散归阳平、上声、去声。这一点与石济片基本相同，但是沧惠片归上声的字比石济片要多。其中博兴、商河古清入字主要归上声。

（2）调值上与石济片相近，一般的读法是：阴平读低降升，阳平读高降（部分地区无阳平调，普通话读阳平的字在这里与上声字合并），上声读高平，去声读低降。只有北部靠近保唐片的任丘、献县、肃宁、河间等地阴平读平调，与保唐片类似，但其阳平读高降与保唐片不同。

（3）“阿、安、昂、爱、澳、鹅、恩、欧”等字都有鼻音声母［ŋ］。

2. 黄乐小片的特点

（1）普通话中的 zh、ch、sh 这组声母二分，一部分读 z、c、s，一部分读 zh、ch、sh。这与毗邻的天津小片类似。

（2）本小片 24 个县市中，河北省的沧州、沧县、青县、泊头、孟村、盐山、黄骅、海兴，山东省的乐陵、庆云、无棣等地只有三个声调，普通话读阳平的字这里读上声。石济片聊泰小片的淄川、博山、莱芜也有同样特点，这些地方与黄乐小片在地域上接近，可以看作这个特点的延伸。

3. 阳寿小片的特点

（1）普通话中的 zh、ch、sh 声母一般不二分，只有靠近胶辽官话的潍坊、寿光、昌乐等部分地区二分（潍坊新派已经不分）。这是阳寿小片与黄乐小片的主要区别。

（2）除济阳、惠民等地单字有三个调类外，其他地方调类都是四个。

（3）古清入字今独立成调的章桓小片在地理上几乎将阳寿小片分成东、西两部分。其东的广饶、寿光、潍坊、昌乐等地，在轻声前可以区别出清入字，这反映了其方言的底层特点与章桓小片是一致的；其西的阳信、高青、惠民、济阳等地，中古入声来源的“薄、烙、弱”“雀、削、脚、约、药、学”等字，韵母分读为［ɔ］［iɔ］，与东部的寿光、潍坊、昌乐等地韵母读［ə/uə］［yə］不同。

4. 莒照小片的特点

（1）古清入字多数归入阴平。

（2）普通话 r 声母的字在这里多读为零声母。

（3）普通话中读 zh、ch、sh 声母的字，都分读为两组声母，如“知≠支、超≠抄、声≠生”。

（4）“宾、贫、民、林”等普通话中读齐齿呼韵母 in 的字，都读为开口呼韵母［ẽ］。

5. 章桓小片的特点

章桓小片地域较小，其最主要的特点是古清声母入声字基本独立成调。除利津外，其他各点都是阳平与上声合并，分为平声、上声、去声、入声四个调类，利津阳平与上声不混，有五个调类。其余特点与阳寿小片（特别是西部）基本一致。

三、各片方言代表点音系

（一）霸州方言音系

霸州位于河北省冀中平原东部。本书霸州方言以霸州镇方言音系为代表，其方言属于保唐片定霸小片。

1. 声母

包括零声母在内，霸州方言共有 23 个声母。（为了便于描写，方言音系皆采用国际音标表示，下文同）

表 2-3　霸州方言声母表

［p］八兵病	［p^h］派片爬	［m］麦明	［f］飞风副	
［t］多东毒	［t^h］讨天甜	［n］脑南安		［l］蓝连路
［ts］资早租贼	［ts^h］刺草寸		［s］丝三酸	
［tʂ］张竹争主	［$tʂ^h$］抽拆车春		［ʂ］事山顺书	［ʐ］热软用
［tɕ］酒九	［$tɕ^h$］清轻	［ȵ］年女	［ɕ］想响	
［k］高共	［k^h］开哭		［x］好灰	
［ø］味问月药				

说明：以［u］作韵头的合口呼零声母音节前有轻微的唇齿摩擦。

2. 韵母

霸州方言共有38个韵母。

表2–4 霸州方言韵母表

[ɿ] 资丝	[i] 米戏七锡	[u] 苦五出谷	[y] 雨橘绿局
[ʅ] 师试直尺			
[ər] 耳二			
[a] 茶塔辣八	[ia] 牙鸭	[ua] 瓦刮	
	[iɛ] 写鞋接街		[yɛ] 靴月
[ɤ] 歌盒热			
[o] 破拨		[uo] 坐活国	
[ai] 开排白		[uai] 快帅	
[ei] 赔飞北		[uei] 对鬼	
[ɑu] 宝饱	[iɑu] 笑桥药		
[ou] 豆走	[iou] 油六		
[an] 南山	[ian] 盐年	[uan] 短官	[yan] 权远
[ən] 深根	[in] 心斤	[uən] 寸滚	[yn] 云群
[ɑŋ] 糖桑	[iɑŋ] 响讲	[uɑŋ] 床王双	
[əŋ] 灯升争	[iŋ] 硬病星	[uəŋ] 翁	
		[uŋ] 东红	[yŋ] 兄用

说明：① "二"的实际读音为[ɐr]。

② 元音[a]在[a][ia][ua]韵母中实际音值为[ᴀ]，在[ian][yan]韵母中实际音值为[æ]。

③ 韵母[o]实际读音略有动程，且唇形略展。

④ 韵母[iɛ][yɛ]中的主元音[ɛ]，实际音值近[ᴇ]。

⑤ 韵母[an][ian][uan][yan]中的主元音[a]有轻微鼻化色彩。

3. 声调

霸州方言有四个声调：阴平、阳平、上声、去声。

阴平调值为 45，如“东、该、灯、风、通、开、天、春、搭、哭、拍、切”。

阳平调值为 53，如“门、龙、牛、油、铜、皮、糖、红、毒、白、盒、罚”。

上声调值为 214，如“懂、古、鬼、九、统、苦、讨、草、买、老、五、有、谷、百、节、塔”。

去声调值为 41，如“动、罪、近、后、冻、怪、痛、快、卖、路、硬、乱、洞、地、饭、树、六、麦、叶、月”。

需要说明的是，阴平一般读为 45，也存在自由变读为 44 的现象；去声单念和在音节末尾时，41、412 自由变读，在此一律记为 41。

4. 霸州方言音系与普通话音系的比较

（1）声母

普通话中声母 n 拼齐齿呼、撮口呼韵母的字，如“年、女”等，在霸州方言中声母都读为［ȵ］。普通话的开口呼零声母字如“爱、袄、藕、安、恩”等，在霸州大部分地区声母都读为［n］。

（2）韵母

霸州方言的韵母与普通话韵母基本一致，但也存在个别差异。如普通话读 e 韵母的部分字，在霸州方言中会对应读为两个韵母：一是［iɛ］，如“隔、客”；二是［ai］，如“择、侧~歪、测~字儿、色”。普通话读 o 韵母的少数字，如“伯、膊、膊、迫、魄”，在霸州方言中韵母读为［ai］。这些字都来源于中古入声字。

（3）声调

霸州方言与普通话声调的调类系统对应性、一致性较强，但在调值上有明显差异。普通话阴平是高平调 55，霸州方言是高升调 45；普通话阳平是中升调 35，霸州方言则是高降调 53；普通话去声是全降调 51，霸州方言去声虽然也是降调，但起点没有普通话那么高，调值是 41。

（二）天津方言音系

本书天津方言以天津市南开区方言音系为代表，其方言属于保唐片天津小片。

1. 声母

包括零声母在内，天津方言共有 19 个声母。

表 2–5　天津方言声母表

[p] 八兵病	[p^h] 派片爬	[m] 麦明	[f] 飞风饭	[v] 味问	
[t] 多东毒	[t^h] 讨天甜	[n] 脑年安			[l] 蓝连路
[ts] 组造张	[ts^h] 才村成		[s] 丝事顺		
[tɕ] 酒九	[$tɕ^h$] 清轻		[ɕ] 想响		
[k] 高共	[k^h] 开哭		[x] 好灰		
[Ø] 软月云药人					

说明：普通话声母为 zh、ch、sh、r 的字，在天津老派方言中分别读为 [ts] [ts^h] [s] [Ø] 声母，但有部分字不稳定，会出现读 [tʂ] [$tʂ^h$] [ʂ] [ʐ] 声母的情况，本书对此按自由变读处理。

2. 韵母

天津方言共有 40 个韵母。

表 2-6 天津方言韵母表

[ɿ] 资丝师尺	[i] 米戏急	[u] 苦五出谷	[y] 雨橘局
			[yu] 褥如
[ər] 耳二			
[a] 茶八马	[ia] 牙鸭家	[ua] 瓜话刷	
	[iɛ] 写鞋节		[yɛ] 绝缺月
[ɤ] 车歌盒	[iɤ] 热惹		
[o] 破末佛		[uo] 坐活国	[yo] 弱若
[ai] 开排白		[uai] 怪快摔	
[ei] 赔飞妹		[uei] 对鬼吕女	[yei] 蕊
[au] 宝饱闹	[iau] 桥笑药		
[ou] 豆走手	[iou] 油六球		
[an] 南山半	[ian] 盐年尖	[uan] 短官乱	[yan] 权卷远
[ən] 深根问	[iən] 心斤林	[uən] 寸滚春	[yən] 均裙云
[aŋ] 糖王方	[iaŋ] 响讲样	[uaŋ] 床双光	
[əŋ] 灯升争翁	[iŋ] 病星硬井	[uŋ] 东红农	[yŋ] 穷兄荣用

说明：① “二”的实际读音为 [ɐr]。
② 元音 [a] 在 [au][iau] 和 [aŋ][iaŋ][uaŋ] 两组韵母中实际音值近 [ɑ]；在 [an][ian][uan][yan] 韵母中实际音值近 [æ]。
③ 韵母 [ian][yan][iən][yən] 中的主要元音有明显的鼻化色彩。

3. 声调

天津方言有四个声调：阴平、阳平、上声、去声。

阴平调值为 21，如“东、该、灯、风、通、开、天、春、搭、哭、拍”。

阳平调值为 24，如“门、龙、牛、油、铜、皮、糖、红、毒、白、盒、罚”。

上声调值为 213，如“懂、古、鬼、九、统、苦、讨、草、买、老、五、有、谷、百、塔”。

去声调值为 52，如“动、罪、近、后、冻、怪、痛、快、卖、路、硬、乱、洞、地、饭、树、六、麦、叶、月”。

4. 天津方言音系与普通话音系的比较

（1）声母

普通话中的一些零声母字，如“熬、安”等，在天津方言中声母读为［n］；普通话中 zh、ch、sh、r 声母的字，如“张、装、初、床、书、山、人”等，在天津方言中声母分别读为［ts］［tsʰ］［s］［Ø］；普通话中韵头为 u 的零声母字在天津方言中有唇齿音声母［v］。

（2）韵母

天津方言比普通话多三个撮口呼韵母［yu］［yo］［yei］，少一个韵母［ʅ］，还有个别字读音有差别，如普通话中韵母为 e 的“热、惹”，在天津方言中读为［iɤ］韵母。

（3）声调

天津方言的声调在调类和调型上与普通话都有比较强的一致性。它们都有四个声调，其中除阴平是低降调 21，与普通话高平调 55 的调型、调值差别较大外，阳平、上声、去声三个声调的调型与普通话一致，即阳平都是升调，上声都是降升调，去声都是高降调，而且与普通话的调值也都非常接近。

（三）昌黎方言音系

昌黎位于河北省东北部。本书昌黎方言以昌黎镇方言音系为代表，其方言属于保唐片滦昌小片。

1. 声母

包括零声母在内，昌黎方言共有 24 个声母。

表 2–7 昌黎方言声母表

[p] 八兵病	[pʰ] 派片爬	[m] 门麦明	[f] 飞风副		
[t] 多端毒	[tʰ] 讨天甜	[n] 脑爱$_1$奴			[l] 老连路
[ts] 早坐张	[tsʰ] 刺床除		[s] 丝事鼠		
[tʂ] 租纸主	[tʂʰ] 茶锄吃		[ʂ] 蛇树十	[ʐ] 软荣热	
[tɕ] 酒九菊	[tɕʰ] 清轻全	[ȵ] 年牛女	[ɕ] 想谢响		
[k] 哥高共	[kʰ] 开口宽	[ŋ] 爱$_2$安	[x] 好很灰		
[ø] 问云药藉爱$_3$					

说明：①在部分单字中，声母 [ʐ] 的摩擦性不强，实际读音为 [ɹ]，如“染、让”。
②“子”作词尾时，声母 [ts] 的实际读音通常接近 [z]，如“雹子、日子”。
③多数情况下，[t][tʰ][n] 的阻碍部位较为靠前，位于齿背或齿间的位置。
④通常情况下，声母 [n] 只与开口呼、合口呼韵母相拼；声母 [ȵ] 只与齐齿呼、撮口呼韵母相拼，与齐齿呼韵母相拼时，舌面音色彩尤为明显。

2. 韵母

昌黎方言共有 37 个韵母。

表 2–8 昌黎方言韵母表

[ɿ] 资祠虱	[i] 弟米戏一	[u] 苦五猪出	[y] 雨橘驴
[ʅ] 知试十尺			
[ər] 儿耳二			
[a] 大马茶八	[ia] 家俩牙鸭	[ua] 抓花瓦	
	[ie] 街写接		[ye] 靴月雪
[ɤ] 歌车破佛			
		[uo] 坐过国窝	
[ai] 开排买白		[uai] 怪快坏外	
[ei] 赔飞北黑		[uei] 对水鬼	
[ɑu] 包曹老	[iɑu] 表桥笑		
[ou] 豆走口	[iou] 牛九油六		
[an] 南占半	[ian] 减盐年	[uan] 短官关	[yan] 权院选
[ən] 针沉认	[in] 心今斤	[uən] 寸滚春	[yn] 均群云

续表

[ɑŋ] 糖唱方	[iɑŋ] 响样讲	[uɑŋ] 床光双	
[əŋ] 灯升争	[iŋ] 冰病星硬	[uəŋ] 翁	
		[uŋ] 东红农共	[yŋ] 兄永用

说明：① 元音 [a] 在 [a] [ia] [ua] 韵母中实际音值为 [ᴀ]，在 [ian] 韵母中实际音值为 [ɛ]。

② 韵母 [u] 与 [ts] [tsʰ] [s] 声母相拼时，带有卷舌色彩，如“猪、除、鼠”。

③ 韵母 [ie] [ye] 中的主元音 [e]，实际音值为 [ᴇ]。

④ 韵母 [uo] 在零声母音节中的实际读音为 [uə]，如“窝、我”。

⑤ 韵母 [an] 中的鼻音韵尾 [n]，阻碍部位较为靠前，位于齿背或齿间的位置。

⑥ 韵母 [in] [iŋ] 的实际读音分别为 [iən] [iəŋ]。

⑦ 鼻音韵尾 [n] 后常伴有合口动作，实际发音为 [n] 附加一小段伴有合口动作的延长，但不是 [m]。

3. 声调

昌黎方言有四个声调：阴平、阳平、上声、去声。

阴平调值为 42，如“东、该、灯、风、通、开、天、春、搭、哭、拍”。

阳平调值为 24，如“门、龙、牛、油、铜、皮、糖、红、卖$_1$、硬$_1$、洞$_1$、树$_1$、动$_1$、罪$_1$、毒、白、盒”。

上声调值为 213，如“懂、古、鬼、九、统、苦、讨、草、买、老、五、有、谷、百、塔、切、节”。

去声调值为 453，如“动$_2$、罪$_2$、近、后、冻、怪、痛、快、卖$_2$、硬$_2$、洞$_2$、树$_2$、麦、叶、月”。

需要说明的是：

阳平 24 以升为主，起头略降，实际音值介于 324 与 224 之间，易与上声相混，较难听辨。在字尾常有习惯性延长，音值接近 3242。

上声 213 以升为主，易与阳平相混，较难听辨。在字尾常有习惯性延长，音值接近 2131。

去声 453 为凸调，起头略升，以降为主。

有一部分字存在两读现象，既可以读作阳平 24，也可以读作去声 453，且具体的读音情况多数都受词汇条件的约束，如“下地”的“地”读 24 调，“土地”的“地”读 453 调。

4. 昌黎方言音系与普通话音系的比较

（1）声母

第一，普通话中读 z、c、s 和 zh、ch、sh 声母的字，与昌黎方言中读［ts］［ts^h］［s］和［tʂ］［$tʂ^h$］［ʂ］声母的字对应复杂，其中有两个相对明显的分布规律。一是在单字层面，合口呼韵母前常读作［ts］［ts^h］［s］，如“煮［ts］、船［ts^h］、霜［s］”。二是在连读层面，儿化或用作后字时常读作［tʂ］［$tʂ^h$］［ʂ］，如“洗澡［tʂ］儿、刺［$tʂ^h$］儿、打算［ʂ］、稻草［$tʂ^h$］”；用作前字时常读作［ts］［ts^h］［s］，如“芝［ts］麻、吵［ts^h］架、上［s］坟”。

第二，普通话中声母 n 拼齐齿呼、撮口呼韵母的字，如“年、女”等，在昌黎方言中声母都读舌面前鼻音［ȵ］。

第三，普通话中的一些零声母字，如“爱、袄、藕、安、恩”等，在昌黎方言中有零声母、［ŋ］声母、［n］声母三种读法。其中有的字只有一种读法，如“鹅”读［n］声母，“藕”读零声母；有的字有三种读法，如“爱”就可以同时读为零声母的［ai］、［ŋ］声母的［ŋai］和［n］声母的［nai］。

（2）韵母

第一，普通话中韵母为 o 的一些字，在昌黎方言中会对应读为多个韵母，如“波、坡、婆、磨”等字在昌黎方言中韵母都读为［ɤ］，“墨”在昌黎方言中韵母读为［i］。

第二，普通话读 uo、üe 韵母的少数字，在昌黎方言中读为［ɑu］

[iau] 韵母，如“弱”读 [ʐau]，“雀”读 [tɕʰiau]，“学”读 [ɕiau]。

（3）声调

昌黎方言与普通话一样都有四个声调，其中阳平 24、上声 213 两个声调与普通话的调型一致，调值相近。差别比较大的是阴平和去声：普通话阴平是高平调 55，昌黎方言是高降调 42；普通话去声是全降调 51，昌黎方言是升降调 453。

昌黎方言四个声调与普通话四个声调所辖的字也并不完全相同，一部分在普通话中读去声的字，如“卖、硬、动、罪”等，在昌黎方言中有去声、阳平两种读法。

（四）邢台方言音系

邢台位于河北省南部。本书邢台方言以桥东区方言音系为代表，其方言属于石济片邢衡小片。

1. 声母

包括零声母在内，邢台方言共有 24 个声母。

表 2–9 邢台方言声母表

[p] 八兵病	[pʰ] 派片爬	[m] 明麦	[f] 风肥副	[v] 味温	
[t] 多东毒	[tʰ] 讨甜天	[n] 脑年			[l] 老连路
[ts] 资早酒	[tsʰ] 刺草清		[s] 丝三谢		
[tʂ] 张柱争	[tʂʰ] 抽茶床		[ʂ] 事山书	[ʐ] 热软	
[tɕ] 九军	[tɕʰ] 轻权		[ɕ] 响县		
[k] 高共根	[kʰ] 开哭	[ŋ] 熬 $_1$ 安 $_1$	[x] 好灰活		
[∅] 熬 $_2$ 安 $_2$ 月用药					

说明：①[ŋ] 声母的舌根与软腭接触较轻，部分字有 [ŋ] 声母、零声母两读的情况。
②[v] 声母唇齿摩擦较轻。

2. 韵母

邢台方言共有 36 个韵母。

表 2-10 邢台方言韵母表

[ɿ] 丝	[i] 米戏七	[u] 苦骨出谷	[y] 雨橘绿局
[ʅ] 师十直尺			
[ər] 耳二			
[a] 茶塔辣八	[ia] 牙鸭	[ua] 抓刮	
	[iɛ] 写鞋节		[yɛ] 靴月
[ə] 歌盒破磨			
		[uo] 坐活国	
[ai] 开排白		[uai] 怪快	
[ei] 赔飞北		[uei] 对鬼	
[au] 宝饱	[iau] 笑药		
[ou] 豆走	[iou] 油六		
[an] 南山碗	[ian] 盐年	[uan] 短官	[yan] 权元
[ən] 深根问	[in] 心新今	[uən] 寸滚春	[yn] 云群
[aŋ] 糖张王	[iaŋ] 响讲	[uaŋ] 床双	
[əŋ] 灯升争翁	[iŋ] 硬病星	[uŋ] 东红农共	[yŋ] 兄用

说明：① 韵母 [ai][uai] 的动程较小，实际音值接近 [ɛ][uɛ]。

② 元音 [a] 在 [a][ia][ua] 韵母中实际音值是 [ᴀ]，在 [aŋ][iaŋ][uaŋ] 韵母中实际音值是 [ɑ]。

③ 韵母 [ə] 与唇音声母相拼时，实际读音为 [o]；与舌面后声母相拼时，实际读音为 [ɤ]。

④ 韵母 [iɛ][yɛ] 中的主元音 [ɛ]，实际音值近 [ᴇ]。

3. 声调

邢台方言有四个声调：阴平、阳平、上声、去声。

阴平调值为 34（有的较平，近中平调 33），如“东、该、灯、风、通、开、天、春、谷、百、搭、节、哭、拍、塔、切”。

阳平调值为53（降幅较大，收尾略低，整体接近52），如“门、龙、牛、油、铜、皮、糖、红、毒、白、盒、罚”。

上声调值为55，如“懂、古、鬼、九、苦、草、买、老、五、有”。

去声调值为31，如“动、罪、近、后、冻、怪、痛、快、卖、路、硬、乱、洞、地、饭、树、六、麦、叶、月”。

4. 邢台方言音系与普通话音系比较

（1）声母

第一，普通话中一些开口呼零声母字，如“爱、袄、藕、安、恩”等，在邢台方言中都可以既读零声母，也读［ŋ］声母。

第二，普通话中的合口呼零声母字在邢台方言中开头都有唇齿擦音声母［v］。

第三，普通话中一部分读j、q、x声母的字，如“酒、清、心”等，在邢台方言中读为［ts］［ts^h］［s］声母。

第四，普通话中读r声母的字，在邢台方言中有的读为［l］声母，如“如”；有的有［ʐ］［Ø］两读，如“人、认”。

（2）韵母

第一，普通话中韵母为o的一些字，如“波、破、磨”等，在邢台方言中都读为［ə］韵母。

第二，部分中古入声来源的字，韵母读音与普通话不同，如在邢台方言中，“墨、刻、得、笔”等字韵母都读为［ei］，“侧、色”等字韵母都读为［ai］。

（3）声调

邢台方言与普通话的声调在调型、调值上有明显差异。普通话阴平是高平调55，邢台方言是中升调34；普通话阳平是中升调35，邢台方言则是高降调 53；普通话上声是降升调 214，邢台方言是高平调 55；普通话去声是全降调 51，邢台方言则是低降调 31。

值得注意的是，邢台方言的阴平字比普通话的阴平字要多，“谷、百、搭、节、哭、拍、塔、切、客、侧”等古清入来源的字，在普通话中分别读为四个声调，而在邢台方言中都读为了阴平调。

（五）济南方言音系

济南位于山东中西部地区。本书济南方言以历下区方言音系为代表，其方言属于石济片聊泰小片。

1. 声母

包括零声母在内，济南方言共有 24 个声母。

表 2-11　济南方言声母表

[p] 帮布病	[pʰ] 派爬片	[m] 明门麦	[f] 非夫风		
[t] 端大东	[tʰ] 透太天	[n] 拿暖			[l] 蓝连乳
[ts] 增祖	[tsʰ] 仓粗		[s] 苏思		
[tʂ] 知章装	[tʂʰ] 彻昌初		[ʂ] 书生双	[ʐ] 日人	
[tɕ] 精见居	[tɕʰ] 清轻趣	[ȵ] 年女	[ɕ] 细晓需		
[k] 贵根共	[kʰ] 开康哭	[ŋ] 爱岸	[x] 灰胡		
[Ø] 影屋问云药					

说明：合口呼零声母音节开头有轻微的唇齿摩擦，实际音值近 [ʋ]。

2. 韵母

济南方言共有 38 个韵母。

表 2-12　济南方言韵母表

[ɿ] 资刺丝	[i] 比低鸡	[u] 布土故	[y] 旅居雨
[ʅ] 知翅诗			
[ər] 儿耳二			
[a] 八沙辣	[ia] 加恰虾	[ua] 瓦瓜抓	
[ɛ] 牌开盖	[iɛ] 鞋街矮	[uɛ] 帅怪坏	
[ə] 波哥盒	[iə] 灭铁茄	[uə] 多错桌	[yə] 决缺脚
[ɔ] 包刀遭	[iɔ] 标刁交		
[ei] 白妹贼		[uei] 推最追	
[ou] 兜走周	[iou] 丢流油		
[ã] 班南山	[iã] 边天烟	[uã] 端酸专	[yã] 捐权选
[ẽ] 奔真根	[iẽ] 宾林音	[uẽ] 寸尊春	[yẽ] 军熏晕
[ɑŋ] 帮糖张	[iɑŋ] 良将娘	[uɑŋ] 庄双光	
[əŋ] 灯升争	[iŋ] 丁精英	[uəŋ] 翁	
		[uŋ] 东红空	[yŋ] 穷兄用

说明：① 韵母 [a] [ia] [ua] 中的主元音 [a]，实际音值为 [ʌ]。
② 韵母 [ɛ] 舌位略低，读音接近 [æ]。
③ 韵母 [ə] [iə] [uə] [yə] 中的主元音 [ə] 舌位略低偏后，实际音值近 [ʌ]。韵母 [ə] 与双唇音声母相拼时实际读音近 [uə]。
④ 韵母 [iã] [yã] 中的主要元音舌位偏高，实际读音为 [iæ̃] [yæ̃]。
⑤ 韵母 [ɑŋ] [iɑŋ] [uɑŋ] 中的主要元音带鼻化，[ŋ] 归音不到位。

3. 声调

济南方言有四个声调：阴平、阳平、上声、去声。

阴平调值为 213（降幅较小，不到 1 度），如“东、该、灯、风、通、天、开、春、谷、百、搭、节、哭、拍、塔”。

阳平调值为 42，如“门、龙、牛、油、铜、皮、糖、红、毒、白、盒、罚”。

上声调值为 55，如“懂、古、鬼、九、统、苦、讨、草、买、老、

五、有”。

去声调值为 21，如“动、罪、近、后、冻、怪、痛、快、卖、路、硬、乱、洞、地、饭、树、六、麦、叶、月”。

4. 济南方言音系与普通话音系比较

（1）声母

第一，“则、策、涩”等字普通话中读 z、c、s 声母，济南老派方言读［tʂ］［tʂʰ］［ʂ］声母。

第二，普通话读 r 声母的字，在济南方言中韵母是开口呼的，声母读音与普通话相同；韵母是合口呼的，声母读［l］，如“入、褥、乳、软、弱”等。

第三，普通话开口呼零声母字，除了韵母为 ɑ 的以外，在济南方言中都有舌面后鼻音声母［ŋ］。

（2）韵母

第一，普通话复韵母 ɑi、uɑi 中的 ɑi，ɑo、iɑo 中的 ɑo，济南方言读为单韵母［ɛ］和［ɔ］。

第二，没有前鼻音韵尾 -n。普通话的 ɑn、iɑn、uɑn、üɑn 和 en、in、uen、ün，济南方言分别读为鼻化韵母［ã］［iã］［uã］［yã］和［ẽ］［iẽ］［uẽ］［yẽ］。

第三，普通话中韵母为 ie 的“街、鞋、蟹”“接、邪、谢”等字，济南方言读为［iɛ］［iə］两类韵母，即“街、鞋、蟹”［iɛ］≠“接、邪、谢”［iə］。

第四，普通话中分别读为 o、ɑi、e 韵母的字，如“墨、默”“白、百、拍、麦、窄、拆、摘”“择、侧、测、策、色、格、隔、客”等，在济南方言中韵母相同，都读为［ei］。这些字都是中古入声字来源的。

第五，普通话中合口呼韵母的“肃、足、从、诵、俗”等字，在济南老派方言中读撮口呼韵母。

第六，“月”和“药”、“觉”和“脚”等普通话中韵母不同的字，在济南方言中韵母都读为［yə］，即“月 = 药”“觉 = 脚”。

（3）声调

济南方言与普通话的声调在调型、调值上有较大差异。普通话阴平是高平调 55，济南方言是降升调 213；普通话阳平是中升调 35，济南方言则是高降调 42；普通话上声是降升调 214，济南方言则是高平调 55；普通话去声是全降调 51，济南方言则是低降调 21。

济南方言四个声调与普通话四个声调所辖的字也并不完全相同，一部分在普通话中读阳平、上声、去声的字，在济南方言中都读为了阴平调，如“竹、福、接、笔、窄、北、百、客、侧、刻”等。这些字都是中古清声母入声字来源的。

（六）临清方言音系

临清位于山东省西北部。本书临清方言以临清老城区方言音系为代表，其方言属于石济片聊泰小片。

1. 声母

包括零声母在内，临清方言共有 24 个声母。

表 2–13　临清方言声母表

［p］八兵病	［pʰ］派片爬	［m］明麦	［f］飞风副		
［t］多东毒	［tʰ］讨天甜	［n］脑南			［l］蓝连软
［ts］资早租	［tsʰ］刺草寸		［s］丝三酸		
［tʂ］张柱争	［tʂʰ］抽茶床		［ʂ］事山书	［ʐ］热日	
［tɕ］九酒	［tɕʰ］轻清权全	［ȵ］年女	［ɕ］响县想		

续表

[k] 高共	[kʰ] 开哭	[ŋ] 熬安	[x] 好灰活		
[ø] 味问月药					

说明：[tʂ][tʂʰ][ʂ] 声母翘舌较轻，读音介于翘舌音与舌叶音之间。

2. 韵母

临清方言共有 38 个韵母。

表 2-14　临清方言韵母表

[ɿ] 资丝	[i] 米戏急七	[u] 苦骨出谷	[y] 雨橘绿局
[ʅ] 师十尺			
[ər] 耳二			
[a] 茶塔辣八	[ia] 牙鸭	[ua] 刮抓	
	[iɛ] 鞋街矮		
[ə] 歌盒波破	[iə] 写贴接节	[uə] 坐活国	[yə] 靴月
[ai] 开排白		[uai] 快怪	
[ei] 赔飞北		[uei] 对鬼	
[au] 宝饱	[iau] 笑桥		
[ou] 豆走	[iou] 油六		
[an] 南山半	[ian] 盐年	[uan] 短官	[yan] 权选
[en] 深根	[in] 心新	[un] 寸滚春	[yn] 云军
[ɑŋ] 糖张	[iɑŋ] 响讲	[uɑŋ] 床双王	
[əŋ] 灯升争	[iŋ] 硬病星	[uəŋ] 翁	
		[uŋ] 东红空	[yŋ] 兄用穷

说明：① 韵母 [a][ia][ua] 中的主元音 [a] 舌位靠后，实际音值为 [ᴀ]。

② 韵母 [ə][uə] 中的主元音 [ə] 舌位偏后偏高，韵母 [ə] 拼唇音声母时带圆唇色彩。

③ 韵母 [iə][yə] 中的主元音 [ə] 舌位偏前偏高，实际音值为 [e]。

④ 韵母 [ai][uai] 中的主元音 [a] 实际音值为 [æ]。

⑤［au］韵母的极个别字，韵母动程不明显，读音为［ɔ］，如语气词“唠”。
⑥［an］组和［en］组韵母的主要元音有明显鼻化色彩，其中［an］组中［ian］［yan］韵母的主要元音实际音值为［ε］。
⑦［ɑŋ］组韵母的主要元音带鼻化色彩。

3. 声调

临清方言有四个声调：阴平、阳平、上声、去声。

阴平调值为 13（个别略有曲折，为 213），如“东、该、灯、风、通、开、天、春、谷、百、搭、节、哭、拍、塔”。

阳平调值为 53，如“门、龙、牛、油、铜、皮、糖、红、毒、白、盒、罚”。

上声调值为 44，如“懂、古、鬼、九、统、苦、草、买、老、五、有”。

去声调值为 313（个别曲折不明显，有时读为 24 或 31），如“动、罪、近、后、冻、怪、痛、快、卖、路、硬、乱、洞、地、饭、树、六、麦、叶、月”。

4. 临清方言音系与普通话音系的比较

（1）声母

第一，普通话中一些开口呼零声母字，在临清方言中有声母［ŋ］，如“熬、安、爱、恩”等。

第二，普通话中声母 n 拼齐齿呼、撮口呼韵母的字，如“年、女”等，在临清方言中声母为［ȵ］。

第三，普通话读 r 声母的字，在临清方言中韵母是开口呼的，声母读音与普通话相同；韵母是合口呼的，声母读［l］，如“入、如、瑞、软”等。

（2）韵母

第一，普通话中韵母为 ie 的“街、鞋、蟹”“接、邪、谢”等字，临清方言读为［iɛ］［iə］两类韵母，即“街、鞋、蟹”［iɛ］≠“接、邪、谢”［iə］。

第二，普通话读 o 韵母的一些字，如“波、坡、婆、磨”等，在临清方言中韵母读为［ə］。

第三，普通话读 e 韵母的部分字，在临清方言中会对应读为两个韵母：一是［ei］韵母，如“得、德、则、刻”；二是［ai］韵母，如“测、策、册、色、隔、格、革”。这些字都来源于中古清声母入声字。

（3）声调

临清方言与普通话的声调在调型、调值上有较大差异。普通话阴平是高平调 55，临清方言是低升调 13；普通话阳平是中升调 35，临清方言则是高降调 53；普通话上声是降升调 214，临清方言则是高平调 44；普通话去声是全降调 51，临清方言则是降升调 313。

临清方言四个声调与普通话四个声调所辖的字也并不完全相同，一部分在普通话中读阳平、上声、去声的字，在临清方言中都读为了阴平调，如“竹、福、接、笔、窄、北、百、客、侧、刻”等。这些字都是中古清声母入声字来源的。

（七）无棣方言音系

无棣位于鲁北地区。本书无棣方言以无棣老城区方言音系为代表，其方言属于沧惠片黄乐小片。

1. 声母

包括零声母在内，无棣方言共有 24 个声母。

表 2–15　无棣方言声母表

[p] 八兵病	[pʰ] 派片爬	[m] 明麦	[f] 飞风副		
[t] 多东毒	[tʰ] 讨天甜	[n] 脑南			[l] 蓝连路
[ts] 资早窄$_1$	[tsʰ] 刺寸拆$_1$		[s] 丝三酸		
[tʂ] 张柱争窄$_2$	[tʂʰ] 茶船拆$_2$		[ʂ] 事山书	[ʐ] 热人	
[tɕ] 九酒	[tɕʰ] 轻清权	[ȵ] 年女	[ɕ] 响想县		
[k] 高共	[kʰ] 开哭	[ŋ] 熬安	[x] 好灰活		
[Ø] 味问软月药					

说明：合口呼零声母音节开头有轻微唇齿动作，无明显摩擦。

2. 韵母

无棣方言共有 39 个韵母。

表 2–16　无棣方言韵母表

[ɿ] 丝	[i] 米戏急七	[u] 苦骨出谷	[y] 雨橘绿局
[ʅ] 师十尺			
[ər] 二			
[a] 茶塔辣八	[ia] 牙鸭	[ua] 刮瓦	
[ɛ] 开排色白	[iɛ] 鞋	[uɛ] 快	
[ə] 歌盒热壳$_{1，蛋\sim}$	[iə] 写接贴节	[uə] 坐活托国	[yə] 靴月学
[ɔ] 宝饱	[iɔ] 笑桥药壳$_{2，地\sim}$	[uɔ] 桌	
[ei] 赔飞北		[uei] 对鬼	
[ou] 豆走	[iou] 油六		
[ã] 南山半	[iã] 盐年	[uã] 短官	[yã] 权
[ə̃] 深根	[iə̃] 心新	[uə̃] 寸滚春	[yə̃] 云
[ɑŋ] 糖	[iɑŋ] 响讲	[uɑŋ] 床双王	
[əŋ] 灯升争横	[iŋ] 硬病星	[uəŋ] 翁	
		[uŋ] 东红空	[yŋ] 兄用

说明：① 韵母［ə］实际读音舌位偏后，音值近［ɤ］。
② 元音［ə］在［uə］［yə］韵母中舌位偏低，且有圆唇色彩；在［iə］韵母中舌位偏前偏高。
③ 韵母［a］［ia］［ua］中的主元音［a］舌位偏后，实际音值近央元音［ᴀ］。
④ 韵母［ei］［uei］中的［ei］动程很小。
⑤ 韵母［ã］［iã］［uã］［yã］的实际读音略带前鼻韵尾色彩。
⑥ 韵母［əŋ］的主要元音略带鼻化色彩。

3. 声调

无棣方言仅有三个声调：平声、上声、去声。

平声调值为213（曲折不明显，近113），如“东、该、灯、风、通、开、天、春、谷、百、搭、节、哭、拍、塔、切、刻”。

上声调值为55（表示强调时，有时尾部会略降，调值近54），如“懂、古、鬼、九、苦、草、买、老、门、龙、牛、油、铜、皮、糖、红、毒、白、罚、盒”。

去声调值为31，如“动、罪、近、后、冻、怪、痛、快、卖、路、硬、乱、洞、地、饭、树、六、麦、叶、月”。

4. 无棣方言音系与普通话音系的比较

（1）声母

第一，普通话中一些开口呼零声母字，如“熬、安”等，在无棣方言中有声母［ŋ］。

第二，普通话中声母n拼齐齿呼、撮口呼韵母的字，如“年、女”等，在无棣方言中声母为舌面前鼻音［ȵ］。

（2）韵母

第一，普通话复韵母ai、uai中的ai，ao、iao中的ao，在无棣方言中分别读为单韵母［ɛ］和［ɔ］。无棣方言还比普通话多一个［uɔ］

韵母，如“桌”[$tʂuɔ^{213}$]。

第二，没有前鼻音韵尾 -n。普通话的 an、ian、uan、üan 和 en、in、uen、ün 韵母，无棣方言分别读为鼻化元音韵母 [ã] [iã] [uã] [yã] 和 [ə̃] [iə̃] [uə̃] [yə̃]。

第三，普通话中韵母为 ie 的“街、鞋、蟹”“接、邪、谢”等字，无棣方言读为 [iɛ] [iə] 两类韵母，即“街、鞋、蟹”[iɛ] ≠“接、邪、谢”[iə]。

第四，普通话读 o 韵母的一些字，在无棣方言中对应读为多个韵母，如“波、坡、婆、磨”等字，韵母都读为 [ə]；“墨、伯”等字同“客、隔、刻”等字一样，韵母都读为 [ei]。

第五，普通话读 e 韵母的部分字，在无棣方言中对应读为两个韵母：一是 [ei] 韵母，如“得、德、刻、客、隔、择”等字；二是 [ɛ] 韵母，如“侧、策、色”等字。这些字都来源于中古入声字。

（3）声调

无棣方言在声调数量上与普通话不同，普通话有四个声调，而无棣方言只有三个。

无棣方言的上声与普通话上声所辖的字有较大差别。普通话中读阳平和上声的字，在无棣方言中都读为了一个上声调，即在无棣方言中“红 = 哄”“梨 = 李”。另外，无棣方言的平声与普通话阴平所辖的字也不完全一样，一部分在普通话中读阳平、上声、去声的字，在无棣方言中都读为了一个平声调，如“谷、百、搭、节、哭、拍、塔、切、刻、北、客”等来源于古清入的字。

无棣方言与普通话的声调在调型、调值上也有差异。普通话阴平是高平调 55，无棣方言相应的平声调调值是曲折调 213；普通话上声是降升调 214，无棣方言则是高平调 55；普通话去声是全降调 51，无棣方言则是低降调 31。

（八）日照方言音系

日照位于山东省东南地区。本书日照方言以日照东港区方言音系为代表，其方言属于沧惠片莒照小片。

1. 声母

包括零声母在内，日照方言共有25个声母。

表2–17　日照方言声母表

[p] 布步	[pʰ] 怕爬	[m] 门明	[f] 飞副	
[t] 到道丁	[tʰ] 太抬听	[n] 怒南年女		[l] 兰连
[tθ] 遭造	[tθʰ] 仓草		[θ] 三酸想谢	
[ȶ] 焦酒	[ȶʰ] 清全			
[tʃ] 知治蒸九	[tʃʰ] 抽绸船权		[ʃ] 书声虚响	
[tʂ] 支争追	[tʂʰ] 宠茶床吹		[ʂ] 时生	[ɭ] 儿耳二
[k] 贵跪	[kʰ] 亏葵	[ŋ] 袄安	[x] 海害	
[Ø] 热衣日王月				

说明：① 声母 [t] [tʰ] [n] 在齐齿呼、撮口呼韵母前带舌面色彩。

② 声母 [ȶ] [ȶʰ] 有时读音近齿间塞音。

③ 声母 [tʃ] [tʃʰ] [ʃ] 发音时，舌叶接触或靠近上齿龈和硬腭前部的位置，有舌面前音色彩。

④ 合口呼零声母音节开头有轻微的唇齿摩擦。

2. 韵母

日照方言共有35个韵母。

表2–18　日照方言韵母表

[ɿ] 丝戏十直鸡	[i] 米七一锡	[u] 故锄猪除局	[y] 雨入取
[ʅ] 支师试			
[ɑ] 茶爬	[iɑ] 牙架虾	[uɑ] 瓦花	

续表

[ε]盖开	[iε]鞋矮	[uε]怪快	
[ə]波车儿哥	[iə]姐热节结	[uə]锅饿河	[yə]靴雪月
[ɔ]保袄	[iɔ]条绕笑桥		
[ei]妹色飞		[uei]桂对	
[ou]收走	[iou]流肉酒九		
[ã]三山	[iã]盐年见	[uã]官短钻	[yã]全权软
[ẽ]根新林宾进	[iẽ]斤人深	[uẽ]魂滚村春	[yẽ]云闰裙
[ɑŋ]党糖仓	[iɑŋ]羊响枪腔	[uɑŋ]王床	
[əŋ]灯东争	[iəŋ]升硬星兄用	[uəŋ]瓮	

说明：①韵母[ɿ]在齿间声母[tθ][tθʰ][θ]后实际音值为齿间不圆唇元音，在舌叶声母[tʃ][tʃʰ][ʃ]后实际音值为舌叶不圆唇元音。

②[tʃ][tʃʰ][ʃ]声母与[ɿ]韵母相拼时，声韵之间有一个近舌面前元音[i]的过渡音，实际读音近[iɿ]。

③韵母[u]在舌叶声母[tʃ][tʃʰ][ʃ]后实际音值为舌叶圆唇元音，且声韵之间有一个近舌面前元音[y]的过渡音，实际读音近[yu]。

④单韵母[ə]，实际读音为[əɐ]；与[p][pʰ][m][f]声母相拼时，[ə]前带有过渡的[u]韵头；与[ɭ]声母相拼时，实际音值舌位略高。

⑤复韵母[iə][uə][yə]后都带有后滑音[ɐ]，读音近[iəɐ][uəɐ][yəɐ]，有时主元音[ə]会弱化；[ə]在[uə][yə]韵母中带有圆唇色彩。

⑥韵母[ε]舌位略高，近[ᴇ]，有时略有动程。

⑦韵母[ɔ]略有动程，近于[ɔo]；[iɔ]中的[ɔ]开口度略小。

⑧元音[a]在[ã][iã][uã][yã]韵母中舌位偏后。

⑨韵母[əŋ][iəŋ]，有时主元音[ə]舌位偏后，带圆唇色彩，实际音值近[ʊŋ][iʊŋ]；有时是鼻尾带圆唇色彩，实际音值近[əŋʷ][iəŋʷ]。[əŋ][ʊŋ][əŋʷ]和[iəŋ][iʊŋ][iəŋʷ]皆为自由变读。

⑩[iəŋ]韵母中的元音[ə]在非零声母音节中较弱，只有在强调时才较为明显。

3. 声调

日照方言有四个声调：阴平、阳平、上声、去声。

阴平调值为213，如“东、该、灯、风、通、开、天、春、百、节、哭、拍、塔、切、刻”。

阳平调值为53，如“门、龙、牛、油、铜、皮、糖、红、毒、白、盒、罚”。

上声调值为44（有时尾部略降），如“懂、古、鬼、九、统、苦、讨、草、买、老、五、有、谷、搭”。

去声调值为31，如“动、罪、近、后、冻、怪、痛、快、卖、路、硬、乱、洞、地、饭、树、六、麦、叶、月”。

4. 日照方言音系与普通话音系的比较

（1）声母

第一，普通话读 zh、ch、sh 声母的字，日照方言分读为两组声母：一组读为［tʂ］［tʂʰ］［ʂ］，如“支、抄、生”；一组读为［tʃ］［tʃʰ］［ʃ］或［ts］［tsʰ］［s］（西部地区），如“知、超、声”。即“支≠知、抄≠超、生≠声”。

第二，普通话读 j、q、x 声母的字，日照方言也分读为两组声母：一组读为［ȶ］［ȶʰ］［θ］，如“精、清、星”；一组读为［tʃ］［tʃʰ］［ʃ］，如“经、轻、兴”。即“精≠经、清≠轻、星≠兴”。

第三，普通话读 r 声母的字，日照方言都读为零声母，如“人 = 银、如 = 鱼、软 = 远”。

第四，普通话读 z、c、s 声母的字，日照除西北部的东陈疃等个别地点外，大都读为齿间音［tθ］［tθʰ］［θ］声母。

第五，普通话开口呼零声母字，如“爱、袄、藕、安、恩”等，日照大部分地区都读为［ŋ］声母，与山东中西部的冀鲁官话方言相同，南部的虎山、碑廓、安东卫、岚山头四个点与鲁南的中原官话方言相同，读［ɣ］或零声母。

第六，普通话 er 音节的字，如“儿、耳”，日照方言都会前加声母［ɭ］，读成［ɭə］。

（2）韵母

第一，普通话复韵母 ai、uai 中的 ai 和 ao、iao 中的 ao，日照方言读为单韵母［ɛ］和［ɔ］。

第二，没有前鼻音韵尾 -n。普通话的 an、ian、uan、üan 和 en、in、uen、ün，日照方言分别读为鼻化元音韵母［ã］［iã］［uã］［yã］和［ẽ］［iẽ］［uẽ］［yẽ］。

第三，普通话中韵母都为 ie 的“街、鞋、蟹”“接、邪、谢”等字，日照方言读为［iɛ］［iə］两类韵母，即“街、鞋、蟹”［iɛ］≠“接、邪、谢”［iə］。

第四，普通话中分别读为 o、ai、e 不同韵母的字，如“墨、默”，“白、百、拍、麦、窄、拆、摘”，“择、侧、测、策、色、格、隔、客”，在日照方言中韵母相同，都读为［ei］。这些字都来源于中古入声字。

第五，普通话 b、p、m、l 声母和部分 j、q、x 声母拼 in 韵母的字，如“宾、贫、民、林、进、亲、心”等，在日照方言中韵母的韵头［i］丢失，都读为［ẽ］韵母。

（3）声调

日照方言与普通话的声调在调型、调值上有较大差异。普通话阴平是高平调 55，日照方言是降升调 213；普通话阳平是中升调 35，日照方言则是高降调 53；普通话上声是降升调 214，日照方言则是高平调 44；普通话去声是全降调 51，日照方言则是低降调 31。

日照方言四个声调与普通话四个声调所辖的字也并不完全相同，一部分在普通话中读阳平、上声、去声的字，在日照方言中都读为了阴平调，如“竹、福、接、笔、窄、北、百、客、侧、刻”等。这些字都来源于中古清声母入声字。

（九）邹平方言音系

邹平位于山东省中部偏北地区。本书邹平方言以邹平原城关镇方言音系为代表，其方言属于沧惠片章桓小片。

1. 声母

包括零声母在内，邹平方言共有 25 个声母。

表 2–19　邹平方言声母表

[p] 八兵病	[pʰ] 派片爬	[m] 明麦	[f] 飞风肥副		
[t] 多东毒	[tʰ] 讨天甜	[n] 脑南			[l] 蓝连路
[ts] 资早字	[tsʰ] 刺草寸		[s] 丝三酸		
[tʂ] 张柱争	[tʂʰ] 茶抄床		[ʂ] 事山书	[ʐ] 热	[ɭ] 二耳儿
[tɕ] 九酒	[tɕʰ] 轻清权全	[ȵ] 年女	[ɕ] 响想谢		
[k] 高共	[kʰ] 开哭	[ŋ] 熬安	[x] 好灰活		
[ø] 味问软月云用药					

说明：以 [u] 作韵母或韵头的零声母音节开头有唇齿色彩。

2. 韵母

邹平方言共有 37 个韵母。

表 2–20　邹平方言韵母表

[ɿ] 丝	[i] 米戏急七	[u] 苦骨出谷	[y] 雨橘绿局
[ʅ] 师十直尺			
[a] 茶塔辣八	[ia] 牙鸭	[ua] 刮瓦	
[ɛ] 开排	[iɛ] 鞋	[uɛ] 快	
[ə] 二热	[iə] 写接贴节	[uə] 坐活托国	[yə] 靴
[ɔ] 宝饱	[iɔ] 笑桥药		
[ei] 赔北白		[uei] 对鬼	

续表

[ou] 豆走	[iou] 油六		
[ã] 南山半	[iã] 盐年	[uã] 短官	[yã] 权
[ə̃] 深根	[iə̃] 心新	[uə̃] 寸滚春	[yə̃] 云
[ɑŋ] 糖	[iɑŋ] 响讲	[uɑŋ] 床双王	
[əŋ] 灯升争横	[iŋ] 硬病星	[uəŋ] 翁	
		[uŋ] 东红空	[yŋ] 兄用

说明：① 元音 [a] 在 [a] [ia] [ua] 韵母中实际读音舌位偏后，略圆唇，近 [ɒ]。
② 元音 [ə] 在 [uə] 韵母中舌位略偏后，偏圆唇。
③ 韵母 [ə] 在 [ɭ] 声母后舌位偏高偏后。
④ 元音 [ɛ] 在 [ɛ] [uɛ] 韵母中开口度略大。
⑤ 元音 [ɔ] 在 [ɔ] [iɔ] 韵母中开口度略小。
⑥ [iŋ] 韵母在零声母音节中实际读音接近 [iəŋ]。
⑦ [uŋ] 韵母鼻尾归音不到位，元音有鼻化色彩。

3. 声调

邹平方言有四个声调：平声、上声、去声、入声。

平声调值为 213，如“东、该、灯、风、通、开、天、春”。

上声调值为 54，如“懂、古、鬼、九、苦、草、买、老、门、龙、牛、油、铜、皮、糖、红、毒、白、盒、罚”。

去声调值为 31（有时开头比 3 高，近 41），如“动、罪、近、后、冻、怪、痛、快、卖、路、硬、乱、洞、地、饭、树、六、麦、叶、月”。

入声调值为 33（有时比 33 略高，近 44），如“谷、百、搭、节、急、哭、拍、塔、切、刻”。

4. 邹平方言音系与普通话音系的比较

（1）声母

第一，普通话中一些开口呼零声母字，如“爱、袄、藕、安、恩”

等，在邹平方言中有声母［ŋ］。

第二，普通话中 er 音节的字，如“儿、二”等，在邹平方言中有声母［ɭ］。

第三，普通话中声母 n 拼齐齿呼、撮口呼韵母的字，如“年、女”等，在邹平方言中声母都读为舌面前鼻音［ȵ］。

（2）韵母

第一，普通话复韵母 ai、uai 中的 ai 和 ao、iao 中的 ao，邹平方言分别读为单韵母［ɛ］和［ɔ］。

第二，没有前鼻音韵尾 -n，普通话的 an、ian、uan、üan 和 en、in、uen、ün 韵母，邹平方言中分别读为鼻化元音韵母［ã］［iã］［uã］［yã］和［ə̃］［iə̃］［uə̃］［yə̃］。

第三，普通话中韵母为 ie 的“街、鞋、蟹”“接、邪、谢”等字，邹平方言读为［iɛ］［iə］两类韵母，即“街、鞋、蟹”［iɛ］≠“接、邪、谢”［iə］。

第四，普通话中分别读为 o、ai、e 韵母的字，如“墨、默”，“白、百、拍、麦、窄、拆、摘”，“择、侧、测、策、色、格、隔、客”，在邹平方言中韵母相同，都读为［ei］。这些字都来源于中古入声字。

（3）声调

邹平方言虽然在声调数量上与普通话相同，都有四个声调，但在具体调类上并不相同。一是比普通话多一个独立的入声调，一些在普通话中声调不同的字在邹平方言中具有相同的声调，比如“搭、节、谷、刻”，普通话分读为阴平、阳平、上声、去声，在邹平方言中都读入声调。二是比普通话少一个阳平调，普通话中读阳平和上声的字，在邹平方言中声调相同，都读为上声，即“红 = 哄”“梨 = 李”。

邹平方言与普通话的声调在调型、调值上也有较大差异。普通话阴平是高平调55，邹平方言对应的平声调值是降升调213；普通话上声是降升调214，邹平方言则是高降调54；普通话去声是高降调51，邹平方言则是低降调31。

四、冀鲁官话区人怎样学习普通话声母

（一）普通话声母的发音

学习普通话的声母，有两个方面的问题须牢记在心：一是声母的发音部位，即每个声母发音时是由哪两部分的器官构成阻碍的；二是声母的发音方法，包括发音时气流通过发音器官克服阻碍的方式、声带是否振动、气流的强弱等。对于方言区的人来说，掌握普通话的发音方法问题不大，难点在于对发音部位的掌握。因此，在学习普通话声母的发音时，不仅要明确每个声母的发音方法，更要弄清楚每个声母的发音部位，不然就很容易出现语音错误或语音缺陷。

1. 发音部位

普通话语音系统中的21个声母，按发音部位可以分成以下几类：

双唇音：由上唇和下唇形成阻碍，如b、p、m。

唇齿音：由下唇内侧和上齿形成阻碍，如f。

舌尖前音（也叫平舌音）：由舌尖和上齿背形成阻碍，如z、c、s。

舌尖中音：由舌尖和上齿龈形成阻碍，如d、t、n、l。

舌尖后音（也叫翘舌音）：舌尖翘起和硬腭前部形成阻碍，如zh、ch、sh、r。

舌面前音：由舌面前部和硬腭前部形成阻碍，如j、q、x。

舌面后音：由舌面后部和软腭形成阻碍，如g、k、h。

2. 发音方法

声母的发音方法是指发音时喉头、口腔和鼻腔节制气流的方式和状况。可以从阻碍的方式、气流的强弱、声带是否振动等方面来观察。

按照形成阻碍和解除阻碍的方式，可以把普通话的21个声母分为五类。

塞音：发音时发音部位紧闭，软腭上升，堵塞鼻腔通路，气流冲破阻碍爆破而出。普通话有6个塞音声母：b、p、d、t、g、k。

擦音：发音时发音部位靠近，形成窄缝，软腭上升，堵塞鼻腔通路，气流从缝隙中挤出，摩擦成声。普通话有6个擦音声母：f、s、sh、r、x、h。

塞擦音：发音时先紧闭发音部位，软腭上升，堵塞鼻腔通路，然后气流冲开阻塞部位一条窄缝，从窄缝中摩擦出来。普通话有6个塞擦音声母：z、c、zh、ch、j、q。

鼻音：发音时口腔中的发音部位完全闭塞，同时软腭下降，打开鼻腔通路，气流振动声带从鼻腔通过发音。阻碍解除时，气流冲破阻碍部位，发出轻微的塞音。普通话只有2个鼻音声母：m、n。

边音：发音时舌尖顶住上齿龈，舌头的两边留有空隙，软腭上升，堵塞鼻腔通路，气流振动声带从舌头两边通过发音。普通话只有一个边音声母：l。

按照发音时气流的强弱，可以把塞音、塞擦音声母分为两类：送气音和不送气音。气流较强的叫送气音，有6个：p、t、c、ch、q、k。气流较弱的叫不送气音，有6个：b、d、z、zh、j、g。

按照发音时声带是否振动，又可以把21个声母分成清音和浊音两类。发音时声带不振动的音叫清音，普通话的清音声母有17个：b、p、f、d、t、z、c、s、zh、ch、sh、j、q、x、g、k、h。发音时声带振动的音叫浊音，普通话的浊音声母有 4 个：m、n、l、r。

表 2-21　普通话辅音声母的发音部位和发音方法表

发音部位 发音方法			双唇音	唇齿音	舌尖前音	舌尖中音	舌尖后音	舌面前音	舌面后音
塞音	不送气	清音	b [p]			d [t]			g [k]
	送气		p [pʰ]			t [tʰ]			k [kʰ]
塞擦音	不送气	清音			z [ts]		zh [tʂ]	j [tɕ]	
	送气				c [tsʰ]		ch [tʂʰ]	q [tɕʰ]	
鼻音		浊音	m [m]			n [n]			
边音						l [l]			
擦音		清音		f [f]	s [s]		sh [ʂ]	x [ɕ]	h [x]
		浊音					r [ʐ]		

（二）冀鲁官话区人学习普通话声母的重点

1. zh、ch、sh

（1）发音

zh 发音时，舌尖上翘，抵住硬腭前部，软腭上升堵塞鼻腔通路，声带不振动，较弱的气流把舌尖的阻碍冲开一条窄缝，接着从窄缝中挤出，摩擦成声。例如："庄重、珍珠、指针、主张、追逐、招展、周折、种植"。

ch 发音情况跟 zh 基本相同，只是冲出的气流更强。例如："车床、出差、戳穿、超产、拆除、冲茶、长城、抽查"。

sh 发音时，舌尖上翘接近硬腭前部，留出窄缝，软腭上升堵塞鼻腔通路，声带不振动，气流从窄缝中挤出，摩擦成声。例如："设施、时尚、杀伤、上升、山水、手术、生疏、述说"。

（2）在冀鲁官话区的读音类型及其分布

普通话的 zh、ch、sh 一组声母，在冀鲁官话的大部分地区也是读成一组，只有保唐片的天津、大城等少数市县，沧惠片的黄乐小片、阳寿小片以及莒照小片的少部分区域分读成两组。因此，这组声母在冀鲁官话中的表现可以分为两大类型：合一型和二分型。

合一型方言又表现为两种情况：一是与普通话相同，都读为 zh、ch、sh，主要分布在济南、德州、滨州、石家庄、保定、邢台、唐山、蓟县等冀鲁官话的大部分地区；二是与普通话不同，都读为 z、c、s，主要分布在保唐片的天津、涞源、蔚县等少数地区。

二分型方言是指普通话读 zh、ch、sh 声母的字依照甲、乙两类字分读为两组声母，甲、乙两类字的划分与它们在中古的不同音韵地位有关，甲类字如“争、抄、生”，乙类字如“蒸、超、声”“主、出、书、吃、车”。这种二分型方言又分为三种情况：

一是甲类字读为 z、c、s 声母，乙类字读为 zh、ch、sh 声母；或甲类字读 zh、ch、sh 声母，乙类字读 z、c、s 声母。前者主要分布在保唐片的天津小片及定霸小片的大城、雄县、新安，沧惠片黄乐小片的庆云、乐陵、无棣、商河、临邑、平原，沧州及沧州、衡水以东大片地区，石济片邢衡小片的隆尧和聊泰小片的陵县，等等。后者主要分布在沧惠片莒照小片的莒县等地。

二是甲类字读为 zh、ch、sh 声母，乙类字读为［tʃ tʃʰ ʃ］或 j、q、x 声母。读［tʃ tʃʰ ʃ］的主要分布在沧惠片阳寿小片的潍坊、寿光及莒照小片的日照、莒南等地，读 j、q、x 的主要分布在寿光北部等地。

三是甲类、乙类字中的大部分字都读为 zh、ch、sh 声母，只有乙类字中的少部分（普通话 zh、ch、sh 声母拼 -i［ʅ］、e、u 等韵母的字）读为 j、q、x 声母，主要分布在石济片邢衡小片的衡水、巨鹿、平乡、新河、南宫及聊泰小片的广宗、威县等地。

表 2–22　普通话 zh ch sh 声母在冀鲁官话中的读音类型及其分布

<table>
<tr><th colspan="3" rowspan="2">例　字
读音类型及分布</th><th>甲类字</th><th colspan="2">乙类字</th></tr>
<tr><th>争抄生</th><th>蒸超声</th><th>主出书吃车</th></tr>
<tr><td rowspan="2">合一型</td><td>①</td><td>济南、德州、滨州、石家庄、保定、邢台、唐山、蓟州等</td><td colspan="3">zh ch sh</td></tr>
<tr><td>②</td><td>天津、涞源、蔚县等</td><td colspan="3">z c s</td></tr>
<tr><td rowspan="5">二分型</td><td rowspan="2">①</td><td>静海、大城、沧州、庆云、无棣、商河等</td><td>z c s</td><td colspan="2">zh ch sh</td></tr>
<tr><td>莒县等</td><td>zh ch sh</td><td colspan="2">z c s</td></tr>
<tr><td rowspan="2">②</td><td>潍坊、寿光、日照、莒南等</td><td>zh ch sh</td><td colspan="2">[tʃ tʃʰ ʃ]</td></tr>
<tr><td>寿光北部等</td><td>zh ch sh</td><td colspan="2">j q x</td></tr>
<tr><td>③</td><td>衡水、巨鹿、平乡、新河、南宫、广宗、威县等</td><td colspan="2">zh ch sh</td><td>j q x</td></tr>
</table>

（3）方音辨正

从前文介绍的情况可知，冀鲁官话区除了合一型第一种情况的地区外，其他地区的人在学习普通话 zh、ch、sh 声母时都要注意其发音问题。但是，由于各地情况不同，还应注意根据具体情况有针对性地学习。

第一，方言中没有 zh、ch、sh 一组声母，比如属于合一型第二种情况的天津、涞源、蔚县等地，zh、ch、sh 都读成 z、c、s。这些地区的人们学习普通话时需要掌握 z、c、s 与 zh、ch、sh 在发音部位上的差异：前者是舌尖前音，是舌尖靠拢或抵住上齿背而发音；后者是舌尖后音，是舌尖翘起靠拢或抵住硬腭前部而发音。

第二，方言中有 zh、ch、sh 一组声母，但比普通话读 zh、ch、sh 声母的字少。也就是说，普通话中读 zh、ch、sh 声母的一部分字在方言中读成了非 zh、ch、sh 声母。前文说的二分型方言地区都是如此，这些地区的人们学习普通话时重点不是学习如何读 zh、ch、sh，而是要把普通话读 zh、ch、sh 声母而方言不读的那些字的声母改读为 zh、ch、sh。

值得注意的是，有的方言中的舌叶音［tʃ tʃ^h ʃ］听感上与 zh、ch、sh 很相近，甚至有的方言中的 zh、ch、sh 本身就带有舌叶色彩。舌叶音是舌面向硬腭抬起，舌面的最前部靠拢或抵住上齿龈和硬腭前端而发出的音，发音部位与 zh、ch、sh 不同，主动调音部位不是舌尖而是舌面最前部，且舌尖没有翘起。所以有舌叶音的地区纠正方音时应特别注意舌尖的位置和动作。

第三，除了发音上要把方言的非 zh、ch、sh 声母改读为 zh、ch、sh 外，还应注意区分不同类的字。前文所说属于二分型第二、三种情况的地区，如衡水、巨鹿、平乡、新河、南宫、广宗、威县及寿光北部、日照、莒南等地方言中，声母读 j、q、x 或［tʃ tʃ^h ʃ］的字就与普通话中声母读 j、q、x 的“经、轻、形”等字合为了一类，即“蒸＝经”“知＝鸡”“主＝举”“超＝敲”“书＝虚”。因此，这些地区的人们学习普通话时还要对方言中的这类字进行筛选，选出其中声母应读 zh、ch、sh 而读为 j、q、x 或［tʃ tʃ^h ʃ］的那部分字，然后将其改读为 zh、ch、sh。

二分型第一种情况和合一型第二种情况的地区同样存在这类问题，普通话中读 zh、ch、sh 声母的字或全部或部分读为了 z、c、s。这些区域的人们应注意将应读 zh、ch、sh 声母的字从方言读 z、c、s 声母的字里分离出来，，然后将其声母改读为 zh、ch、sh。

（4）正音训练

zh—zh　珍珠　真正　政治　蜘蛛　执照　周折　主张
　　　　长者　招展　招致　追逐　昭著　支柱　中转

	挣扎	终止	庄重	着重	茁壮	肿胀	中止
ch—ch	超产	超出	驰骋	拆除	蟾蜍	长城	超车
	查抄	穿插	城池	乘除	惩处	澄澈	赤诚
	惆怅	出厂	出场	出车	出丑	出处	除尘
sh—sh	赏识	上升	上述	申述	伸手	声势	神圣
	逝世	收拾	手势	手术	受伤	舒适	熟睡
	山水	生疏	杀生	双数	生事	硕士	史诗
zh—z	种族	准则	渣滓	宅子	张嘴	正宗	指责
ch—c	差错	纯粹	冲刺	揣测	船舱	场次	成材
sh—s	哨所	生涩	生死	声速	绳索	疏松	神色
z—zh	栽种	赞助	资助	自传	宗旨	阻止	罪状
c—ch	财产	餐车	操持	促成	存储	辞呈	操场
s—sh	随时	丧失	松鼠	扫射	私事	缩水	损失
j—zh	机智	记者	家长	紧张	纠正	居住	局长
q—ch	汽车	球场	鹊巢	启程	驱除	曲尺	气场
x—sh	现实	献身	形势	学说	稀少	兴盛	下属

2. j、q、x

（1）发音

j 发音时，舌面前部抵住硬腭前部，软腭上升堵塞鼻腔通路，声带不振动，较弱的气流把舌面的阻碍冲开，形成一道窄缝，气流从窄缝中挤出，摩擦成声。例如："积极、基建、酒精、拒绝、奖金、胶卷、进军、洁净"。

q 发音情况跟 j 基本相同，只是冲出的气流更强。例如："齐全、全球、窃取、请求、强权、亲戚、铅球、娶亲"。

x 发音时，舌面前部接近硬腭前部，留出窄缝，软腭上升堵塞鼻腔通路，声带不振动，气流从窄缝中挤出，摩擦成声。例如：“写信、休学、形象、喜讯、详细、现象、馨香、虚心”。

（2）在冀鲁官话区的读音类型及其分布

普通话读 j、q、x 声母的字，冀鲁官话大部分地区都与普通话相同，声母也读为一组，即“酒”与“九”、“清”与“轻”、“需”与“虚”等字声母相同；也有部分地区与普通话不同，读为了两组声母，即“酒”与“九”、“清”与“轻”、“需”与“虚”等字声母不同。按照音韵学的概念，“酒、清、需”等为古精组字，为尖音字；“九、轻、虚”等为古见组字，为团音字。两组字今声母相同叫“不分尖团”，两组字今声母不同叫“分尖团”。

根据《河北省志 · 方言志》（2005）统计，河北省今属冀鲁官话的 104 个方言点中，分尖团或部分分尖团的有 52 个，占 50%，主要分布在沧州西部、衡水中西部、保定南部、邢台大部以及石家庄全部等。

根据《山东方言研究》（2001）统计，山东省今属冀鲁官话的 51 个方言点中，分尖团的只有 10 个，占 19.61%。它们是石济片聊泰小片的冠县、沂源、沂南，沧惠片阳寿小片的滨州、利津、广饶、昌乐，以及莒照小片的莒县、日照、莒南。

普通话中声母为 j、q、x 的字，在冀鲁官话不分尖团的地区，如天津、保定、秦皇岛、唐山、沧州、济南、德州、聊城、潍坊、淄博等地，声母读音相同。在分尖团的地区，声母分读两组，具体音值各地有所不同，归结起来主要有三种形式：尖音读 z、c、s，团音读 j、q、x，主要分布在石家庄、邢台、衡水、冠县、滨州、利津、广饶、昌乐、莒县等地；尖音读［tθ tθʰ θ］，团音读 j、q、x，主要分布在南宫、广宗、沂源、莒南等地；尖音读［ȶ ȶʰ θ］，团音读［tʃ tʃʰ ʃ］，主要分布在日照等地。

（3）方音辨正

除不分尖团音且声母都读 j、q、x 的地区外，其他冀鲁官话区的人们学习 j、q、x 声母的字时，都要注意声母发音问题。由于各地方言与普通话的语音对应关系不同，学习时还应注意根据情况把握学习重点。

方言中没有 j、q、x 一组声母的地区，比如日照，重点是学习其发音。日照方言中的［ȶ ȶ^{h}］与 j、q 发音部位相同，都是舌面前音，但发音方法不同，j、q 是塞擦音，［ȶ ȶ^{h}］是塞音。日照方言中的［θ］是齿间擦音，［tʃ tʃ^{h} ʃ］是舌叶音，它们与 j、q、x 的主要差异是发音部位不同。齿间音是舌尖放在上下齿之间而发出的音，舌叶音是舌面向硬腭抬起，舌面的最前部靠拢或抵住上齿龈和硬腭前端而发出的音，j、q、x 是舌面前部靠拢或抵住硬腭前发音，阻塞位置较齿间音和舌叶音都要靠后一些。因此，这一地区的人们学习普通话时，一部分字要注意纠正发音方法，另一部分字得注意纠正发音部位。

方言中有 j、q、x 一组声母，但比普通话中读 j、q、x 声母的字要少，普通话中读 j、q、x 声母的一部分字方言读成了 z、c、s 声母，比如除日照以外的其他分尖团音地区。这些地区的人们学习普通话的重点，在于把普通话中读 j、q、x 声母而方言读成 z、c、s 声母的那些字的声母改读为 j、q、x。

除发音外，还应注意区分不同类的字。因为在这些方言中，普通话应读 j、q、x 声母的字同时还与普通话读 zh、ch、sh 或 z、c、s 声母的字合为了一类，方言与普通话之间形成了一对多、多对一的复杂对应关系。列表举例如下：

表 2-23 普通话 z c s、zh ch sh、j q x
声母读音与方言读音的对应关系

<table>
<tr><th>例字</th><th>资词丝</th><th>酒清需</th><th>九轻虚</th><th>主出书</th><th>蒸超声</th><th>争抄生</th></tr>
<tr><td>普通话</td><td>z c s</td><td colspan="2">j q x</td><td colspan="3">zh ch sh</td></tr>
<tr><td>天津</td><td>z c s</td><td colspan="2">j q x</td><td colspan="3">z c s</td></tr>
<tr><td>石家庄</td><td colspan="2">z c s</td><td>j q x</td><td colspan="3">zh ch sh</td></tr>
<tr><td>衡水</td><td colspan="2">z c s</td><td colspan="2">j q x</td><td colspan="2">zh ch sh</td></tr>
<tr><td>日照</td><td>[tθ tθʰ θ]</td><td>[ȶ ȶʰ θ]</td><td colspan="3">[tʃ tʃʰ ʃ]</td><td>zh ch sh</td></tr>
<tr><td>莒县</td><td>[tθ tθʰ θ]</td><td>z c s</td><td>j q x</td><td colspan="2">z c s</td><td>zh ch sh</td></tr>
</table>

从上表可以看出，这些地区的人们学习普通话时，要对方言中相关的字按照普通话声母读音进行重新分类，改正应读 j、q、x 声母而未读的字的发音。另外，个别地区如衡水是将普通话不读 j、q、x 声母的部分字也读为 j、q、x 声母，这就需要将这部分字分离出去。

（4）正音训练

j—j/q/x　间接　嘉奖　季节　基金　即将　积极　建交　精简
家具　计较　急剧　检举　加急　加紧　艰巨　见解
机器　激情　极其　加强　假期　坚强　健全　惊奇
减轻　紧俏　进取　近期　娇气
机械　极限　迹象　机型　继续　家乡　坚信　艰险
检修　见效　教训　界限　经销

q—j/q/x　奇迹　器具　起劲　迁就　抢救　勤俭　清洁　请假
气球　齐全　乞求　恰巧　窃取　亲戚　气枪　亲切
气息　前线　谦逊　曲线　倾斜　情绪　趋向　取消

x—j/q/x　袭击　戏剧　细节　细菌　下级　夏季　先进　衔接
现金　削减　橡胶　谢绝　行军　虚假　酗酒　选举

撤起　星期　泄气　辛勤　兴趣　需求　学期　稀奇
喜讯　下旬　详细　消息　小心　新鲜　信息　形象

3. r

（1）发音

r 发音时，舌尖上翘，接近硬腭前部，留出窄缝，软腭上升，堵塞鼻腔通路，气流振动声带，从窄缝中挤出，摩擦成声。例如："人人、仍然、柔软、容忍、软弱、忍让、荣辱、荏苒"。

（2）在冀鲁官话区的读音类型及其分布

普通话中 r 声母的字在冀鲁官话的大部分地区也读作 r 声母，但也有部分地区会读为 l、[z] 或零声母。这些情况在天津、河北、山东的冀鲁官话中都有体现。

根据王临惠（2019）的调查，天津有 r 声母的方言可分为两种情况：一是与普通话一致，如蓟县、宝坻区、宁河县；二是分读为 r 和零声母，以韵母的洪（开口呼和合口呼）、细（齐齿呼和撮口呼）为条件，洪音前读 r 声母，细音前读零声母，如静海。天津点属于非 r 声母方言，普通话读 r 声母的字，在这里都读为零声母。

在河北、山东两省的冀鲁官话中，普通话 r 声母字的读音形式更为多样。根据目前所见材料，主要有 r、l、[z] 和零声母四种形式。就整个冀鲁官话区域来看，从河北到山东，从西往东，普通话 r 声母的读音差异越来越明显，单纯读 r 的区域在缩小，读非 r 或 r 与非 r 共存的区域逐渐扩大。具体来看，河北省内单纯读 r 声母的区域覆盖了保定、唐山、秦皇岛以及石家庄等大片地区，读 l 和零声母的主要分布在衡水中部、邢台中东部等地，读 [z] 声母的只有与晋方言相邻的涞源、蔚县等地，沧州市、衡水大部、邢台市中西部、保定市东部以及邯郸市的馆陶、邱县等地则是 r 与 l、零声母共用。而在山东省内，普通话 r 声母全读为 l 声母，或是在合口呼韵母前读为 l 声母的分布区域最广。这两种情况覆盖了东至冀鲁官话的边缘寿光、广饶，西至淄博、泰安、济南以及德州地区（除德州、陵县、临邑外）的大片区域。只有鲁北靠近黄河入海口附近的滨州地区以及鲁西的德州、陵县、临邑、临清等县市，与普通话一样读为 r 声母；与胶辽官话相邻的潍坊、临沂、日照等小片地区读为零声母；与中原官话相邻的聊城等个别地区读［z］声母。因此，普通话中的 r 声母全部或部分读 l 声母应算是山东省内冀鲁官话的一个比较普遍的特征。综上所述，我们可以将普通话 r 声母在冀鲁官话中的读音形式归纳为以下八种类型：

表 2–24　普通话 r 声母在冀鲁官话中的读音类型

<table>
<tr><th colspan="3" rowspan="2">例　字
读音类型</th><th colspan="2">开口呼</th><th colspan="2">合口呼</th></tr>
<tr><th>热</th><th>人</th><th>如</th><th>软</th></tr>
<tr><td colspan="2">石家庄型</td><td>r</td><td colspan="4">r</td></tr>
<tr><td colspan="2">淄博型</td><td>l</td><td colspan="4">l</td></tr>
<tr><td colspan="2">天津型</td><td>［ø］</td><td colspan="2">［ø］（i–）</td><td colspan="2">［ø］（ü–）</td></tr>
<tr><td colspan="2">济南型</td><td>r / l</td><td colspan="2">r</td><td colspan="2">l（u–）</td></tr>
<tr><td rowspan="2">静海型</td><td>静海</td><td rowspan="2">r /［ø］</td><td>r</td><td>［ø］（i–）</td><td>r</td><td>［ø］（ü–）</td></tr>
<tr><td>沧县</td><td colspan="3">r</td><td>［ø］（ü–）</td></tr>
<tr><td colspan="2">巨鹿型</td><td>［ø］/ l</td><td colspan="2">［ø］（i–）</td><td>l（u–）</td><td>［ø］（ü–）</td></tr>
<tr><td rowspan="2">邢台型</td><td>邢台</td><td rowspan="2">r / l /［ø］</td><td>r</td><td>［ø］（i–）</td><td>l（u–）</td><td>r /［ø］（ü–）</td></tr>
<tr><td>邹平</td><td colspan="2">r</td><td>l（u–）</td><td>［ø］（ü–）</td></tr>
<tr><td colspan="2">蔚县型</td><td>［z］</td><td colspan="4">［z］</td></tr>
</table>

注：（u–）表示韵母为合口呼；（i–）表示韵母为齐齿呼；（ü–）表示韵母为撮口呼。

（3）方音辨正

除石家庄型方言外，其他类型方言区的人们学习普通话时都要注意 r 声母的发音。

没有 r 声母的地区，如淄博型、天津型、巨鹿型和蔚县型方言，重点是学习 r 声母的发音。

在 r 声母和 l、零声母读音同时使用的地区，要注意普通话 r 声母读成 l 声母和零声母的条件，然后改非 r 声母为 r 声母。比如济南型方言，读成 l 声母的都是方言中韵母为合口呼的字；静海型方言，读成零声母的都是方言中韵母为齐齿呼、撮口呼的字；邢台型方言，读成 l 声母的都是方言中韵母为合口呼的字，读成零声母的都是方言中韵母为齐齿呼、撮口呼的字。

除了发音上要依条件把方言的非 r 声母改为 r 声母以外，还应注意区分不同类的字。因为方言中读 l 声母或零声母的字不仅对应普通话中的 r 声母字，也对应普通话的 l 声母或零声母字。如济南方言中，l 声母的字“如、软、润、容”对应普通话的 r 声母，“路、卵、论、聋”对应普通话的 l 声母；静海方言中，零声母的字“染、人、认、让、软、容”对应普通话的 r 声母，“烟、银、样、远”对应普通话的零声母。方言与普通话之间形成了一对多、多对一的复杂对应关系。

因此，与济南方言情况一样的地方，人们学习普通话时，应注意先将普通话不读 r 声母的字（如“路、卵、论、聋”）从方言读 l 声母的字中分离出去，然后再将剩余字的声母 l 改为 r。而与静海方言情况一样的地方，则应注意先将普通话不读 r 声母的那部分字（如“烟、银、样、远”）从方言读零声母的字中分离出去，然后再将剩余字的开头添加 r 声母，并将韵母由齐齿呼和撮口呼改为相应的开口呼和合口呼，如：人［iən］→［ʐən］，软［yan］→［ʐuan］。

（4）正音训练

以下词语的前字，普通话都读 r 声母：

ri 日报 日常 日程 日用 日益 日语 日子

re 惹祸 惹事 热爱 热潮 热带 热量 热烈 热闹 热情 热心

rao 饶命 饶舌 饶恕 绕道 绕远儿 绕嘴 扰乱

rou 柔和 柔软 柔道 柔韧 柔弱 揉搓 蹂躏 肉麻 肉食 肉体

ran 然而 然后 燃料 燃烧 燃点 燃放 染料 染病 染坊 染缸

ren 人才 人格 人工 人间 人均 人口 人类 人力 人民 人情

rang 嚷嚷 瓤子 让步 让路 让位 让座

reng 仍旧 仍然 扔掉

ru 如此 如果 如意 如若 蠕动 儒家 儒教 辱骂 辱命 乳儿

ruo 若干 若是 偌大 弱点 弱小

rui 锐利 锐角 锐气 锐意 瑞雪

ruan 软件 软弱 软膏 软骨 软化 软食

run 闰年 闰日 闰月 润滑 润色 润饰 润泽 润资

rong 荣幸 荣辱 荣誉 荣华 荣耀 融化 融洽 溶化 溶解 溶液

4.“儿”类字的声母

我们将“儿、而、耳、二”等字统称为“儿”类字。

（1）读音

er 发音时，舌位居中，舌头稍后缩，唇形不圆，在发央元音［ə］的同时，舌尖向硬腭卷起。在发去声音节“二”时，开口度略大，舌位比央元音［ə］要低，实际读音为［ɐr］。

（2）在冀鲁官话区的声母读音类型及其分布

“儿”类字在普通话中都读 er，韵母前没有声母，属零声母音节。但在冀鲁官话中并不都是这样，有些方言的音节开头往往会添加某个声母。据目前所见调查材料，冀鲁官话“儿”类字的具体音值主要有七种形式，就其声母来看可归纳为零声母、边音声母和自成音节三种类型：零声母类，如济南、昌黎、巨鹿、迁西的方言中，“儿”类字分别读为［ər］［ɯ］［əɭ］［əɯ］；边音声母类，如淄博、寿光的方言中，“儿”类字分别读为［ɭə］［lɨ］；自成音节类，如故城、赵县、藁城、枣强等地方言中，“儿”类字读为［ɭ］。

总的来说，“儿”类字在冀鲁官话大多数地区的读音与普通话相同，也读零声母，韵母多为卷舌元音［ər］（有少部分方言为非卷舌元音［ɯ］［əɯ］［əɭ］等）。但也有少数地区“儿”类字的声母读音与普通话不同，主要包括河北中部、东部，山东中部等。比如河北石济片聊泰小片的一部分地区以及山东沧惠片的章桓小片和淄博、莱芜、广饶、沂南、蒙阴、武城等地读［ɭ］声母，寿光等地读 l 声母，［ɭ］和 l 声母后的元音比较特殊，是在［ɭ］或 l 发完后轻轻带出一个央元音［ə］或［ɨ］（实际发音各地并不完全相同，多数情况下舌位比［ə］高，比［ɨ］低）。

（3）方音辨正

把“儿”类字读成“［ɭ］/ l + 元音”结构的地区，在学习普通话时要格外注意这批字是否带有声母，如果有，应该将其去掉改读为零声母。读成自成音节［ɭ］的地区，要改读为 er。［ɭ］是舌尖后边辅音，发音时，舌尖是翘起抵住硬腭前部的；er 是卷舌单元音，舌头往上卷起，但与硬腭并无任何接触。

（4）正音训练

以下词语的前字普通话读 er：

儿女　儿童　儿子　儿歌　儿媳　而后　而且　而已

耳朵　耳环　耳聋　尔曹　尔后　二胡　二话　二黄

5."阿"类字的声母

我们将"阿、鹅、爱、袄、欧、安、恩、昂"等字统称为"阿"类字。

(1)读音

在普通话中,"阿"类字的音节开头没有声母,属于开口呼零声母音节。如果不考虑声调,普通话的开口呼零声母音节有12个(不包括"儿"音节):a、o、e、ê、ai、ei、ao、ou、an、en、ang、eng。

(2)在冀鲁官话区的声母读音类型及其分布

与普通话"阿"类字都读零声母不同,冀鲁官话中的"阿"类字普遍不是零声母音节,而是在音节开头添加了一个声母。据目前所见调查材料,冀鲁官话"阿"类字的声母主要有[ŋ]、[ɣ]、n和零声母四种读音形式。具体到不同地区,情况又有所不同。

天津冀鲁官话"阿"类字的声母读音一致性强,都读n。只有个别地方有两读情况,如静海方言中多数音节读n声母,少数音节n、[ŋ]声母两读;宝坻方言中多数音节读n声母,少数音节读零声母。

河北省冀鲁官话"阿"类字的声母主要有n、[ŋ]、[ɣ]三种读音形式。根据《河北省志·方言志》(2005)的调查,读n声母的主要分布在秦皇岛市、唐山市、沧州市(吴桥除外)、保定市(涞源、易县、涞水、容城除外),以及石家庄市的井陉等地;读[ŋ]声母的主要分布在邢台市、石家庄市(井陉除外),以及保定市的涞源、易县、涞水、容城,沧州市的吴桥,邯郸市的曲周、邱县等地;读[ɣ]声母的主要分布在与中原官话相邻的邯郸市馆陶、广平等个别地区。

山东省冀鲁官话"阿"类字的声母主要有[ŋ][ɣ]两种读音形式。根据《山东方言研究》(2001)的调查,除了西南部、南部靠近中原官话的冠县、莘县、聊城、茌平、东阿、平阴、肥城和莒南等少数地区读［ɣ］声母外，其他地区都读［ŋ］声母。

（3）方音辨正

冀鲁官话区的人们在学习普通话时，要注意“阿”类字开头添加n、［ŋ］、［ɣ］声母的读音问题。n是舌尖中鼻音，［ŋ］是舌面后鼻音，［ɣ］是舌面后浊擦音，学说普通话时，应将出现在“阿”类字开头的这些辅音声母去掉，改读为开口呼零声母音节。

（4）正音训练

以下词语的前字普通话皆为开口呼零声母音节：

哀悼　哀求　哀愁　哀告　哀思　矮小　隘口　爱戴　爱好
爱护　爱情　爱惜　爱称　爱国　爱恋　暧昧　碍事　碍眼
安定　安静　安宁　安排　安全　安慰　安稳　安详　安心

五、冀鲁官话区人怎样学习普通话韵母

（一）普通话韵母的发音

普通话中的韵母可以分成三类，即单元音韵母、复元音韵母和带鼻音韵母。

1. 单元音韵母

（1）发音特点及分类

发音时，舌头在口腔中的位置叫舌位，嘴唇的圆展形状叫唇形，口腔开闭的程度叫开口度。单元音就是发音时舌位、唇形、开口度始终保持不变的元音。

由单元音充当的韵母是单元音韵母。普通话共有10个单元音韵母，又可分为三类：舌面单元音韵母、舌尖单元音韵母和卷舌单元音韵母。

第一，舌面单元音韵母。发音时，主要由舌面起调节作用的元音叫舌面元音。舌面可以抬高，也可以放低；舌面可随舌头前移由舌面前部起作用，也可后移由舌面后部起作用。舌位前后、高低（开口度大小）以及唇形圆展的不同都会影响元音的发音。

普通话共有 7 个舌面单元音韵母：ɑ、o、e、ê、i、u、ü。根据舌位前后、高低以及唇形圆展的不同可以分为不同类型。

①根据发音时舌位的高低，可以把元音分为高元音、半高元音、中元音、半低元音、低元音五类。发高元音时舌位高，开口度小；发低元音时舌位低，开口度大。普通话单韵母里有 i、u、ü 三个高元音韵母，o、e 两个半高元音韵母，ê 一个半低元音韵母，ɑ 一个低元音韵母。

②根据发音时舌位的前后，还可以把元音分成前元音、央元音和后元音三类。普通话单韵母里有 i、ü、ê 三个前元音韵母，ɑ 一个央元音韵母，u、o、e 三个后元音韵母。

③根据发音时唇形的圆展，也可以把元音分为圆唇元音和不圆唇元音两类。普通话单韵母里有 u、ü、o 三个圆唇元音韵母，ɑ、e、ê、i 四个不圆唇元音韵母。

第二，舌尖单元音韵母。发音时由舌尖起调节作用的元音是舌尖元音。普通话中有两个舌尖元音韵母，一个是只与 z、c、s 声母相拼的 -i［ɿ］，叫舌尖前元音韵母；一个是只与 zh、ch、sh、r 声母相拼的 -i［ʅ］，叫舌尖后元音韵母。

第三，卷舌单元音韵母。发一个单元音时舌尖同时上卷的是卷舌元音。普通话卷舌单元音韵母不跟其他声母相拼，而是单独构成一个音节。普通话中只有一个卷舌元音韵母 er。

发音时，鼻腔通路堵塞，气流从口腔通过形成的元音，叫口元音，如上述10个单元音韵母都是由口元音充当的；发音时，软腭下垂，气流同时从口腔和鼻腔通过形成的元音是鼻化元音，普通话的单字音韵母系统中没有鼻化元音韵母。

前面所讲的元音分类是分别从不同的角度分析的结果。实际上，在发一个元音的时候，舌头、口唇、软腭等部位都要同时参与。因此，我们学习单元音韵母的发音时，不能孤立地记忆单个动作，而应当综合起来掌握。

（2）发音要领

ɑ：舌面、央、低、不圆唇元音。发音时，口大开，舌位低，嘴唇自然展开；舌体居央，舌面中部微微隆起；声带振动，软腭上升，关闭鼻腔通路。例如："大坝" dàbà、"发达" fādá、"拉萨" lāsà、"喇叭" lǎba。

o：舌面、后、半高、圆唇元音。发音时，口半闭，舌位半高，双唇拢圆；舌体后缩，舌面后部隆起；声带振动，软腭上升，关闭鼻腔通路。例如："磨破" mópò、"婆婆" pópo、"伯伯" bóbo。

e：舌面、后、半高、不圆唇元音。发音状况与 o 基本相同，只是双唇要自然展开呈扁平状。例如："各科" gèkē、"色泽" sèzé、"特色" tèsè、"苛刻" kēkè。

ê：舌面、前、半低、不圆唇元音。发音时，口半开（比 ɑ 略小），唇形呈扁平状；舌位半低，舌头前伸，舌尖抵住下齿背，使舌面前部隆起；声带振动，软腭上升，关闭鼻腔通路。例如："欸" ề。

i：舌面、前、高、不圆唇元音。发音时，舌位高，双唇微开呈扁平状；舌头前伸，舌尖接触下齿背，使舌面前部隆起；声带振动，软腭上升，关闭鼻腔通路。例如："地理" dìlǐ、"激励" jīlì、"基地" jīdì、"戏迷" xìmí。

u：舌面、后、高、圆唇元音。发音时，舌位高，双唇拢圆，略向前突出；舌头后缩，舌面后部隆起；声带振动，软腭上升，关闭鼻腔通路。例如："读书" dúshū、"服务" fúwù、"鼓舞" gǔwǔ、"输出" shūchū。

ü：舌面、前、高、圆唇元音。发音状况与 i 基本相同，只是双唇要拢圆，略向前突出。例如："序曲"xùqǔ、"区域"qūyù、"豫剧"yùjù、"女婿" nǚxu。

-i [ɿ]：舌尖、前、高、不圆唇元音。发音时，双唇微开成扁平状，舌尖前伸靠近上齿背，气流从舌尖和上齿背的窄缝中通过，且不发生摩擦；声带振动，软腭上升，关闭鼻腔道路。例如："字词" zìcí、"私自" sīzì、"此次" cǐcì、"子嗣" zǐsì。

-i [ʅ]：舌尖、后、高、不圆唇元音。发音时，双唇微开成扁平状，舌尖翘起靠近硬腭前部，气流从舌尖和硬腭前部的窄缝中通过，且不发生摩擦；声带振动，软腭上升，关闭鼻腔道路。例如："知识" zhīshi、"事实" shìshí、"支持" zhīchí、"值日" zhírì。

er：卷舌、央、中、不圆唇元音。发音时，口半开，不圆唇，舌位居中，舌体后缩居央，同时舌尖向硬腭方向卷起；声带振动，软腭上升，关闭鼻腔道路。例如："而且" érqiě、"洱海" ěrhǎi、"幼儿" yòu'ér、"鱼饵" yú'ěr。注意 r 只是用来表示卷舌的符号。

2. 复元音韵母

（1）发音特点及分类

复元音指的是发音时舌位、唇形有变化的元音。由复元音构成的韵母叫复元音韵母，其发音特点是：从一个元音的发音状态快速向另一个元音的发音状态过渡，舌位的高低前后、口腔的开闭、唇形的圆展，都是逐渐变动的，不是突变的、跳动的；中间滑过一连串的过渡音，其中各个元音的响度并不相同，通常只有一个元音是比较清晰、响亮的；发音时气流不中断，元音与元音之间没有明显的分界。

普通话共有 13 个复元音韵母：ai、ei、ao、ou、ia、ie、ua、uo、üe、iao、iou、uai、uei。根据最清晰、响亮的元音的位置，复元音韵母可分为前响复元音韵母、后响复元音韵母、中响复元音韵母三类。其中，前音响亮的叫“前响复元音韵母”，有 ai、ei、ao、ou；后音响亮的叫“后响复元音韵母”，有 ia、ie、ua、uo、üe；中音响亮的叫“中响复元音韵母”，有 iao、iou、uai、uei。

（2）发音要领

ai、ei、ao、ou：发音时，由前头开口度较大、舌位较低的元音滑向后头开口度较小、舌位较高的元音，前头的元音清晰响亮，后头的元音音值含混，只表示舌位滑动的方向。例如：“开采”kāicǎi、“配备”pèibèi、“高潮”gāocháo、“守候”shǒuhòu。需要注意的是，韵母 ao 发音时是由元音［ɑ］滑向元音［u］，而不是滑向［o］。

ia、ie、ua、uo、üe：发音时，由前头开口度较小的元音立刻滑向后头开口度较大的元音，前头的音较短，只表示舌位从那里开始移动，后头的元音清晰响亮。例如：“贴切”tiēqiè、“陀螺”tuóluó、“雀跃”quèyuè。

iao、iou、uai、uei：发音时，开口度从较小变成较大，再变成较小，舌位从较高变成较低，再变成较高；前头的元音轻短，中间的元音清晰响亮，后头的元音音值含混，只表示舌位滑动的方向。例如：“巧妙”qiǎomiào、“悠久”yōujiǔ、“摔坏”shuāihuài、“归队”guīduì。

3. 鼻音尾韵母

（1）发音特点及分类

鼻音尾韵母是由元音加鼻辅音韵尾构成的。其发音主要有两个特点：第一，元音同后面的鼻辅音不是生硬地拼合在一起，而是由元音的发音状态向鼻辅音过渡，鼻音色彩逐渐增加，最后，发音部位闭塞，形成鼻辅音。第二，鼻辅音韵尾除阻阶段不发音。

普通话鼻音尾韵母可分为两类：一是带舌尖中鼻音 -n 的“前鼻尾韵母”，二是带舌面后鼻音 -ng 的“后鼻尾韵母”。前鼻音 n 的发音已在声母里谈过了，韵尾 -n 跟声母 n 的发音大同小异，不同的是 -n 作韵尾时除阻阶段不发音。后鼻音 -ng 是舌面后、浊、鼻音，发音时，软腭下降，打开鼻腔通路，舌面后部后缩抵住软腭，气流振动声带后从鼻腔通过，这个辅音在普通话中不作声母，只能用作韵尾，与作韵尾的 -n 一样，也是除阻阶段不发音。

普通话共有 16 个鼻音尾韵母，其中带 -n 的前鼻尾韵母 8 个：an、ian、uan、üan、en、in、uen、ün；带 -ng 的后鼻尾韵母 8 个：ang、iang、uang、eng、ing、ueng、ong、iong。

（2）发音要领

an、en、in、ün：发音时，先发元音，紧接着软腭逐渐降下来，增加鼻音色彩，同时舌尖往上齿龈移动，最后抵住上齿龈发 -n，整个韵母发音完毕才除阻。例如：“展览” zhǎnlǎn、“认真” rènzhēn、“信心” xìnxīn、“军训” jūnxùn。

ian、uan、üan、uen：发音时，从前面轻而短的元音滑到中间较响亮的主要元音（ian、üan 韵母发音时，不滑到低元音［a］，只滑到半低元音［ɛ］［æ］），紧接着软腭逐渐降下来，鼻腔通路打开，同时舌尖往上齿龈移动，最后抵住上齿龈发 -n，整个韵母发音完毕才除阻。例如：“检验” jiǎnyàn、“婉转” wǎnzhuǎn、“源泉” yuánquán、“昆仑” kūnlún。

ang、eng、ing、ong、iong：发音时，先发元音（ong 韵母所发元音为 u，iong 韵母所发元音为 ü），紧接着舌头后面往软腭移动并抵

住软腭发 -ng，整个韵母发音完毕才除阻。例如：“苍茫”cāngmáng、“丰盛”fēngshèng、“情形”qíngxíng、“隆重”lóngzhòng、“汹涌”xiōngyǒng。

iang、uang、ueng：发音时，前面的韵头 i、u 轻短，只表示舌位从那里开始移动，紧接着发 ang、eng。例如：“响亮”xiǎngliàng、“矿床”kuàngchuáng、“嗡嗡”wēngwēng。

表 2-25 普通话韵母类型表

<table>
<tr><th>按口型
按结构</th><th>开口呼</th><th>齐齿呼</th><th>合口呼</th><th>撮口呼</th><th>按口型
按韵尾</th></tr>
<tr><td rowspan="6">单元音韵母</td><td>-i［ɿ］、-i［ʅ］</td><td>i</td><td>u</td><td>ü</td><td rowspan="9">无韵尾韵母</td></tr>
<tr><td>ɑ</td><td></td><td></td><td></td></tr>
<tr><td>o</td><td></td><td></td><td></td></tr>
<tr><td>e</td><td></td><td></td><td></td></tr>
<tr><td>ê</td><td></td><td></td><td></td></tr>
<tr><td>er</td><td></td><td></td><td></td></tr>
<tr><td rowspan="7">复元音韵母</td><td></td><td>iɑ</td><td>uɑ</td><td></td></tr>
<tr><td></td><td></td><td>uo</td><td></td></tr>
<tr><td></td><td>ie</td><td></td><td>üe</td></tr>
<tr><td>ɑi</td><td></td><td>uɑi</td><td></td><td rowspan="4">元音韵尾韵母</td></tr>
<tr><td>ei</td><td></td><td>uei</td><td></td></tr>
<tr><td>ɑo</td><td>iɑo</td><td></td><td></td></tr>
<tr><td>ou</td><td>iou</td><td></td><td></td></tr>
<tr><td rowspan="5">鼻音尾韵母</td><td>ɑn</td><td>iɑn</td><td>uɑn</td><td>üɑn</td><td rowspan="5">鼻音韵尾韵母</td></tr>
<tr><td>en</td><td>in</td><td>uen</td><td>ün</td></tr>
<tr><td>ɑng</td><td>iɑng</td><td>uɑng</td><td></td></tr>
<tr><td>eng</td><td>ing</td><td>ueng</td><td></td></tr>
<tr><td></td><td></td><td>ong</td><td>iong</td></tr>
</table>

（二）冀鲁官话区人学习普通话韵母的重点

1. ɑ、iɑ、uɑ

（1）在冀鲁官话区的读音类型及其分布

ɑ、iɑ、uɑ 韵母的字，在冀鲁官话的大部分地区都与普通话的音值相同，其主要元音皆为央元音［ʌ］；也有少数地区读音与普通话音值不同，主要有［ɑ iɑ uɑ］［ɒ iɒ uɒ］［ɔ iɔ uɔ］三种。其中，［ɑ iɑ uɑ］读音主要分布在蔚县、沧县、潍坊、淄博（博山以外的地区）、五莲、邹平等地；［ɒ iɒ uɒ］读音主要分布在博山、武强、深州等地；［ɔ iɔ uɔ］读音主要分布在辛集、新河等地。

（2）发音及方音辨正

普通话 ɑ、iɑ、uɑ 韵母中的主要元音［ʌ］是舌面、央、低、不圆唇元音，发音时，口腔张大，双唇展开，舌位低且居中。这套韵母在冀鲁官话中的主要发音问题是主要元音的舌位和口形与普通话不同。

［ɑ iɑ uɑ］中的［ɑ］是舌面、后、低、不圆唇元音，舌位比普通话明显靠后。这一方言地区的人们学习普通话时，应注意口腔张大，并将舌头往前伸一点。

［ɒ iɒ uɒ］中的［ɒ］是舌面、后、低、圆唇元音，舌位比普通话明显靠后，且带有圆唇色彩。这一方言地区的人们学习普通话时，应注意口腔张大，将舌头往前伸一点，并展开双唇。

［ɔ iɔ uɔ］中的［ɔ］是舌面、后、半低、圆唇元音，舌位比普通话的 ɑ 明显偏后、偏高，且带有圆唇色彩。这一方言地区的人们学习普通话时，应注意口腔张大，将舌头往前伸一点，并压低舌位，展开双唇。

（3）正音训练

ɑ　打发　哪怕　发达　沙发　砝码

　　打靶　眨巴　喇叭　马达　大厦

iɑ	压价	下家	恰恰	海峡	加班
	嘉奖	请假	庄稼	廉价	脸颊
uɑ	画画	挂花	中华	西瓜	滑冰
	傻瓜	刮风	挂号	跨越	打垮

2. o、e、uo

（1）在冀鲁官话区的读音类型及其分布

普通话读 o、e、uo 韵母的字，在冀鲁官话中的韵母读音主要分为三种情况。

一是与普通话读音完全一致，这种情况主要集中在天津市区、保定、石家庄等地。

二是音类上与普通话保持一致，但音值上与普通话有差异，如兴隆等地，“波、婆”和“多、桌、锅”等字的韵母分别读为 o 和 uo，“车、舌、歌、哥、河、棵”等字的韵母读为［ə］。

三是音类、音值上与普通话都不相同。这种情况具体到不同方言中又有不同的表现，归结起来主要有以下四种：

①“波、婆”等字的韵母读为合口呼韵母［uɤ］，与“多、桌、锅”等字的韵母相同，“车、舌、歌、哥、河、棵”等字的韵母与普通话读音相同，读为 e，如无极等地。

②“波、婆”等字的韵母读为 e 或［ə］，与“车、舌、哥、河”等字的韵母相同，如沧县、北戴河、昌黎等地读为 e，邢台、临清、无棣、阳信、济南、利津等地读为［ə］，而“多、桌、锅”等字读为合口呼韵母 uo 或［uə］。

③“车、舌、歌、哥”与“波、婆”等字的韵母相同，都读为 e 或［ə］，“河、棵”与“多、桌、锅”等字的韵母相同，读为相应的合口呼韵母［uɤ］或［uə］，如蔚县、日照等地。

④“车、舌”与“波、婆”等字的韵母合流读为［ə］，“歌、哥、河、棵”与“多、桌、锅”等字的韵母合流读为相应的合口呼韵母［uə］，如邹平、博兴、博山、桓台、广饶、寿光、莒县等地。

（2）发音及方音辨正

在普通话中，o、e 两个韵母的发音基本相同，都是舌头向后缩，舌面后部抬起，所不同的是嘴唇的圆展情况：o 是双唇半开呈圆形，e 是双唇自然展开呈扁平状。

在冀鲁官话中，除上面提到的有第一种情况的地区外，有第二、三种情况地区的人们学习普通话都应注意 o、e 韵母的发音。

有第二种情况的地区，纠正起来容易一些。这些地区的主要问题是“车、舌、歌、哥、河、棵”等字的韵母都读为了［ə］，普通话的 e 是舌面、后、半高、不圆唇元音，而［ə］是舌面、央、中、不圆唇元音，舌位较 e 要偏央略低一点。因此，这些地区的人们学习普通话“车、舌、歌、哥、河、棵”等字的韵母时，要注意舌位后缩，舌面后部略抬高一点。

有第三种情况的地区，纠正起来相对难一些。除了要发准确“车、舌、歌、哥、河、棵”等字的韵母外，还得注意两点：一是普通话的韵母 o 在这些地区都分别读成了 e、［ə］或［uɤ］，o 是圆唇的单元音，e、［ə］是不圆唇单元音，［uɤ］是复元音，所以这些地区的人们学习普通话时，要注意将方言中 b、p、m 拼［uɤ］、e 或［ə］的字的韵母改读为没有动程、嘴唇圆拢的 o。二是这些地区存在普通话读 e、uo 两类韵母的字，其韵母混合不分的现象，即“歌、哥”“河、棵”等字的韵母读为［uɤ］或［uə］，与“多、桌、锅”等字的韵母读音相同。因此，这些地区的人们还要注意去掉“歌、哥”“河、棵”等字韵母中的 u 韵头，改复元音韵母［uɤ］或［uə］为单元音韵母 e。

（3）正音训练

o—	模仿	波浪	渤海	破坏	揣摩	余波	抚摸	外婆
e—	革命	得到	荷花	核对	动辄	读者	火车	建设
o—uo	破获	菠萝	剥夺	摸索				
uo—o	萝卜	琢磨	活泼	落寞				
o—e	磨合	模特	波折	薄荷				
uo—e	过河	做客	火车	国歌				
e—uo	合作	课桌	惹祸	热锅				
e—e	合格	客车	割舍	车辙				
o—o	婆婆	磨破	默默	泼墨				
uo—uo	火锅	啰唆	坐落	错过				

3. ai、uai、ao、iao

（1）在冀鲁官话区的读音及其分布

普通话的复元音韵母 ai、uai、ao、iao 中的 ai、ao，在山东的冀鲁官话区以及河北沧州市靠近山东的泊头、孟村、黄骅、盐山、吴桥、海兴、献县、文安等地，或缺少韵尾读为单元音韵母［ɛ］(或［æ］)、［ɔ］，或动程很小。

（2）发音及方音辨正

普通话中，ai、ao 都是前响复元音韵母。发音时，由前头开口度较大、舌位较低的前元音［a］或后元音［ɑ］滑向开口度较小、舌位较高的韵尾 i 或 u，前头的元音清晰响亮，后头的元音轻短且音值含混，只表示舌位滑动的方向。如“败、太、盖、爱”“袄、包、刀、好”等。

普通话中，uai、iao 都是中响复元音韵母。发音时，由前头开口度较小、舌位较高的韵头 u 或 i 滑向中间开口度较大、舌位较低的前元音［a］或后元音［ɑ］，再滑向后头开口度较小、舌位较高的韵尾

i或u，前头的元音轻短，中间的元音清晰响亮，后头的元音轻短且音值含混，只表示舌位滑动的方向。如“帅、怪、坏、揣”“要、表、跳、小”等。

普通话中的ai、uai、ao、iao，在山东的冀鲁官话区以及河北沧州市靠近山东的地区主要读为［ɛ］［uɛ］［ɔ］［iɔ］。相对于普通话，这些地区的发音主要有两方面问题：一是作韵腹的主要元音开口度不够大、舌位不够低，［ɔ］还有圆唇色彩；二是没有韵尾或动程很小。因此，这些地区的人们学习普通话时，要注意口腔张大，舌位压低，尤其是要注意增加韵尾，使舌位在口腔内部有一个由低元音［a］［ɑ］向高元音i、u的滑动动程。

（3）正音训练

ai—	哀悼	哀求	爱护	爱情	碍事	白酒	白天	百倍
	柏树	摆动	摆脱	拜访	拜会	拜年	百货	猜测
	猜想	裁缝	裁决	裁军	材料	才能	才干	财产
uai—	拐弯	槐树	怀念	怀疑	坏处	坏蛋	快餐	快活
	快乐	快速	会计	衰老	衰落	衰弱	衰退	率领
ao—ao	报道	报到	报告	暴躁	吵闹	叨唠	高超	高考
	高烧	号召	逃跑	糟糕	操劳	草帽	稻草	骚扰
iao—iao	巧妙	疗效	渺小	秒表	苗条	萧条	逍遥	悄悄
	教条	叫嚣	药效	吊销	调教	调料	小巧	窈窕
ao—iao	招标	照料	造谣	嘲笑	高跷	高效	保镖	钞票
iao—ao	骄傲	教导	侨胞	潦草	跳高	消耗	叫好	跳蚤

4.“街、解、界、鞋、蟹”组字的韵母

（1）在冀鲁官话区的读音及其分布

普通话中的“街、解、界、鞋、蟹”组字都读ie韵母，与“接、姐、借、斜、谢”组字韵母相同，即“街”与“接”、“解”与“姐”、“鞋”与“斜”同音，而与“盖、开”“怪、快”两组字的韵母 ai、uai 不相配。

在冀鲁官话中，“街、解、界、鞋、蟹”组字的韵母读音主要表现为两种情况。

一是与普通话一样，“街、解、界、鞋、蟹”与“接、姐、借、斜、谢”组字韵母相同，与“盖、开”“怪、快”等字韵母不相配。这种情况主要分布在天津以及河北大部分的冀鲁官话地区，如两组字的韵母，天津、石家庄都读［iɛ］，栾城都读［iɤ］，蔚县都读［iə］。

二是与普通话不同，“街、解、界、鞋、蟹”与“接、姐、借、斜、谢”组字韵母不相同，但与“盖、开”“怪、快”两类字的韵母相配，比普通话多出一个相对应的齐齿呼韵母［iai］（或［iæ］/［iɛ］）。如河北沧县方言中，前一组字韵母读［iai］，后一组字韵母读［iɛ］，［iai］与“盖、开”“怪、快”两类字韵母相配，由此构成［ai iai uai］一套韵母。这种情况主要分布在山东冀鲁官话区，以及河北东部的沧州、衡水、邢台等与山东毗邻的冀鲁官话区，据《河北省志·方言志》（2005），这些地区主要包括沧县、南皮、东光、清河、临西、广宗、威县、馆陶、阜城、景县、海兴、盐山、孟村、泊头、吴桥、故城等16个方言点。

（2）发音及方音辨正

在冀鲁官话中，“街、解、界、鞋、蟹”与“接、姐、借、斜、谢”两组字的韵母读音与普通话有相同和不同两种情况，而且许多地方的具体音值也与普通话有较大差异。因此，冀鲁官话区的人学习普通话“街、解、界、鞋、蟹”组字的韵母读音时，要注意两方面的问题：一是音类，二是音值。

音类方面，“街、解、界、鞋、蟹”和“接、姐、借、斜、谢”

两组字在普通话中是一个韵母，在山东全部、河北东部与山东毗邻的冀鲁官话区则读成两个韵母。如济南、滨州等地，前一组字韵母读［iɛ］，后一组字韵母读［iə］；沧县、阜城等地，前一组字韵母读［iai］，后一组字韵母读［iɛ］或［ie］；海兴、吴桥等地，前一组字韵母读［iæ］，后一组字韵母读［iɛ］。这些地区的方言比普通话多出一个与"盖、开""怪、快"两类字韵母相配的齐齿呼韵母，形成［ɛ iɛ uɛ］/［ai iai uai］/［æ iæ uæ］三呼（开口呼、齐齿呼、合口呼）相配的韵母系统。因此，这些地区的人们学习普通话时，最重要的任务是要把多出来的那个齐齿呼韵母改掉，将其读同"接、姐、借、斜、谢"组字的韵母。

音值方面，"街、解、界、鞋、蟹"和"接、姐、借、斜、谢"两组字的韵母在普通话中都读ie，作韵腹的主要元音e的发音要领是：口腔半张，双唇呈扁平状，舌头向前伸，舌位居半低位置。在冀鲁官话中，除天津、唐山、保定、石家庄、邢台等地外，其他方言点韵母的主要元音都与普通话有所不同，所以这些地区的人们学习普通话时，还要注意主要元音的发音。在两组字韵母不同的地区，除了将"街、解、界、鞋、蟹"组字的韵母读同"接、姐、借、斜、谢"组字韵母外，还要注意纠正"接、姐、借、斜、谢"组字韵母主要元音的发音，如济南等地读［iə］、阜城等地读［ie］。两组字韵母相同的地区也有类似的问题，如栾城等地读［iɤ］、蔚县等地读［iə］。［ɤ］［ə］［e］等元音，与普通话的主要元音e相比，开口度要小，舌位也都偏高一些，［ɤ］［ə］的舌位还缩后一些，所以这些地区的人们学习普通话韵母ie时，要注意将舌头往前伸，并将口腔张大一些。

（3）正音训练

以下字的韵母普通话都读为ie：

皆　街　阶　解　介　界　届　戒　鞋　蟹　械　懈

接　结　节　姐　借　杰　写　协　斜　谢　谐　卸

以下词语中前字的韵母普通话都读为 ie：

街道　　解释　　界限　　解雇　　阶级

借道　　揭示　　接线　　借故　　结局

以下词语中后字的韵母普通话都读为 ie：

面谢　　和谐　　了结　　棉鞋　　河蟹　　了解

5.“雷、垒、累、泪、儡、类”和“对、腿、嘴、脆、碎”两组字的韵母

（1）在冀鲁官话区的读音及其分布

普通话中声母 l 拼 ei 韵母的字，如“雷、垒、累、泪、儡、类”等，和声母 d、t 拼 uei 韵母的字，如“对、碓、推、腿、退”等，在冀鲁官话的部分地区，会出现韵母添加或丢失 u 韵头的情况，即“雷、垒、累、泪、儡、类”的韵母读为 uei，“对、碓、推、腿、退”的韵母读为 ei。前者主要分布在山东省沧惠片除莒照小片的所有地区，石济片聊泰小片的黄河以南等大片地区，以及河北省石济片邢衡、赵深小片的小部分地区；后者主要分布在河北省石济片和保唐片定霸小片的部分地区以及山东日照岚山、临沂莒南等小部分地区。

（2）方音辨正

普通话中，声母 l 不能跟 uei 韵母相拼，声母 d、t 跟 ei 韵母相拼也只有个别字，因此，上文提到的冀鲁官话地区的人们学习普通话时，凡是方言中 l 声母拼 uei 韵母的读音，都要注意去掉韵母中的韵头 u；而遇到方言中 d、t 声母拼 ei 韵母的读音，都要注意将韵母 ei 改为带韵头 u 的合口呼韵母 uei（“得”等个别字除外）。

（3）正音训练

以下字的韵母普通话分别读为 ei、uei：

ei　雷　垒　累　泪　儡　类　磊　蕾　擂　肋
uei 对　碓　堆　兑　推　腿　退　褪　蜕　颓
以下词语中前字的韵母普通话分别读为 ei、uei：
ei　雷锋　累计　泪花　类型　磊落　擂台　肋骨
uei 对决　堆积　兑现　推动　退步　蜕变　颓废
以下词语中后字的韵母普通话分别读为 ei、uei：
ei　地雷　劳累　积累　眼泪　傀儡　分类　花蕾
uei 绝对　勾兑　助推　云腿　衰退　减退　蝉蜕

6.“责、择、侧、册、色、涩”和“白、百、拍、麦、窄、拆”两组字的韵母

（1）在冀鲁官话区的读音及其分布

普通话中声母 z、c、s 拼 e 韵母的字，如“责、择、侧、册、色、涩”等，声母 b、p、m、zh、ch 拼 ai 韵母的字，如“白、百、拍、麦、窄、拆”等，在冀鲁官话中，其韵母也有读音和地域上的差异。

“责、择、侧、册、色、涩”和“白、百、拍、麦、窄、拆”两组字在天津、河北的大部分冀鲁官话区，韵母读音一致性比较强。后一组字韵母都读为 ai 或［æ］，如天津、静海、滦县、隆化、涞源、定兴、蠡县、霸州、沧县、青县、东光、任丘、宁晋、平乡、栾城等与普通话相同读为 ai，海兴、盐山、孟村、泊头等读为［æ］。前一组字韵母往往有文读和白读两种形式，文读与普通话相同读为 e，白读则与“白、百、拍、麦、窄、拆”一组字韵母相同，读为 ai 或［æ］，如天津、静海、滦县、遵化、隆化、涞源、阜平、定兴、定州、蠡县、霸州、沧县、青县、东光、任丘、巨鹿、宁晋、平乡、临西等读 ai，吴桥、海兴、盐山、孟村、泊头、献县、故城、内丘、栾城等读［æ］，在有 zh、ch、sh 声母的地区，白读音的声母还会读为 zh、ch、sh。

在山东的冀鲁官话区，这两组字的韵母读音相同，但存在着地域上的差异，即以黄河为界，黄河以北地区读为［ɛ］或 ai，如阳信、无棣、济阳、乐陵、商河、平原、德州、武城、冠县、聊城等读［ɛ］，临清等读 ai；黄河以南地区，如济南、泰安、莱芜、新泰、沂源、博山、张店、高青、利津、潍坊、寿光、日照、莒南等地读为 ei。在“责、择、侧、册、色、涩”组字韵母读 ei 的地区，如有 zh、ch、sh 声母，这些字的声母也会读为 zh、ch、sh。

（2）方音辨正

“责、择、侧、册、色、涩”和“白、百、拍、麦、窄、拆”两组字的韵母在普通话中读音不同，分别读为舌面后单元音韵母 e 和复元音韵母 ai，但在冀鲁官话大部分地区的读音（“责、择、侧、册、色、涩”组字是指白读音）则都相同，而且许多地方在具体音值上与普通话读音也有一定差异。因此，冀鲁官话区的人们在学习两组字的韵母时，应注意以下两个问题。

一是注意区分这两组字的韵母。天津、河北部分地区以及山东黄河以北地区的人们，要将“责、择、侧、册、色、涩”组字从本方言读 ai（或［ɛ］［æ］）韵母的字（如“灾、财、才、赛、腮”，包括“白、百、拍、麦、窄、拆”等）中分离出来，然后将其韵母改读为 e（声母为 z、c、s）；山东黄河以南地区的人们，则要将“责、择、侧、册、色、涩”和“白、百、拍、麦、窄、拆”两组字从本方言读 ei 韵母的字（如“碑、赔、美、妹、贼”等）中分离出来，然后再分别把它们的韵母改读为 e（声母为 z、c、s）和 ai。

二是注意 e 和 ai 韵母的发音。前文提到过，冀鲁官话与普通话韵母 e 相对应的韵母读音形式通常是［ə］，与韵母 ai 相对应的韵母读音形式通常有［ɛ］［æ］等，［ə］比 e 舌位要偏前、偏低一点儿，［ɛ］［æ］是单元音，而且比 ai 的主要元音舌位要高，开口度要小。因此，这些地区人们在学习这两组字的韵母时，还要注意舌位的高低前后以及开口度和动程的大小。

（3）正音训练

以下字的韵母普通话分别读为 e、ai：

e　责　则　择　泽　侧　测　策　册　塞　色　涩　瑟

ai　掰　白　百　柏　拍　麦　脉　窄　摘　宅　翟　拆

以下词语中前字的韵母普通话分别读为 e、ai：

e　责任　侧面　测验　测量　策略　册封　色盲

ai　掰开　百岁　柏树　麦子　脉搏　摘录　拆迁

以下词语中后字的韵母普通话分别读为 e、ai：

e　负责　原则　选择　政策　手册　颜色　堵塞

ai　明白　松柏　球拍　命脉　小麦　狭窄　住宅

7. an、ian、uan、üan 和 en、in、uen、ün

（1）在冀鲁官话区的读音及其分布

普通话中的前鼻尾韵 an、ian、uan、üan 在天津（除大港外）的冀鲁官话中读音与普通话相同，在山东的冀鲁官话中读音一致性比较强，都是鼻化韵，在河北的冀鲁官话中读音差异较大。具体可归纳为以下几种读音类型：

一是与普通话读音一致。

二是保留鼻音韵尾，但主要元音鼻化（发音时口腔和鼻腔同时共鸣的元音，在元音上加“~”表示），读为［ãn iãn uãn yãn］。

三是鼻音韵尾丢失，同时主要元音鼻化，读为鼻化韵，主要有［ã iã uã yã］［æ̃ iæ̃ uæ̃ yæ̃］［ɛ̃ iɛ̃ uɛ̃ yɛ̃］三种读音形式。

四是鼻音韵尾丢失，主要元音也没有鼻化，读为无鼻音的［æ iæ uæ yæ］。

普通话中的前鼻尾韵 en、in、uen、ün 在天津的冀鲁官话中读音与普通话相同，在山东的冀鲁官话中读音都为鼻化韵，在河北的冀鲁官话中大部分地区与普通话读音相同，个别地区读为鼻化韵和复元音韵母。具体可归纳为以下几种读音类型：

一是与普通话读音一致。

二是鼻音韵尾丢失，同时主要元音鼻化，读为鼻化韵，主要有 [ẽ iẽ uẽ yẽ] [ə̃ iə̃ uə̃ yə̃] [ɛ̃ iɛ̃ uɛ̃ yɛ̃] 三种读音形式。

三是鼻音韵尾丢失，主要元音也没有鼻化，读为复元音韵母 [ei iei uei yei]。

表 2–26　普通话前鼻尾韵母在冀鲁官话中的读音类型及其分布

<table>
<tr><th colspan="2"></th><th colspan="3">读音</th><th>分布</th></tr>
<tr><td colspan="2">普通话</td><td>an ian uan üan</td><td colspan="2">en in uen ün</td><td></td></tr>
<tr><td rowspan="11">方言读音类型</td><td>一</td><td>an ian uan üan</td><td rowspan="5">一</td><td>en in uen ün</td><td>天津（除大港）、唐山、保定、邢台、衡水等</td></tr>
<tr><td>二</td><td>[ãn iãn uãn yãn]</td><td rowspan="4">en in uen ün</td><td>隆尧、柏乡等</td></tr>
<tr><td rowspan="8">三</td><td>[ã iã uã yã]</td><td>天津（大港）、黄骅、南皮、武强、冀州、广宗、威县、邱县等</td></tr>
<tr><td>[ɛ̃ iɛ̃ uɛ̃ yɛ̃]</td><td>石家庄等</td></tr>
<tr><td>[æ̃ iæ̃ uæ̃ yæ̃]</td><td>沧州、平乡、青县、河间、献县、宁晋等</td></tr>
<tr><td rowspan="3">[ã iã uã yã]</td><td rowspan="5">二</td><td>[ə̃ iə̃ uə̃ yə̃]</td><td>沂源、寿光、张店、高青、无棣、阳信等</td></tr>
<tr><td rowspan="3">[ẽ iẽ uẽ yẽ]</td><td>济南、泰安、淄博、滨州、德州、聊城、潍坊、日照等</td></tr>
<tr><td>吴桥、清河等</td></tr>
<tr><td>[æ̃ iæ̃ uæ̃ yæ̃]</td><td>故城、无极等</td></tr>
<tr><td>[ã iã uã yã]</td><td>[ɛ̃ iɛ̃ uɛ̃ yɛ̃]</td><td>海兴、盐山、孟村、泊头、东光等</td></tr>
<tr><td>四</td><td>[æ iæ uæ yæ]</td><td>一</td><td>en in uen ün</td><td>内丘、栾城等</td></tr>
</table>

续表

<table>
<tr><th colspan="2"></th><th colspan="3">读音</th><th>分布</th></tr>
<tr><td rowspan="4"></td><td>一</td><td>an ian uan üan</td><td rowspan="4">三</td><td></td><td>辛集等</td></tr>
<tr><td>二</td><td>[ãn iãn uãn yãn]</td><td rowspan="3">[ei iei uei yei]</td><td>高邑、临城等</td></tr>
<tr><td rowspan="2">三</td><td>[ã iã uã yã]</td><td>晋州等</td></tr>
<tr><td>[æ̃ iæ̃ uæ̃ yæ̃]</td><td>赵县等</td></tr>
</table>

an、en 两组前鼻尾韵母的发展在冀鲁官话中并不都是同步进行的。整体来看，冀鲁官话中 an 组韵母读鼻化韵的区域比 en 组韵母读鼻化韵的区域分布要广，如表 2–26 中 an 组三类型韵母读鼻化韵的地区中，有些 en 组韵母没有读鼻化韵。

（2）发音及方音辨正

普通话的 an、en 两组前鼻尾韵发音时，元音与后面的鼻辅音 –n 不是生硬地拼合在一起的，而是由元音的发音状态向鼻辅音过渡，软腭逐渐降下来，鼻腔通路打开，同时舌尖往上齿龈移动，最后抵住上齿龈形成鼻辅音 –n，整个韵母发音完毕才除阻。

在冀鲁官话中，除天津和河北的唐山、保定、邢台、衡水等部分地区读音与普通话相同外，其他冀鲁官话区的人们学习普通话时都应注意 an、en 两组韵母的发音问题。

一是注意避免丢失鼻尾读成鼻化韵。鼻化韵是元音发音时，鼻腔通路打开，气流同时从口腔和鼻腔出来，舌尖没有往上齿龈移动抵住上齿龈的动作，听上去带有鼻音色彩的元音韵母。冀鲁官话中有鼻化韵现象地区的人们学说普通话时，an、en 两组前鼻尾韵极易受到方言鼻化现象的影响而发成鼻化韵。要纠正这种现象，关键是要注意发元音时先堵塞鼻腔通路，发出元音后再逐渐降下软腭，打开鼻腔通路，同时收尾时一定要把舌尖抵在上齿龈上堵塞口腔通路。练习时，可有意将韵尾 –n 拖长一点，以养成发 –n 尾的习惯。

二是注意避免完全丢掉鼻音韵尾。如表 2–26 中 an 组四类和 en 组三类的［æ iæ uæ yæ］和［ei iei uei yei］就是读成了复元音韵母。［æ iæ uæ yæ］对应的是普通话的 an、ian、uan、üan 韵母，这些地区的人们需将方言中的［æ iæ uæ yæ］韵母改读为带鼻音韵尾的 an、ian、uan、üan。［ei iei uei yei］韵母与普通话韵母的对应情况有点儿复杂，比如在辛集、高邑、临城、晋州、赵县等地方言中，［iei yei］韵母对应的是普通话的 in、ün 韵母，但［ei uei］韵母则分别对应了普通话 ei、en 和 uei、uen 两组韵母。因此，这些地区的人们学习普通话，首先要从方言读［ei iei uei yei］韵母的字中把普通话读 ei、uei 韵母的字找出来，然后再将剩余字的韵母分别改读为 en、in、uen、ün。

三是注意纠正韵母主要元音读音不准确的问题。普通话 an、uan 韵母的主要元音是［a］，发音时舌位低，开口度大，而冀鲁官话的部分地区主要元音会读成［æ］［ε］等舌位偏高、开口度偏小的元音；普通话 en、in、uen、ün 韵母的主要元音央元音［ə］和高元音 i、ü，在冀鲁官话中常会读成或者添加［e］［ε］等舌位偏低、偏前的元音。因此，这些地区的人们要注意纠正韵母主要元音的舌位和开口度。

（3）正音训练

以下词语的前字普通话分别读为 an、ian、uan、üan 韵母：

安全　暗暗　暗淡　反感　参观　灿烂　感染　干旱　泛滥
坚强　建设　前进　潜力　限制　现象　编制　演戏　严寒
传单　传染　短暂　端正　断定　团结　转移　算盘　顽固
眷恋　捐献　全面　宣言　悬念　怨言　宣传　元旦　圆满

以下词语的前字普通话分别读为 en、in、uen、ün 韵母：

本身　本分　愤懑　门神　门诊　沉闷　根本　身份　深沉
濒临　拼音　民心　林荫　临近　尽心　辛勤　信心　音信

春笋　困顿　昆仑　春分　纯真　村镇　存根　存身　遵循
军训　均匀　俊俏　群众　循环　寻找　训练　运输　韵母

六、冀鲁官话区人怎样学习普通话声调

（一）普通话声调的调类和调值

声调是汉语的特点之一，具有区别意义的作用。比如，汉语里“妈、麻、马、骂”四个字音，声母和韵母完全一样，但读音却不同，原因就在于其声调不同，其所表示的意义也有差异。因此，学讲普通话，声调是不可忽视的一个方面。

认识声调，通常从调值和调类两方面来入手。

调类是指声调的种类，将音高变化相同的字归在一起，就形成调类。普通话有四个调类，即阴平、阳平、上声、去声，分别对应我们平时所说的一声、二声、三声、四声。

调值指声调的实际读法，是音节高低升降曲直等变化形式。普通话四个声调分别对应四种调值：

阴平是高平调，调值为 55，发音由 5 度开始到 5 度结束，基本上没有升降变化。如：刚、知、专、丁、边、安、天、开、宽、穿、婚、三、夫、一、出。

阳平是中升调，调值为 35，发音由中音 3 度升到最高音 5 度。如：穷、陈、财、唐、平、寒、时、祥、鹅、娘、人、龙、麻、局、敌。

上声是降升调，调值为 214，发音先由 2 度下降到最低点 1 度，再马上上升到 4 度。如：古、纸、走、短、比、袄、口、丑、草、好、五、女、买、铁、尺。

去声是全降调，调值为 51，发音由最高点 5 度下降到最低点 1 度。如：妙、笑、地、利、带、大、害、价、桂、慧、帅、惯、串。

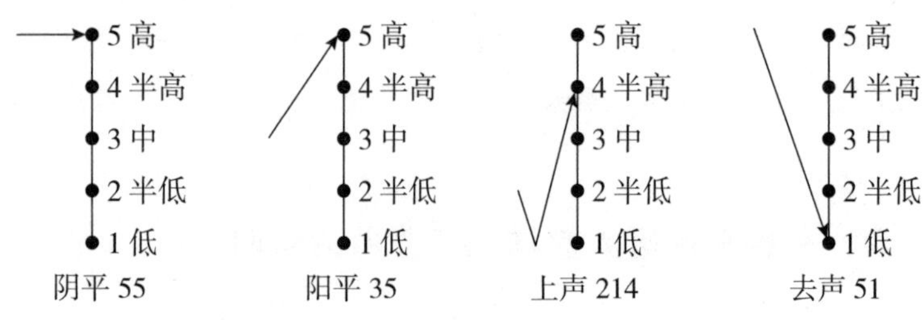

图 2-1　普通话四个调类的调值

（二）冀鲁官话区人学习普通话声调的重点

1. 冀鲁官话的调类及其辨正

据《河北省志·方言志》（2005）、《山东方言研究》（2001）、《汉语官话方言研究》（2010）以及王临惠（2019）的调查，冀鲁官话各地方言的调类多数与普通话的调类格局相近，分为阴平、阳平、上声、去声四个，少数地区为三个或五个。

（1）五个调类的方言

冀鲁官话区中有五个调类的方言很少，主要分布在保唐片蓟遵小片的宁河，石济片赵深小片的无极、深泽，以及沧惠片章桓小片的利津、垦利等个别地区。主要表现为两种情况：

一是分阴去、阳去调的方言。普通话的去声字在方言中分读为阴去和阳去两个声调，例如天津的宁河，河北的无极、深泽等。这些方言的五个调类为：阴平、阳平、上声、阴去、阳去。这些地区的人们学习普通话，只需将本方言分读为阴去、阳去两个声调的字合读成一个声调即可。

二是有入声调的方言。这种情况仅见于山东北部的利津、垦利等地。方言中除了与普通话一样有阴平、阳平、上声、去声之外，还有一个普通话中没有的入声调。这些地区的人们学习普通话，应注意将本方言中读入声的字（基本来源于古清声母入声字），根据普通话读音分归到阴平、阳平、上声、去声四个声调中去（可参考表 2–27）。

（2）四个调类的方言

冀鲁官话区中的绝大多数方言是四调方言，但同是四个调类的方言，其调类系统也有差异，即使是相同的调类系统，各调所含的具体字也有所不同。主要表现为两类共四种情况：

第一类是分平声（阴平）、上声、去声、入声的方言，比普通话少一个阳平调，多一个入声调。其中，方言中的平声对应的是普通话的阴平，普通话的阳平和上声，在方言中不区分，都读为上声调；而方言中读入声的字，在普通话中则是无规律地分别读为了阴平、阳平、上声、去声四个声调。这种情况主要分布在冀鲁官话沧惠片章桓小片的张店、桓台、邹平、章丘等地。

这些地区的人们学习普通话时，应注意从本方言读上声的字中将普通话读阳平的字分离出来；并把本方言中读入声的字（基本来源于古清声母入声字），根据普通话的归派情况分归到阴平、阳平、上声、去声四个声调中去（可参考表 2–27）。

第二类是分阴平、阳平、上声、去声的方言。就调类系统来说，其与普通话无异，但是每个调类所包含的字却与普通话不尽相同。具体有三种表现：

①方言中四个声调的字的来源与普通话基本一致。除来源于古清声母的入声字以外，普通话读阴平、阳平、上声、去声的字在方言中也基本读作阴平、阳平、上声、去声。冀鲁官话保唐片、石济片，以及沧惠片的莒照小片、阳寿小片、黄乐小片的方言大部分都是这种情况，这也是冀鲁官话最主要的调类格局。

这些方言与普通话最大的区别在于读阴平的字比普通话读阴平的字要多，也就是说，方言中读阴平的字在普通话中除了大部分仍读阴平外，小部分（古代清声母入声字）分别读为了阳平、上声、去声。因此，这些地区的人们学习普通话时，应注意从本方言读阴平调的字中把普通话不读阴平的字分离出来，然后分归到阳平、上声、去声三个声调中去（可参考表 2–27）。

②普通话的一部分去声字在方言中归入了阳平，如河北昌黎。这类方言中读阳平的字，在普通话中有小部分是读去声的。因此，这些地区的人们学习普通话时，应注意从本方言读阳平的字中将普通话读去声的字分离出来。

③普通话的一部分去声字在方言中归入了上声，如河北曲阳。这类方言中读上声的字，在普通话中有小部分是需要读去声的。因此，这些地区的人们学习普通话时，应注意从本方言读上声的字中将普通话读去声的字分离出来。

（3）三个调类的方言

冀鲁官话区中有少部分方言只有平声、上声、去声三个调类，主要有三种表现：

一是不分阴平、阳平的方言。普通话读阴平、阳平两调的字在方言中读为一个声调，方言中读上声和去声的字与普通话读上声和去声的字大致相同。这种情况集中分布在保唐片滦昌小片的滦县、滦南，蓟遵小片的丰南，以及石济片赵深小片的行唐、井陉等地。

这些地区的人们学习普通话时，只要将本方言中读平声的字依据普通话的归调规律划分为阴平和阳平即可。

二是阳平、上声合并的方言。普通话读阳平和上声的字在方言中合并为一个调类，方言中读平声和去声的字与普通话读阴平和去声的字大致相同。这种情况在冀鲁官话的三调方言中比较多见，集中分布在沧惠片的山东高青、济阳、无棣、庆云、乐陵，河北沧县、孟村、青县、海兴、盐山、黄骅，以及石济片聊泰小片的山东莱芜、沂源、博山、淄川、周村等地。

这些地区的人们学习普通话时，应注意从本方言读上声的字中把普通话读阳平的字分离出来。

三是阳平、去声合并的方言。普通话读阳平和去声的字合并为一个调类，方言中读平声和上声的字与普通话读阴平和上声的字大致相同。这种情况在冀鲁官话的三调方言中比较少见，主要分布在山东的惠民等地。

这些地区的人们学习普通话时，应注意从本方言读去声的字中把普通话读阳平的字分离出来。

（4）中古入声字的归调

中古的入声字发展到今天，在冀鲁官话的大部分官话方言中已经不读入声，而是归入其他声调。冀鲁官话内部，中古次浊入声字和全浊入声字的归派基本一致，但清入字的归派则有明显不同，主要呈现为三种类型（钱曾怡，2010）：保唐片清入字派入阴平、阳平、上声、去声四个声调，与普通话归派情况一致；石济片、沧惠片（不含章桓小片）清入字主要派入阴平；沧惠片章桓小片的清入字则读为一个独立的入声调。

除上述三种成片的类型之外，还有少数方言点清入字主要归上声，如山东的临邑（曹延杰，2003）、博兴、莒县，河北的唐县、顺平、望都、井陉等（刘淑学，2000）。其中，临邑、博兴、莒县三地属沧惠片，唐县、顺平、望都三地属保唐片，井陉属石济片。据刘淑学（2000）的考察，河北唐县清入字归上声的比例为72%，顺平为75%，望都为67%，井陉为85%。另外，河北的晋州、无极两地清入字大多归阳平，这是冀鲁官话区内比较特殊的现象。

下面列出常用古清入字在普通话中的声调归派情况，古清入字归调与普通话不一致的方言点的人们可以参照进行重点练习。

表 2-27 常用古清入字在普通话中的声调归派情况

阴平 55	阳平 35	上声 214	去声 51
搭、鸽、喝~酒、塌、磕、扎用针~、插、掐、鸭、押、压、接、腌、跌、贴	答、折~叠、胁、夹~衣	塔、眨~眼、甲、褶~子、法方~	怯~畏、踏、拓~本、恰、摄、泣、帖碑~
缉~鞋口、汁、吸、揖作~	十、什~物、急、拾、执、级	给~你	涩
擦、撒~手、割、八、拙、杀、瞎、鳖、薛、蜇蝎子~人、揭、歇、蝎、憋、切~开、楔~子、噎~住了、泼、脱、挖、刷、刮、说、发~财、缺、撮一~、掇~拾	别区~、节、决、札、洁、结、诀、察、哲、折~断、拔	哕干~、雪、铁、葛、渴、血、撇~捺	泄~漏、萨、豁~然、设、阔、喝~彩、彻、括、撤、浙、屑不~、发头~
七、漆、膝、虱、失、一、窟~窿、忽、黢~黑、戌、出、屈、悉	卒兵~、吉、橘	匹一~布、乞、骨筋~、笔、乙	率~领、毕、必、瑟、质、不、猝仓~、室
作~坊、托、搁、胳~臂、削、焯~菜、约、郭、泊梁山~	着~衣、爵、阁、镢~头	索绳~、郝姓~、脚	错、各、藿、霍、恶善~、绰宽~、却、廓、扩~充、雀麻~、鹊、镬用刀~开
剥、桌、戳、捉	啄、卓、琢、驳、觉知~、壳	饺~子、角、朴	确、握
黑、逼、息、熄、织	得、德、职、则、媳、国、识、即	北	忆、亿、刻时~、刻用刀~、克、啬吝~、式、侧、测、色、饰、抑、鲫
拍、拆~开、摘、积、惜、昔、劈、滴、踢、剔、戚、锡、析、击、激、吃	嫡、革、责、隔、格、伯	只、百、柏、窄、尺、脊	碧、璧、僻、益、壁、赫、迫、客、策、册、扼、迹、适、释、绩、斥、魄、赤、的目~
扑、秃、哭、屋、督、粥、淑、缩、曲~折	熟煮~、蝠蝙~、竹、菊、福、足、幅、烛	谷、嘱、笃	郁、筑、祝、酷、粟、速、沃、复、腹、覆、肃、畜~牧、蓄储~、促、触、束、宿

2. 冀鲁官话的调值及其辨正

（1）冀鲁官话的调值

据《河北省志・方言志》（2005）、《山东方言研究》（2001）、《汉语官话方言研究》（2010）以及王临惠（2019）的调查分析，冀鲁官话各地的声调，尽管多数在调类上与普通话对应性比较强，但在调型和调值上差异较大。

①阴平的调型、调值：

平调，包括高平调（55，如涞源、唐山、秦皇岛）、中平调（33，如曲阳、抚宁、无极）等。

升调，包括高升调（45，如保定、霸州）、低升调（24，如宁河；23，如石家庄）等。

降调，包括高降调（42，如昌黎）、中降调（31，如滦南）、低降调（21，如天津）等。

降升调，包括前低后高的低降升调（213，如衡水、济南、博山、莱芜、沧州、无棣、沾化、惠民、寿光、日照、邹平、利津）、前低后高的中降升调（324，如景县、南皮）等。

②阳平的调型、调值：

升调，包括高升调（45，如任丘、大城）、中升调（35，如秦皇岛、抚宁）、低升调（24，如涞源、无极、昌黎）等。

平调，包括高平调（55，如文安）、中平调（33，如安新、蓟县）、低平调（22，如宁河、唐山）等。

降调，包括高降调（53，如霸州、石家庄、邢台、衡水、寿光、日照、利津；42，如济南；43，如沾化）、中降调（32，如永清）等。

降升调，包括前低后高的低降升调（213，如曲阳）、前高后低的中降升调（312，如乐亭）等。

③上声的调型、调值：

降升调，包括前低后高的低降升调（213，如涞源、唐山、天津、昌黎、滦南；214，如保定、霸州、秦皇岛、抚宁）、前高后低的中降升调（312，如宁河）等。

平调，包括高平调（55，如石家庄、邢台、衡水、济南、博山、莱芜、沧州、无棣、沾化、惠民、寿光、利津；44，如日照、吴桥）等。

升调，包括高升调（45，如曲阳、无极、井陉）、中升调（35，如顺平、唐县；34，如乐亭、东光）等。

降调，包括高降调（54，如邹平）等。

④去声的调值、调型：

降调，包括全降调（51，如涞源、保定、唐山、秦皇岛、抚宁）、高降调（53，如曲阳、宁河、无极；42，如滦南、莱芜）、中降调（31，如邢台、衡水、沧州、无棣、沾化、惠民、日照、邹平）、低降调（21，如济南、寿光、利津）等。

降升调，包括前低后高的低降升调（213，如馆陶）、前低后高的中降升调（314，如蔚县）等。

升降调，包括前高后低的高升降调（453，如昌黎）等。

此外，在分阴去、阳去的方言里，阴去的调型一般为高降调（53，如宁河、无极），阳去的调型有中降调（31，如无极）和中升降调（343，如宁河）两种。在有入声的方言中，入声的调型或为高平调（44，如利津），或为中平调（33，如邹平）。

（2）调值辨正

阴平调：普通话的阴平调是高平调55，但在冀鲁官话中，除保唐片的涞阜小片、抚龙小片以及唐山等地方言多读平调外，大部分地区一般不读平调。比如，沧惠片和石济片的邢衡小片、聊泰小片多读降升调，石济片的赵深小片、保唐片的定霸小片多读升调，保唐片的天津小片和滦昌小片多读降调。这些地区的人们学习普通话时，应注意将本方言中的阴平字声调改读成调值为55的高平调。

阳平调：普通话的阳平调是中升调 35，但在冀鲁官话中，除保唐片的涞阜小片、抚龙小片以及天津小片等地方言多读升调外，其他地区一般不读升调。比如，沧惠片、石济片多读高降调，保唐片的定霸小片、蓟遵小片多读低平调。这些地区的人们学习普通话时，应注意将本方言中的阳平字声调改读成调值为 35 的中升调。

上声调：普通话的上声调是降升调 214，在冀鲁官话中，保唐片的大部分方言与普通话读音相近，也读为降升调，但沧惠片、石济片一般都读高平调。这些地区的人们学习普通话时，应注意将本方言中的上声字声调改读成调值为 214 的降升调。特别要注意的是，沧惠片和石济片很多方言的调值往往跟普通话的调值存在一些交叉对应的关系，如衡水、济南、沾化、寿光方言中阴平的调值为 213，与普通话上声调值 214 相近；上声调值为 55，与普通话阴平调值相同。因此，这些地区的人们可以利用自己方言原有的调值来练习普通话的调值发音，但也要注意上声读音调值不到位的情况。

去声调：普通话的去声调是全降调 51，在冀鲁官话中，除保唐片的涞阜小片、定霸小片和抚龙小片等多读全降调外，其他地区一般都读降调，比如沧惠片和石济片多读低降调，保唐片的天津小片多读高降调。这些地区的人们学习普通话时，应注意将本方言中的去声字声调改读成调值为 51 的全降调。

3. 正音训练

阴平 + 阴平：

西欧、乡村、相当、增加、欧洲、今天、开发、发挥

方针、中心、周刊、乖乖、新疆、西方、公司、支撑

阴平 + 阳平：

医疗、高级、欧盟、丝绸、森林、需求、规模、积极

金融、精神、空调、低廉、追求、出台、将来、金银

阴平 + 上声：

多少、批准、缩小、相比、思考、金属、相反、出版

充满、争取、拥有、风险、心理、工厂、商品、发展

阴平 + 去声：

失业、装备、超过、压力、关注、方向、机制、加固

优惠、估算、相对、相互、干预、当地、机械、抓住

阳平 + 阴平：

成功、国家、年初、原因、节约、平均、农村、轮胎

成都、直接、研究、其他、实施、投资、营销、棉花

阳平 + 阳平：

别人、回答、维持、龙头、扶持、形成、完全、怀疑

格局、常常、由于、名牌、全球、学习、执行、尤其

阳平 + 上声：

媒体、没有、从小、停止、群体、重组、前景、沿海

还有、防止、无法、团体、苹果、财产、环保、溶解

阳平 + 去声：

层次、财富、环境、途径、能力、国内、得到、人士

国外、国际、的确、回报、评价、回落、城镇、国债

上声 + 阴平：

总之、法规、组织、五金、始终、已经、北京、损失

展开、补贴、首先、摆脱、喜欢、审批、简单、很多

上声 + 阳平：

可能、起源、总结、每年、主席、贬值、百强、水泥

海洋、表明、品牌、水平、总裁、满足、选择、敏捷

上声 + 上声：

允许、养老、引导、引起、缓解、哑火、往往、给予

场所、久仰、想法、所以、也许、影响、尽管、等等

上声 + 去声：

举措、累计、有限、彩电、比重、股份、使用、保护

缓慢、小麦、网站、启动、倒闭、手段、垄断、阻碍

去声 + 阴平：

面积、设施、亚洲、运输、第三、卫生、竞争、率先

据悉、内需、必将、汽车、地区、近期、更加、众多

去声 + 阳平：

剩余、意图、建材、对于、任何、报酬、造成、范围

目前、跨国、著名、获得、问题、面临、事实、内涵

去声 + 上声：

代表、或者、市场、不仅、并且、日本、具有、自己

立场、各种、探索、政府、是否、贷款、背景、热点

去声 + 去声：

费力、落后、类似、兴趣、政治、质量、迅速、过去

另外、预测、共事、业务、密切、大概、建设、概念

七、冀鲁官话区人怎样学习普通话的连读音变

连读音变是一种共时语流音变现象，是指连着念的音节，其音素或声调所发生的某种变化。普通话的连读音变现象主要有连读变调、轻声、儿化等。

（一）连读变调

平常说话时，由于相邻音节之间的彼此影响，有些音节会发生跟单字音不同的声调变化，这种现象就叫作连读变调。一个字单念时的

声调叫单字调，连读后产生的调值叫变调。普通话的变调比起方言来要简单得多，但是由于二者间的对应关系比较复杂，母语对于普通话学习者的影响又根深蒂固，所以方言区的人学普通话的连读变调时仍然有许多困难需要克服。

1. 普通话的连读变调

普通话的连读变调比较简单，主要限于多音节词语中前面的音节，涉及的声调主要有上声、去声及个别数词、副词等。普通话有四个调类，如果两两相配会构成 16 种组合，其中 11 种组合不变调，5 种组合（上声 + 阴平、上声 + 阳平、上声 + 上声、上声 + 去声、去声 + 去声）前字变调，以前字为上声的组合变调最突出。

（1）上声的变调

在普通话中，上声的变调现象都是发生在前一音节，但如何变则取决于后一音节。归结起来，在下列情况下前一上声音节的调值会变读成 35 或 21。

上声（214）+ 上声（214）→阳平（35）+ 上声（214）。例如：

好马　理解　美好　洗脸　讲演　乳品　了解

打水　保险　想买　水果　影响　我俩　领导

两个上声音节连读，前一音节调值从 214 变成 35，形成“上声 + 上声”与“阳平 + 上声”同音的现象，如“土改 = 涂改”“起码 = 骑马”“雨水 = 鱼水”等。

上声（214）+ 非上声（阴阳去）→半上（21）+ 非上声。例如：

在阴平前　首都　北京　统一　女兵　武装

在阳平前　祖国　海洋　语言　改良　举行

在去声前　解放　土地　巩固　鼓励　伟大

上声音节与轻声音节连读，则有两种情况：

一是在原为上声现变读为轻声的音节前面，上声音节有两种不同的变调。

上声（214）+ 轻声（原为上声）→阳平（35）+ 轻声。例如：

捧起　想起　等等　讲讲　小姐　老鼠

眼里　法子　想法　把手　哪里　晌午

上声（214）+ 轻声（原为上声）→半上（21）+ 轻声。例如：

嫂子　毯子　奶奶　姐姐　耳朵　马虎

指甲　小子　椅子　宝宝　饺子　李子

二是在原为非上声现变读为轻声的音节前面，上声音节都读为半上（21），即：上声（214）+ 轻声（原为非上声）→半上（21）+ 轻声。例如：

尾巴　起来　宝贝　里头　斗篷　女婿

养活　伙计　角瓜　暖和　紧巴　斧头

三个上声音节相连，前两个上声音节的变调视词语内部的语义停顿而定。

前两个上声音节语义紧凑，语义停顿在第二个音节后，即“2+1”格式，则前两个音节都变成 35，即“（214+214）+214 → 35+35+214”。例如：

展览馆　雨伞厂　种马场　洗脸水　讲演稿

手写体　保险锁　虎骨酒　体检表　老虎口

后两个上声音节语义紧凑，语义停顿在第一个音节后，即“1+2”格式，则前两个音节变成 21+35，即“214+（214+214）→ 21+35+214”。例如：

小老鼠　很勇敢　李小姐　厂党委　纸老虎

好雨伞　补语法　好种马　老领导　有理想

“1+2”格式的三个上声音节相连，如不产生歧义，也可读作“35+35+214”，如产生歧义，则必须读作“21+35+214”。如“李厂长≠黎厂长”“鲁小姐≠卢小姐”。

如果连着念的上声音节不止三个，要根据词语的语法结构和语义紧密度划分语义停顿，再根据上述规律进行变调。如“美好 | 理想”“彼此 | 了解”等，划分两段，念成“35+21+35+214”。

（2）去声的变调

在普通话中，“去声 + 去声”连读时，前字如果重读则不变调；前字如果不重读就会发生变调，读为半去（53），即“去声（51）+ 去声（51）→半去（53）+ 去声（51）”。例如：

上课　大会　变化　细致　快去　木料　变调

运算　烙印　害怕　电话　令箭　液态　再见

（3）“一、不”的变调

“一、不”由于来源于古清声母入声字，所以具有独特的变调方式，其变调规律如下：

“一、不”单念或用在词句末尾，以及“一”在序数中，则声调不变，读原调，即“一”读阴平（55），“不”读去声（51）。例如：

一　十一　第一　统一　划一　唯一　万一

不　偏不　绝不　毫不

“一 / 不”+ 去声（51）→阳平（35）+ 去声（51）。例如：

一定　一向　一对　一个　一去　一样

一半　一并　一旦　一道　一动　一块儿

不去　不唱　不会　不对　不孝　不敬

不够　不便　不测　不错　不像　不但

“一 / 不”+ 非去声→去声（51）+ 非去声。例如：

一般　一边　一听　一说　一人　一同

一年　一成　一口　一想　一手　一两

不说　不吃　不开　不行　不成　不来

不同　不详　不准　不许　不管　不想

“一、不”嵌在相同的动词中间，读轻声。例如：

想一想　　拖一拖　　管一管　　谈一谈

来不来　　肯不肯　　找不找　　开不开

“不”在可能补语中也读轻声。例如：

做不好　　来不了

2. 冀鲁官话区人学习普通话连读变调的重点

（1）冀鲁官话两字组连读变调的特点

据《河北省志·方言志》(2005)、《山东方言研究》(2001)、《汉语官话方言研究》(2010)以及王临惠(2019)的调查，冀鲁官话内部连读变调情况比较复杂，各地方言差异比较大。下面以两字组连读变调为例，大致呈现冀鲁官话各片方言连读变调的基本形式。

表 2-28　冀鲁官话与普通话两字组连读调对照举例表

		后字 前字	阴平	阳平	上声	去声	入声
普通话		阴平 55	55+55 中心	55+35 中年	55+214 中午	55+51 中部	
		阳平 35	35+55 鱼缸	35+35 渔民	35+214 渔网	35+51 鱼刺	
		上声 214	**21**+55 小葱	**21**+35 小寒	**35**+214 小岛	**21**+51 小道	
		去声 51	51+55 大刀	51+35 大门	51+214 大雨	**53**+51 大豆	
保唐片	霸州	阴平 45	45+45	45+53	45+214	45+41	
				45+**44**			
		阳平 53	53+45	53+**44**	53+214	53+41	
			44+45	**44**+53	**44**+214	**44**+41	
		上声 214	**21**+45	**21**+53	**24**+214	**24**+41	
				21+44			
		去声 41	41+45	41+53	41+214	41+41	
				41+**44**		**45**+41	

续表

		前字＼后字	阴平	阳平	上声	去声	入声
	天津	阴平 21	**24**+21	21+24	21+213	21+52	
		阳平 24	24+21	24+24	24+213	24+52	
		上声 213	**24**+21	**21**+24	**24**+213	**21**+52	
		去声 52	**55**+21	52+24	52+213	**21**+52	
	昌黎	阴平 42	**34**+42	**34+213**	**34**+213	**34**+453	
			24+42	**34**+24	**24**+213		
					42+213		
		阳平 24	**34**+42	**34+213**	**34**+213	**34**+453	
			24+42	**34**+24	24+213	24+453	
				42+24			
		上声 213	**24**+42	**24+213**	**24**+213	**24**+453	
			21+42	**24**+24		**21**+453	
		去声 453	**45**+42	**42**+24	**42**+213	**42**+453	
				42+213			
石济片	邢台	阴平 34	34+34	34+53	34+55	34+31	
					34+**54**		
		阳平 53	53+34	**33**+53	53+55	53+31	
		上声 55	**43**+34	55+53	**53**+55	55+31	
		去声 31	31+34	31+53	31+55	**33**+31	
	济南	阴平 213	**24**+213	213+42	213+55	**24**+21	
		阳平 42	42+213	42+42	42+55	42+21	
						55+21	
		上声 55	55+213	55+42	**42**+55	55+21	
		去声 21	21+213	21+42	21+55	**24**+21	
						21+21	
	博山	阴平 213	**55**+213	213+55		213+31	
		上声 55	55+213	**53**+55		55+31	
				213+55			
		去声 31	31+213	31+55		31+31	

续表

<table>
<tr><th colspan="2"></th><th>后字
前字</th><th>阴平</th><th>阳平</th><th>上声</th><th>去声</th><th>入声</th></tr>
<tr><td rowspan="5"></td><td rowspan="5">临清</td><td rowspan="2">阴平 13</td><td>13+13</td><td rowspan="2">13+53</td><td rowspan="2">13+44</td><td rowspan="2">13+313</td><td></td></tr>
<tr><td>31+13</td><td></td></tr>
<tr><td>阳平 53</td><td>53+13</td><td>53+53</td><td>53+44</td><td>44+313</td><td></td></tr>
<tr><td>上声 44</td><td>44+13</td><td>44+53</td><td>53+44</td><td>44+313</td><td></td></tr>
<tr><td>去声 313</td><td>31+13</td><td>31+53</td><td>31+44</td><td>13+313</td><td></td></tr>
<tr><td rowspan="21">沧惠片</td><td rowspan="4">沧州</td><td>阴平 213</td><td>23+213</td><td colspan="2">22+55</td><td>23+42</td><td></td></tr>
<tr><td rowspan="2">上声 55</td><td rowspan="2">55+213</td><td colspan="2">55+55</td><td rowspan="2">55+42</td><td></td></tr>
<tr><td colspan="2">22+55</td><td></td></tr>
<tr><td>去声 42</td><td>42+213</td><td colspan="2">42+55</td><td>23+42</td><td></td></tr>
<tr><td rowspan="4">寿光</td><td>阴平 213</td><td>24+213</td><td>213+53</td><td>213+55</td><td>24+21</td><td></td></tr>
<tr><td>阳平 53</td><td>53+213</td><td>53+53</td><td>53+55</td><td>53+21</td><td></td></tr>
<tr><td>上声 55</td><td>55+213</td><td>213+53</td><td>53+55</td><td>24+21</td><td></td></tr>
<tr><td>去声 21</td><td>21+213</td><td>21+53</td><td>21+55</td><td>21+21</td><td></td></tr>
<tr><td rowspan="6">无棣</td><td rowspan="2">平声 213</td><td>213+213</td><td colspan="2" rowspan="2">213+55</td><td rowspan="2">213+31</td><td></td></tr>
<tr><td>55+213</td><td></td></tr>
<tr><td rowspan="2">上声 55</td><td rowspan="2">55+213</td><td colspan="2">55+55</td><td rowspan="2">55+31</td><td></td></tr>
<tr><td colspan="2">31+55</td><td></td></tr>
<tr><td rowspan="2">去声 31</td><td rowspan="2">31+213</td><td colspan="2" rowspan="2">31+55</td><td>31+31</td><td></td></tr>
<tr><td>213+31</td><td></td></tr>
<tr><td rowspan="7">日照</td><td rowspan="2">阴平 213</td><td>23+213</td><td rowspan="2">213+53</td><td rowspan="2">213+44</td><td>23+31</td><td></td></tr>
<tr><td>44+213</td><td>44+31</td><td></td></tr>
<tr><td>阳平 53</td><td>53+213</td><td>53+53</td><td>53+44</td><td>53+31</td><td></td></tr>
<tr><td rowspan="2">上声 44</td><td rowspan="2">44+213</td><td rowspan="2">24+53</td><td rowspan="2">53+44</td><td>44+31</td><td></td></tr>
<tr><td>23+31</td><td></td></tr>
<tr><td rowspan="2">去声 31</td><td rowspan="2">31+213</td><td rowspan="2">31+53</td><td>31+44</td><td>31+31</td><td></td></tr>
<tr><td>44+44</td><td>44+31</td><td></td></tr>
</table>

续表

		前字\后字	阴平	阳平	上声	去声	入声
	邹平	平声 213	**23**+213	213+54		213+31	**23**+33
		上声 54	54+213	54+54		**55**+31	54+33
			55+213	**55**+54			**55**+33
		去声 31	31+213	31+54		31+31	31+33
		入声 33	33+213	33+54		33+31	33+33
	利津	阴平 213	**24**+213	**212**+53	**212**+55	**24**+31	**212**+44
							212+**24**
		阳平 53	53+213	53+53	53+55	53+31	53+44
		上声 55	55+213	55+53	**53**+55	55+31	**53**+44
		去声 31	31+213	31+53	31+55	**24**+31	31+44
							31+**24**
		入声 44	44+213	44+53	44+55	44+31	44+44

注：表中加粗字体部分是与单字调有区别的连读调。

归结起来，冀鲁官话两字组连读变调的特点主要表现在以下四个方面：

一是发生变调的音节位置。冀鲁官话石济片、沧惠片方言普遍表现为前字变调；保唐片的定霸小片、蓟遵小片和天津小片有多点存在后字变调现象，如定州、霸州、蓟县、宝坻、宁河以及天津的北辰、汉沽等。

二是发生变调的调类。在冀鲁官话中，所有调类作前字都有可能发生变调。其中上声作前字发生变调的现象最为普遍。阴平作前字发生变调的现象，在沧惠片和山东的石济片方言中多见，如沧州、利津、日照、济南等；阳平作前字和去声作前字发生变调的情况则多出现在保唐片方言中，如霸州、保定等。

三是变调后的调值。在冀鲁官话中，变调后的调值可以是任意一个单字调的调值，如日照方言，一部分“阴平 + 阴平（213+213）”和“阴平 + 去声（213+31）”的两字组词语，连读后前字都会变读为上声调调值 44，即分别读为“44+213”和“44+31”；变调后的调值也可以是一个不同于任何单字调的新调值，如济南方言，“阴平 + 阴平（213+213）”和“阴平 + 去声（213+21）”的两字组词语，连读后前字都会变读为一个单字调系统中没有的升调 24，即分别读为“24+213”和“24+21”。

四是变调后组合格式的分合。在冀鲁官话中，所有连调组合均有可能因为前字变调造成与其他连调组合的合并，其中后字为阴平、上声、去声的连调组合，变调后发生连调组合合并的几率更高。例如：

博山　阴平 + 阴平 = 上声 + 阴平　尖刀 = 剪刀　班车 = 板车

利津　阴平 + 去声 = 去声 + 去声　三步 = 散步　花布 = 画布

保定　阴平 + 阳平 = 阳平 + 阳平　仙人 = 闲人　鲜鱼 = 咸鱼

阳信　上声 + 上声 = 去声 + 上声　打扫 = 大嫂　倒手 = 到手

相比合并的情况，同一种连调组合变调后出现前字调值分化的情况要相对少一些。例如山东阳信方言中“去声 31+ 去声 31”就有“23+31”（如“地动、种菜”）和“31+31”（如“旱地、唱戏”）两种读法。

一般来说，同一个方言内的连读变调通常是既有分化也有合并。以天津方言为例，天津方言有 4 个单字调，共有两字组连调组合 16 种，变调后有 7 种组合出现了两类连调形式，其中有 6 种变调形式又与其他 6 种组合合并，这样，天津方言两字组连读调实际共有 17 种类型。变调后不仅会造成两个不同调类组合的合并，如“阴平 21+ 阳平 24”“上声 213+ 阳平 24”连读后都可读为“21+24”，还会造成三个不同调类组合的合并，如“阴平 21+ 阴平 21”“阳平 24+ 阴平

21”“上声 213+ 阴平 21”连读后都可读为“24+21”。

（2）连读变调的辨正

冀鲁官话普通的两字组连读变调普遍表现为前字变调，这一点与普通话相同。但不同地区连调的具体调值和连调的合并情况与普通话却有较多差异（参见表 2–28）。

第一，就变调所涉及的具体调类来说，普通话的连读变调主要发生在作前字的上声调上，而冀鲁官话绝大多数方言中的连读变调并不仅仅限于上声调，阴平、阳平、去声作前字也会发生变调，而且少数方言后字也会变调。

第二，就调值来说，由于各个方言的单字调调值与普通话不同，由此所形成的连读变调的调值也便与普通话有较大差异。

第三，普通话的两字组连调组合变调后只有合并，没有分化，变调前后的调类、调值对应关系比较简单，而冀鲁官话的多数方言则是既有合并也有分化，变调前后的调类、调值对应关系也比较复杂。

第四，普通话两字组连调组合变调后只有“上声 + 上声”与“阳平 + 上声”两种组合的合并，而方言中往往有多组的合并。

鉴于以上差异，冀鲁官话区的人们在学习普通话的连读变调时，首先应注意本方言单字调在调类、调值上与普通话的对应关系和差异，然后再根据普通话的连读变调规则，系统模仿普通话的连读变调调值，同时克服母方言的干扰和影响。

（3）正音训练

以下词语的前字是上声字，普通话上声在阴平（A 类）、阳平（B 类）、去声（C 类）前读成低降调 21。

A 类：把关　保温　本身　产生　厂家　厂商　敞开　处方　打击
打针　点心　点钟　法官　法规　反思　反攻　鼓吹　广播
海滨　海关　海军　好吃　好多　好听

B类：保留　饱和　宝石　本来　采集　草原　产值　阐明　场合
储藏　此时　抵达　点燃　典型　法庭　反常　返回
改革　搞活　海拔　狠毒　暖和　火柴

C类：把握　保健　本质　宝贵　本性　采用　彩色　草地　产量
阐述　场地　吵架　储蓄　处分　此刻　打败　抵抗　懂事
法律　反对　粉碎　改变　岗位　港币

以下词语前后两字都读上声，其中前字由214变调为阳平35。

保管　本领　采访　产品　厂长　场所　打倒　点火　法语
改组　港口　搞鬼　鼓舞　广场　好感　悔改　检举　简短
剪彩　奖品　尽管　考古　口语　老板

以下词语的前字和后字都读去声，其中前字由51变调为53。

暗淡　霸占　拜会　半夜　报社　暴力　备用　被告　笨重
毕业　遍地　并列　部队　电视　倡议　撤退　创办　次要
脆弱　大炮　代号　待遇　档次　倒退　道歉　地带　电路
费用　落后　类似　质量　迅速　过去　另外　预测　建设
概念　现在　动力　框架　大概　内部　过渡　巨大　预计

以下词语的“一”字在阴平、阳平、上声前由55变调为去声51，在去声前则由55变调为阳平35。

一+阴平　一般　一边　一身　一生　一些　一心　一斑
一端　一经　一瞥　一天　一朝

一+阳平　一连　一旁　一齐　一时　一同　一头　一行
一直　一如　一无

一+上声　一点　一举　一起　一手　一口　一览　一体
一统　一早　一准　一总

一+去声　一半　一带　一旦　一道　一定　一度　一概
一共　一贯　一律　一切　一向　一样　一再

以下词语的“不”字在去声前由51变调为阳平35，在阴平、阳平、上声前不变调。

不必　不但　不当　不定　不断　不过　不愧

不料　不论　不是　不幸　不要　不用　不住

下列连调组合在普通话中调值不变。

阴平 + 阴平（55+55）：

之间　开支　诸多　冰箱　突出　监督　香菇　冲击

山东　应该　发生　周期　分析　双方　东方　中央

阴平 + 阳平（55+35）：

说服　威胁　单纯　中文　经营　安排　科研　资源

官员　轻型　功能　高层　升级　消除　低于　新闻

阴平 + 上声（55+214）：

缩短　供给　资本　出口　增长　香港　开始　标准

亏损　因此　基础　微小　申请　清楚　生产　思想

阴平 + 去声（55+51）：

观念　帮助　登记　消费　优势　激烈　科技　究竟

收入　知趣　接受　宽带　区域　包括　刚正　加入

阳平 + 阴平（35+55）：

核心　迎接　民间　离开　唯一　黄金　南方　职工

园区　时期　融资　曾经　杭州　流通　航空　时间

阳平 + 阳平（35+35）：

哲学　衡量　灵活　及其　仍然　余额　民族　值勤

循环　繁荣　调节　油田　成为　传媒　平衡　同时

阳平 + 上声（35+214）：

食品　为主　国土　瓶颈　寻找　明显　为止　如果

连锁　即使　国企　培养　朋友　良好　全省　调整

阳平 + 去声（35+51）：

活跃　服务　实践　强劲　强调　乘客　完善　成就

培训　结束　承诺　协议　文化　游戏　从事　人类

去声 + 阴平（51+55）：

这些　自身　创新　互相　下跌　必须　目标　认真

信托　健康　降低　退出　外商　上升　地标　大约

去声 + 阳平（51+35）：

住宅　距离　价格　复杂　到来　物流　复读　范畴

菜园　不良　浪潮　个人　大幅　布局　内容　纵容

去声 + 上声（51+214）：

队友　上海　破产　下岗　自我　记者　购买　热点

控股　重点　药品　试点　拓展　占有　电子　对手

（二）轻声

1. 普通话的轻声

（1）什么叫轻声

汉语是一种声调语言，汉语中的每一个音节都有其声调的高低升降曲直变化形式。轻声是音节在一定条件下，失去其原来的声调而读得又短又轻的调子。如“刀子、石头”中的“子”和“头”就是轻声音节。一般来说，任何一种声调的字在一定的条件下，都可以失去原来的声调，变读为轻声。

（2）轻声的特点

轻声是一种语流音变现象，不是一个独立的调类。每一个轻声音节原本都具有特定的声调，只是由于受到词汇、语法、语义、语气等因素的影响，才在一定的语言环境中失掉本调读成了轻声。

第一，轻声与声调有着本质的不同。一方面，调类的数量取决于调值的种类，每个调类都对应一种固定的调值，如普通话阴平、阳平、上声、去声四个调类分别对应 55、35、214、51 四种调值，而轻声没有固定的调值。另一方面，一般音节的声调都有特定的音高变化形式，而轻声音节的音高并不固定，它会因前一音节声调的不同而变化。一般来说，上声字后的轻声音节音高比较高，阴平、阳平字后的轻声音节音高偏低，去声字后的轻声音节音高最低。用五度标调符号表示，大致的情况如下：

阴平字 + 轻声字（꜋^{2} 半低），如“跟头、柑子、蹲下、黑的”。

阳平字 + 轻声字（꜊^{3} 中调），如“石头、桃子、留下、白的”。

上声字 + 轻声字（꜉^{4} 半高），如“里头、李子、躺下、紫的”。

去声字 + 轻声字（꜌^{1} 最低），如“木头、柿子、坐下、绿的”。

第二，轻声也不是一种变调。轻声和变调有相同之处，即它们都有音高的变化，但轻声在本质上却不是一种变调。以普通话两字组声调变化为例，我们可以清楚地看出这种区别。具体表现在以下四方面：

一是在词中所处位置不同，普通话变调现象一般发生于前一音节，而轻声现象则发生于后一音节或三音节词语的中间音节。二是音变的范围不同，普通话的变调只发生在上声和“一、不”等少数音节上，而轻声不限，普通话四个调类的字都可以按需要读为轻声。三是原所属声调的作用不同，普通话中前一个音节变不变调、如何变调，取决于后一个音节的声调和它自己的本调，而后一音节是否变读轻声与它前一个音节的声调和它自己的本调无关。四是音变后的调值作用不同，普通话的变调是一对一地变，即一个音节由原来调值变为一种新的调值，变调后的调值仍具有声调的区别特征；而在同一声调后的轻声音节，不管原调是阴平、阳平、上声、去声，都会失去声调的对立，变读为相同的调值。

第三，轻声是汉语语流中一种特殊的音变现象。其语音变化特征主要表现在音长、音强、音高，以及由轻声引起的声母、韵母中辅音、元音音色的变化上。其中，最明显的特征是音长、音强的变化，即音长变短，音强变弱；音高变化虽不是主要特征，但是轻声音节在失去原有声调时，音高也会随前一音节声调的不同而改变。

声母方面的主要表现：使不送气的清塞音、塞擦音声母浊化，如“耳朵”中“朵”的清声母 d 读成浊声母［d］；使声母失落，如“五个”快读时会读成［$u^{21}ə^{4}$］，“个”的声母失落。

韵母方面的主要表现：元音央化，如“棉花”中“花”的韵母主要元音由低元音 ɑ 变央元音［ə］；韵母主元音失落，如“豆腐”中“腐”的韵母 u 脱落；圆唇元音变不圆唇元音，复元音韵母变单元音韵母，如“上去”中“去”的韵母由圆唇元音 ü 变成不圆唇元音 i，“热闹”中“闹”的韵母由复元音 ɑo 变成单元音［ɔ］。

由此可见，轻声音变现象涉及语音的音长、音高、音强、音色四个要素。声学实验显示，轻声音节的特征都是由于发音时能量的减弱引起的，能量减弱，声调就会变短、变轻，声母、韵母就会弱化。因此，轻声本质上是一种语音的弱化现象。

（3）普通话读轻声音节的规律

一般来说，新词语、科学术语里没有轻声音节，口语中的常用词才读轻声音节。普通话中的音节在下面一些情况下通常会读为轻声。

助词“的、地、得、着、了、过”和语气词“吧、嘛、呢、啊”等，例如：

领路的　　愉快地　　学得（好）

笑着　　活了　　看过

他呢　　谁啊　　算了吧　　放心吧　　好嘛

部分叠音或重叠词的后一音节，例如：

单纯词：猩猩　饽饽　姥姥

合成词：妈妈　爸爸　弟弟　妹妹　姑姑　娃娃　星星

单音节动词重叠式：坐坐　劝劝　催催　看看　听听　试试

双音节动词重叠式 ABAB 的第二、四音节读轻声，例如：

研究研究　考虑考虑　打扫打扫　商量商量　拾掇拾掇

“子、头、巴、们、么”等名词、代词后缀，例如：

金子　桌子　孩子　椅子　脑子　筷子　日子　燕子　辫子　点子

丫头　跟头　石头　木头　馒头　里头　后头　码头　罐头　外头

结巴　锅巴　尾巴　嘴巴

我们　你们　他们　咱们　同学们

这么　那么　怎么　多么　什么

但“原子、光子、孢子、男子、瓜子儿、窝窝头、劲头儿”等词的“子（子儿）、头（头儿）”都是实语素，不读轻声。

表示方位的词或语素，例如：

马路上　脸上　地底下　村子里

箱子里　前边　左边　外面

动词、形容词后面表示趋向的“来、去、起来、下去”等，例如：

送来　进来　起来　过去　出去　上去

热起来　说出来　夺回来　跑过去　挑回去　冷下去

有一批常用的双音节词，第二个音节习惯上要读轻声，例如：

伙计　簸箕　咳嗽　云彩　蘑菇　护士　事情

脑袋　胳膊　窗户　消息　动静　应酬　舒服

招呼　清楚　稀罕　石榴　力气　客气　扫帚

先生　大夫　月亮　骆驼　钥匙　萝卜　打扮

（4）普通话两字组轻声词的连读变调规律

在普通话中，后字为轻声的两字组词语与后字为非轻声的两字组词语的连读音变规律是一致的，都是只有上声作前字时才会发生变调，阴平、阳平和去声作前字时不变调。具体变调形式见上文“上声的变调”。

2. 冀鲁官话区人学习普通话轻声的重点

（1）轻声音节的特点

冀鲁官话里有比较丰富的轻声现象，并且习惯上读轻声的成分与普通话的情况差不多，这对于人们学习普通话轻声词有很大帮助。但冀鲁官话与普通话读轻声的音节又有所不同，可以从两个方面来看：

一是冀鲁官话中可以读轻声的词语明显比普通话多，例如“品行、良心、功课、颜色、团结、盼望、主张、白菜、黄豆、松鼠、杨树”等词语，普通话都不读轻声，但在冀鲁官话区，如保定方言中，后一个音节常常读成轻声。

二是冀鲁官话区各地方言里都有一些两个音节、三个音节读轻声的词，如济南方言中，“疥蛤蟆、棉衣裳、月娃儿娃儿（婴儿）、邻舍家、大师傅（厨师）、叫花子、锅腰子”等词语的后两个音节都读轻声；寿光方言中“锢炉子家、小叔子家、头窝儿里的（前妻所生子女）”等后三个音节都读轻声。而普通话里，除了“大师傅、舍不得”等有限的几个词语外，很少有连续多音节读轻声的词。

（2）连读调的特点

冀鲁官话与普通话的轻声词在连读调上存在较大差异。下面以两字组轻声词的连读变调为例，大致呈现冀鲁官话区各片方言轻声词连读变调的基本形式。

表 2–29 冀鲁官话与普通话后字为轻声的两字组连读调对照举例表

<table>
<tr><th colspan="2"></th><th>后字
前字</th><th colspan="4">轻声</th></tr>
<tr><td colspan="2" rowspan="4">普通话</td><td>阴平 55</td><td colspan="4">55+2 狮子</td></tr>
<tr><td>阳平 35</td><td colspan="4">35+3 桃子</td></tr>
<tr><td>上声 214</td><td colspan="2">35+3 法子</td><td colspan="2">21+4 李子</td></tr>
<tr><td>去声 51</td><td colspan="4">51+1 柿子</td></tr>
<tr><td rowspan="12">保唐片</td><td rowspan="4">霸州</td><td>阴平 45</td><td>45+3</td><td colspan="2">21+4</td><td>53+1</td></tr>
<tr><td>阳平 53</td><td colspan="4">53+1</td></tr>
<tr><td>上声 214</td><td colspan="2">41+2</td><td colspan="2">21+4</td></tr>
<tr><td>去声 41</td><td colspan="2">41+2</td><td colspan="2">45+3</td></tr>
<tr><td rowspan="4">天津</td><td>阴平 21</td><td colspan="4">21+0</td></tr>
<tr><td>阳平 24</td><td colspan="4">24+0</td></tr>
<tr><td>上声 213</td><td colspan="4">24+0</td></tr>
<tr><td>去声 52</td><td colspan="4">52+0</td></tr>
<tr><td rowspan="4">昌黎</td><td>阴平 42</td><td>42+1</td><td>43+1</td><td>24+3</td><td>213+3</td></tr>
<tr><td>阳平 24</td><td>24+3</td><td>43+1</td><td>42+1</td><td>213+3</td></tr>
<tr><td>上声 213</td><td colspan="2">21+4</td><td colspan="2">24+3</td></tr>
<tr><td>去声 453</td><td colspan="2">45+2</td><td colspan="2">21+4</td></tr>
<tr><td rowspan="8">石济片</td><td rowspan="4">邢台</td><td>阴平 34</td><td colspan="4">34+3</td></tr>
<tr><td>阳平 53</td><td colspan="4">53+2</td></tr>
<tr><td>上声 55</td><td colspan="2">55+3</td><td colspan="2">53+2</td></tr>
<tr><td>去声 31</td><td colspan="4">31+2</td></tr>
<tr><td rowspan="4">济南</td><td>阴平 213</td><td colspan="2">213+4</td><td colspan="2">21+1</td></tr>
<tr><td>阳平 42</td><td colspan="2">42+2</td><td colspan="2">55+4</td></tr>
<tr><td>上声 55</td><td colspan="2">55+2</td><td colspan="2">213+4</td></tr>
<tr><td>去声 21</td><td colspan="2">21+1</td><td colspan="2">54+2</td></tr>
</table>

续表

<table>
<tr><th colspan="2"></th><th>后字
前字</th><th colspan="6">轻声</th></tr>
<tr><td rowspan="4"></td><td rowspan="4">临清</td><td>阴平 13</td><td colspan="3">23+5</td><td colspan="3">13+1</td></tr>
<tr><td>阳平 53</td><td colspan="3">53+2</td><td colspan="3">44+1</td></tr>
<tr><td>上声 44</td><td colspan="3">44+3</td><td colspan="3">43+1</td></tr>
<tr><td>去声 313</td><td colspan="3">31+4</td><td colspan="3">53+2</td></tr>
<tr><td rowspan="15">沧惠片</td><td rowspan="4">寿光</td><td>阴平 213</td><td colspan="3">213+5</td><td colspan="3">21+1</td></tr>
<tr><td>阳平 53</td><td colspan="6">35+3</td></tr>
<tr><td>上声 55</td><td colspan="6">44+5</td></tr>
<tr><td>去声 21</td><td colspan="3">21+1</td><td colspan="3">55+3</td></tr>
<tr><td rowspan="3">无棣</td><td>平声 213</td><td colspan="6">31+1</td></tr>
<tr><td>上声 55</td><td colspan="3">45+4</td><td colspan="3">213+3</td></tr>
<tr><td>去声 31</td><td colspan="6">55+3</td></tr>
<tr><td rowspan="4">日照</td><td>阴平 213</td><td colspan="3">213+4</td><td colspan="3">31+2</td></tr>
<tr><td>阳平 53</td><td colspan="6">44+3</td></tr>
<tr><td>上声 44</td><td colspan="6">213+<u>42</u></td></tr>
<tr><td>去声 31</td><td colspan="3">31+2</td><td colspan="3">53+1</td></tr>
<tr><td rowspan="4">邹平</td><td>平声 213</td><td colspan="3">31+1</td><td colspan="3">21+3</td></tr>
<tr><td>上声 54</td><td>54+<u>21</u></td><td colspan="2">45+4</td><td colspan="2">21+3</td><td>31+1</td></tr>
<tr><td>去声 31</td><td colspan="2">31+1</td><td colspan="2">44+2</td><td colspan="2">54+2</td></tr>
<tr><td>入声 33</td><td colspan="6">33+<u>32</u></td></tr>
</table>

注：表中加粗字体部分是与单字调有区别的连读变调，调值下加横线_表示时长较短。

与普通话相比，冀鲁官话各地方言两字组轻声词连读调后字的特点：

一方面，绝大部分方言的轻声都如普通话一样是个轻短的调，少数方言点的轻声是一个非轻非短的调，虽然并不轻短，但又不同于一般的单字调。如河北容城、满城、辛集、馆陶，山东博山、德州、泰安、张店、日照等地的轻声读音。

另一方面，冀鲁官话轻声的读音可分为三类：音高衰减型、调值分用型、终点延伸型。“音高衰减型”是指高调尾声调的音高衰减现象，如昌黎的“去声 + 轻声”读“45+2”，相对于前字的高调尾，后字的轻声音高呈现出降势。“调值分用型”是指前后字分用了前字的单字调调值，如邹平的“平声 + 轻声”读“21+3”，虽然前字平声变读为降调，但与其后字轻声调值相结合则成为一个与阴平单字调相同或相近的曲折调，相当于轻声音节与前字分用了前字原本的单字调调值。“终点延伸型”是指轻声音高是前字声调终点的延伸，如无棣的“平声 + 轻声”读为“31+1”，后字轻声的低调是前字调尾的延伸，昌黎的“阴平 + 轻声”读为“213+3”，后字轻声的调值也是前字调尾的延伸。

与普通话相比，冀鲁官话各地方言两字组轻声词连读调前字的特点：

一是前字变调的相对独立性。前字的变调情况不受后字单字调调类的影响，比如寿光的阳平字，无论后字轻声的调类如何，均变读为升调 35。

二是调值的循环性。轻声前字的调值相对于其单字调的调值均能形成一个闭合的循环圈，例如在德州方言中，阴平 213 在轻声前变读为去声单字调的调值 21，去声 21 在轻声前变读为阳平单字调的调值 42，阳平 42 在轻声前变读为上声单字调的调值 55，上声 55 在轻声前变读为阴平单字调的调值 213。这种情况主要分布在鲁北的博山、淄川、周村、无棣、惠民、德州、庆云、乐陵等地。

三是新调值的出现。相对于单字调系统，前字变调均出现新的调型和调值，比如鲁北各方言点的单字调系统中没有升调，但阳平在轻声前时均读作升调。

四是新调类的出现。普通话读阳平和上声的两类字，在有些方言点，比如无棣等三调方言中，都合并读成了一个调类，但在轻声音节前时，这两类字却有不同的变调表现，即单字调中已经合并了的调类在轻声前仍保持独立，也就是连读变调实际是四个调类。

（3）读音辨正

根据以上分析，我们认为冀鲁官话区的人们学习普通话轻声词的读音时，应重点注意以下几点。

一是冀鲁官话习惯上读轻声的成分与普通话习惯读轻声的成分并不完全一样，有些普通话不读轻声的词，方言也读成了轻声，而且通常并无明显的规律可循。因此方言区的人们应特别注意纠正这些词语。另外，也可以通过熟记普通话轻声词的方法来学习。具体可参考《普通话水平测试实施纲要》中的“普通话水平测试用必读轻声词语表”。

二是冀鲁官话中有的方言轻声音节读得并不轻短，如上文提到的河北容城、满城、辛集、馆陶，山东博山、德州、泰安、张店、日照等地。这些地区的人们应特别注意轻声音节的轻重和长短。

三是冀鲁官话两字组轻声词的连读变调现象，不仅发生在上声前字上，阴平、阳平、去声、入声作前字时也会发生，而普通话的变调只发生在上声前字上。冀鲁官话区的人们应准确掌握普通话的轻声变调规律，并注意排除方言变调现象的干扰。

（4）正音训练

阴平 + 轻声：

巴结　苍蝇　称呼　出息　村子　答应　耽误　灯笼

东西　嘟囔　多么　风筝　甘蔗　高粱　胳膊　工夫

功夫　关系　思量　稀罕　街坊　闺女　妈妈　兄弟

阳平 + 轻声：

裁缝　柴火　肠子　锄头　笛子　福气　含糊　核桃

葫芦　狐狸　麻烦　合同　财主　娘家　俗气　糊涂

蛤蟆　门道　麻利　苗头　名堂　明白　难为　脾气

上声 + 轻声：

本事　本子　比方　打扮　打发　打听　早上　底子

点心　恶心　寡妇　脊梁　讲究　摆设　比方　扁担

补丁　小气　码头　了得　哑巴　眨巴　数落　响动

去声 + 轻声：

报酬　大方　大意　地道　岁数　动静　队伍　告诉

故事　后边　这个　护士　案子　棒槌　辈分　道士

告示　厚实　见识　戒指　笑话　阔气　义气　漂亮

（三）儿化

1. 普通话的儿化

“儿”尾与前面的音节融合成一个新音节的现象叫“儿化”。普通话的“儿”读卷舌元音 er，与前面音节融合后对前一音节的影响主要是使其韵母带上卷舌色彩，这种带卷舌色彩的韵母叫作“儿化韵”。例如“花”和“儿”融合读为“花儿”huār，“儿”字不是独立的音节，只用来表示它前一个音节的韵母要发儿化韵。用汉语拼音拼写儿化音节时，只需在原来的音节之后加上字母 r 就可以了。这里的 r 并不是一个音素，只是表示卷舌的动作。

在普通话的 39 个韵母中，除单韵母 ê 没有儿化读音，er 本身就是央元音［ə］的儿化音读法外，其他 37 个韵母都可以儿化。儿化后其韵腹、韵尾会发生脱落、增音、替换等有规律的变化。具体表现有：

第一，韵母末尾是 a、o、e、u 的，儿化时韵母末尾的元音直接卷舌。如：花儿 uar［uʌr］、坡儿 or［or］、歌儿 er［ɤr］、苗儿 iaor［iaur］。

第二，韵尾是 -i 的，儿化后韵尾脱落，韵腹直接（或音值稍有变化后）卷舌。如：盖儿 air［ɐr］、块儿 uair［uɐr］、晚辈儿 eir［ər］。

第三，韵母是舌面高元音 i、ü 的，儿化后 i、ü 后会增加卷舌央元音 er；韵母是舌尖元音 -i［ɿ］、-i［ʅ］的，儿化后舌尖元音脱落，韵母变读为卷舌央元音 er。如：鸡儿 ir［iər］、鱼儿 ür［yər］、事儿 ir［ər］。

第四，-n、-ng 韵尾的韵母，儿化后韵尾脱落，韵腹是 a、e、o 的，韵腹直接（或音值稍有变化后）卷舌；韵腹是 i、ü 的，i、ü 后也会加卷舌央元音 er。需要注意的是，-ng 韵尾的韵母，韵尾脱落后，韵腹会鼻化并卷舌。如：玩儿 uanr［uɐr］、点儿 ianr［iɐr］、裙儿 ünr［yər］、印儿 inr［iər］、筐儿 uangr［uãr］、影儿 ingr［iə̃r］。

表 2-30 普通话原韵母与儿化韵对照表

原韵母	儿化韵	例词	原韵母	儿化韵	例词
a［A］	［Ar］	刀把儿、号码儿	i［i］	［iər］	玩意儿、小鸡儿
ia［iA］	［iAr］	豆芽儿、脚丫儿	in［in］		背心儿、脚印儿
ua［uA］	［uAr］	香瓜儿、牙刷儿	uei［uei］	［uər］	一会儿、跑腿儿
o［o］	［or］	山坡儿、泡沫儿	uen［uən］		没准儿、光棍儿
uo［uo］	［uor］	大伙儿、酒窝儿	ü［y］	［yər］	金鱼儿、有趣儿
e［ɤ］	［ɤr］	歌儿、小车儿	ün［yn］		花裙儿、合群儿
ie［iɛ］	［iɛr］	台阶儿、半截儿	u［u］	［ur］	眼珠儿、面糊儿
üe［yɛ］	［yɛr］	丑角儿、木橛儿	ao［au］	［aur］	灯泡儿、豆腐脑儿
ai［ai］	［ɐr］	牌儿、小孩儿	iao［iau］	［iaur］	麦苗儿、面条儿
an［an］		花瓣儿、摆摊儿	ou［ou］	［our］	土豆儿、老头儿

续表

原韵母	儿化韵	例词	原韵母	儿化韵	例词
ian［iɛn］	［iɐr］	书签儿、一点儿	iou［iou］	［iour］	小牛儿、抓阄儿
uai［uai］	［uɐr］	一块儿、乖乖儿	ang［ɑŋ］	［ɑ̃r］	药方儿、后晌儿
uan［uan］		茶馆儿、小船儿	iang［iɑŋ］	［iɑ̃r］	瓜秧儿、唱腔儿
üan［yan］	［yɐr］	圆圈儿、手绢儿	uang［uɑŋ］	［uɑ̃r］	小筐儿、庄儿
-i［ɿ］	［ər］	瓜子儿、铁丝儿	eng［əŋ］	［ə̃r］	头绳儿、门缝儿
-i［ʅ］		树枝儿、没事儿	ing［iŋ］	［iə̃r］	花瓶儿、打鸣儿
ei［ei］		晚辈儿、刀背儿	ong［uŋ］	［ũr］	没空儿、胡同儿
en［ən］		书本儿、纳闷儿	iong［yŋ］	［yə̃r］	小熊儿
			ueng［uəŋ］	［uə̃r］	小瓮儿

从表中可以看出，普通话的儿化韵与原韵母并不是一一对应的，有些原本不同音的韵母，儿化后会变得相同。合并后，普通话的儿化韵共有 29 个。

2. 冀鲁官话区人学习普通话儿化的重点

儿化实际上是“儿”音节与前面音节结合而产生的音变现象，所以儿化的读音直接与“儿”的读音形式相关。“儿”的读音形式不同，由此产生的儿化特征和儿化韵系统也会不同。

（1）冀鲁官话区“儿”的读音类型及其地域分布

冀鲁官话的儿化现象比普通话要丰富和复杂得多，这显然与冀鲁官话内部“儿”的读音形式多种多样有关。归结起来，冀鲁官话中“儿”的读音主要有三种类型（钱曾怡，2001；李巧兰，2007）。

一是卷舌元音型，主要有 er 和［ar］两种读音形式。

er，与普通话读音一致，主要分布在天津以及石家庄、保定、沧州、唐山等河北大部分县市和济南、聊城、德州、滨州等山东西部、西北部地区。

[ar]，主要分布在唐海、青龙等个别地区。

二是边音型，主要有边音尾、边音自成音节和边音声母等形式。

[əɭ]，舌尖后边音[ɭ]结尾，主要分布在馆陶、巨鹿、平乡等个别地区。

[ɭr]，舌尖后边音[ɭ]带一个滚音[r]，主要分布在深州、冀州、安平、任县、内丘、临城、柏乡、南宫、邢台、武邑、枣强、威县等地区。

[ɭ]，舌尖后边音[ɭ]自成音节，主要分布在赵县、高邑、宁晋、新河、故城等地区。

[lə]（[lɨ]），边音作声母，主要分布在山东中部的潍坊、淄博、日照大片地区以及河北的辛集、衡水、武强等少数地区。

三是平舌元音型，主要有[ɯ][əɯ]两种读音形式。

[ɯ]，舌面元音[ɯ]自成音节，主要分布在涞源、宽城、卢龙、抚宁、昌黎等少数地区。

[əɯ]，舌面元音[ɯ]作韵尾，主要分布在迁西、迁安、青龙、秦皇岛等少数地区。

（2）冀鲁官话区儿化的读音类型及读音辨正

普通话中哪些是必须儿化的词，哪些是不能儿化的词，至今没有一个统一的界限或范围。这给方言区的人学习和掌握普通话的儿化词带来了一定的困难。大家在学习中可参考《普通话水平测试实施纲要》中的“普通话水平测试用儿化词语表”进行训练。

在冀鲁官话中，与普通话儿化现象相对应的音变现象主要有三大类：独立儿音型、儿化型、儿化变韵型。

①“独立儿音型”是指“儿”独立，不与前一音节融合为一个音节的现象。“儿”音节的读音，有时会受前一音节韵尾读音影响发生

同化音变。在冀鲁官话中，这类现象主要分布在河北地区。按照“儿”音节的读音特点，这种现象又可以分为卷舌元音儿音、平舌元音儿音和边音尾儿音三种形式。

卷舌元音儿音是读卷舌元音 er 的“儿”独立为一个音节的形式。这种形式主要分布在保唐片的定州、易县、满城、望都、保定、清苑、定兴等地区。例如：

保定方言：豆儿 [təur ər]、刀儿 [taur ər]、条儿 [t^hiaur ər]、凳儿 [tə̃r ər]

清苑方言：把儿 [pa ər]、事儿 [ʂʅ ər]、忙儿 [maŋ ər]、凳儿 [təŋ ər]

定州方言：豆儿 [təur uər]、刀儿 [taur uər]、条儿 [t^hiaur uər]、凳儿 [tə̃r ŋər]

满城方言：豆儿 [təu uər]、刀儿 [tau uər]、条儿 [t^hiau uər]、凳儿 [tə̃ŋ ŋər]

平舌元音儿音是读平舌元音 [ɯ] [əɯ] 的“儿”独立为一个音节的形式。这种形式主要分布在河北迁西、迁安、涞源、抚宁、卢龙、青龙、昌黎等地区。例如：

迁西方言：刀儿 [tau uəɯ]、忙儿 [maŋ ŋəɯ]

涞源方言：豆儿 [təu ɯ]、油儿 [iəu ɯ]

边音尾儿音是读舌尖后边音 [ɭ] 韵尾的“儿”独立为一个音节的形式。这种形式主要分布在河北井陉等地，如：花儿 [xua əɭ]。

普通话中没有独立儿音现象，所以这些地区的人们学习普通话儿化读音时，应注意改掉独立儿尾，变两个音节为一个卷舌儿化音节；同时，“儿”读平舌元音和边音尾的地区，还应学习卷舌元音的发音。

②“儿化型”是指“儿”与前一音节结合为一个儿化音节的音变现象。根据“儿”与前一音节结合的紧密程度，儿化型在语音上又表

现为拼合和化合两种方式。

拼合式是“儿”音拼合在前一音节的韵母后面，与前一音节的韵母直接构成儿化音节的方式。“儿”虽不独立成音节，但在与前一音节韵母拼合而成的儿化韵中却能清晰地分离出来。这类现象主要分布在保唐片的定兴、易县、清苑、涞水、望都、涞源、宽城、迁西、迁安、青龙、抚宁、昌黎以及石济片的柏乡等地。根据儿化韵的读音特点，拼合式儿化又有卷舌儿化韵、平舌儿化韵、边音儿化韵等类型。例如，定兴方言中“儿”读［ər］：（刀）把儿［paər］、花儿［xuaər］、盖儿［kɛər］、村儿［tsʰuənər］。涞源方言中“儿”读［ɯ］：（刀）把儿［paɯ］、花儿［xuaɯ］、字儿［tsɿɯ］、主儿［tʂuɯ］。柏乡方言中“儿”读［ɭ］：字儿［tsɿːɭ］、事儿［ʂʅːɭ］、辈儿［peiɭ］、味儿［ueiɭ］。

化合式是“儿”音与前一音节融合，并使前一音节发生某种变音而构成新音节的方式。“儿”在融合后形成的新音节中无法清晰地分离出来。有这类现象的方言在冀鲁官话中分布区域很广，就其发生变音的位置来看，又有以下几种情况。

一是单纯韵母的变化。普通话中的儿化都是只有韵母发生变化，变化后的儿化韵都是卷舌形式。冀鲁官话中的儿化最常见的形式也是卷舌儿化韵，这种情况的分布区域最广，几乎覆盖冀鲁官话沧惠片、石济片的绝大多数地区。除此之外，还有边音尾儿化韵，分布区域比较小，主要在河北的井陉、柏乡以及山东的博兴、寿光等地。值得注意的是，方言中原韵母跟儿化韵的对应关系与普通话有较大差异。例如邢台方言中，韵母［a］［ai］［an］［ə］［aŋ］对应一个儿化韵［ɐr］，而普通话相应的韵母，则对应［ʌr］［ɐr］［ɤr］［ɑ̃r］四个儿化韵；又如井陉方言中，韵母［ɿ］［ʅ］［ɤ］［ai］［au］［əŋ］对应一个儿化韵［əɭ］，而普通话相应的韵母，则对应［ər］［or］［ɐr］［ɑur］［ə̃r］五个儿化韵。

因此，在学习普通话儿化词时，不能简单地将方言中原韵母跟儿化韵的对应关系类推到普通话上，而是要仔细观察二者的差异，如能从中找出对应规律就更好了。

二是声母带闪音。在山东的广饶、利津、日照东港、莒县等地，儿化不仅使韵母的韵腹、韵尾发生了变化，也使声母发生了一种特殊变化，即 b、p、m、d、t、n、z、c、s（或［tθ］［tθ^{h}］［θ］）声母后带一个闪音［ɾ］。同时，相应的韵头有时也会由齐齿呼、撮口呼分别变成开口呼和合口呼。以日照方言为例：

皮儿［p^{h}i^{ɾ}er^{53}］　苗儿［mi^{ɾ}ɔr^{53}］　埝儿地方［n^{ɾ}ɛr^{44}］

豆儿［t^{ɾ}our^{31}］　摊儿［th^{ɾ}ɛr^{213}］　（牛）犊儿［t^{ɾ}ur^{53}］

枣儿［tθ^{ɾ}ɔr^{44}］　刺儿［tθ^{hɾ}er^{31}］　错儿［tθ^{hɾ}uər^{31}］

底儿［ter^{44}］　点儿［t^{ɾ}ɛr44］　钉儿［t^{ɾ}ə̃r^{213}］

趣儿［tθ^{hɾ}ur^{31}］　袖儿［θi^{ɾ}our^{31}］　心儿［θ^{ɾ}er^{213}］

由于齐齿呼、撮口呼韵母儿化以后，跟相应的开口呼和合口呼韵母变得相同了，这样方言中就出现了“条儿 = 桃儿”“鸟儿 = 脑儿”“钱儿 = 蚕儿”“仙儿 = 三儿”的现象。

这些地区的人们要注意去掉闪音，同时读准普通话开、齐、合、撮四呼的韵头，避免开口呼跟齐齿呼混同、合口呼跟撮口呼混同。

三是声母和韵头同时变化。在山东日照、莒县、寿光等地，l 声母音节儿化以后，其声母往往发生卷舌，齐齿呼和撮口呼韵母也会发生变化：读为舌尖后擦音 r（实际读音为舌尖后无擦通音［ɻ］），如果拼的是齐齿呼、撮口呼韵母，则韵母会变读成相应的开口呼和合口呼。以日照方言为例：（小）刘儿＝（小）楼儿［ɻour］、（小）梁儿＝（小）狼儿［ɻãr］、帘儿＝篮儿［ɻɛr］、（小）驴儿＝（小）炉儿［ɻur］。

普通话 l 声母音节的儿化，声母和韵头都不发生任何变化。因此，这一地区的人们要注意分清 l 声母音节儿化后的四呼韵头，不要发生混淆。

四是后鼻尾韵的变化。收后鼻尾 -ng 的韵母儿化时，普通话的变化方法是 -ng 尾消失，同时主要元音鼻化。而在天津，河北沧州、衡水、邢台、井陉，山东济南、聊城、德州、滨州、东营、潍坊等地，这类韵母儿化时，-ng 尾完全脱落，元音也不保留鼻化色彩，语音与相应的无韵尾韵母读音合并。例如无棣方言：

单字音：房［faŋ］≠阀［fa］　　儿化后：房儿 = 阀儿［far］

单字音：羊［iaŋ］≠芽［ia］　　儿化后：羊儿 = 芽儿［iar］

单字音：光［kuaŋ］≠瓜［kua］　　儿化后：光儿 = 瓜儿［kuar］

单字音：绳［ʂəŋ］≠蛇［ʂə］　　儿化后：绳儿 = 蛇儿［ʂər］

这些地区的人们学习普通话后鼻尾韵的儿化词时，要注意主要元音卷舌的同时还要带上鼻化音。

③“儿化变韵型”是在淄博的张店、博山、淄川、临淄、周村以及济南的莱芜、章丘等地，与普通话儿化现象相对应的一类音变现象。方言中并不使用韵母卷舌，而是用一种变韵的方式来表达儿化，我们通常称这种音变现象为“儿化变韵”。这种音变的特点是：元音或主要元音变成［ε］或［ei］，个别韵母会添加一个［ei］。其作用与以北京话为代表的北方方言的儿化相当，但是在语音上跟“儿”音的关系不明显，所涉及的韵母也不及普通话普遍。据目前的材料来看，这些方言中常见的、成系统的变韵一般有［ε］［iε］［uε］［yε］［ei］［iei］［uei］［yei］8 个。以淄川方言为例：

［ã］→［ε］：上班儿、快板儿、名单儿、饼干儿、破烂儿

［iã］→［iε］：里边儿、对面儿、丁点儿、心眼儿

［uã］→［uε］：小官儿、小船儿、铁环儿

［yã］→［yε］：胶卷儿、圆圈儿、独院儿、公园儿

［ɿ］→［ei］：写字儿、没词儿、有刺儿、肉丝儿

[ʅ]→[ei]：他侄儿、鸡翅儿、有事儿

[ẽ]→[ei]：赔本儿、出门儿、丢人儿、墙根儿、爷们儿

[i]→[iei]：小鸡儿、喘气儿、不大离儿

[iẽ]→[iei]：醋劲儿、捎信儿

[uẽ]→[uei]：冰棍儿、嘴唇儿、叫魂儿

[yẽ]→[yei]：挺俊儿

存在儿化变韵现象的方言，通常都没有卷舌儿化现象，所以这些地区的人一般发不好卷舌音。对此，一是要学会普通话的儿化方式，韵母增加卷舌动作；二是要抛弃本方言的儿化变韵。可以多朗读儿化词，以便更好地体会普通话儿化的发音特点。

（3）正音训练

第一组：

针鼻儿　这边儿　那边儿　这片儿　旁边儿　聊天儿　小兜儿
小偷儿　小塔儿　头头儿　一点儿　小兔儿　模特儿　劲头儿
小枣儿　水槽儿　板擦儿　针尖儿　小钱儿　抽签儿

第二组：

小楼儿　花篮儿　小兰儿　小李儿　小刘儿　门帘儿　小林儿
小罗儿　小炉儿　小鹿儿　小轮儿　小吕儿　豆芽儿　菜叶儿
菜肴儿　锅腰儿　小燕儿　冒烟儿　小羊儿　小月儿　小雨儿
小鱼儿　小院儿　跳远儿

第三章
冀鲁官话与普通话词汇使用的主要差异

一、冀鲁官话的词汇特点举要

作为普通话的基础方言，冀鲁官话有相当多的词语在词形、词义及用法上与普通话是一致的，例如“天”“地”“马”“有”“红”“十”等常用基础词。但也有许多跟普通话明显不同的词语，有的词形相同或相近，但词义不同；有的指称相同的事物，所用词形又有所不同。下面仅以一些与普通话有明显差异的词语为例，对冀鲁官话与普通话在词形、词义构成上的差异现象进行比较说明。

（一）词形不同

有些方言词所表示的意义与普通话相同，但词形不同。常见的主要有以下几种情况。

1. 构词语素

第一，词的构成语素完全不同。这种情况最为常见，例如：“说话—作声”“池塘—水沟”“乌鸦—老鸹”“蚂蚁—米蚌”“理发—剃头”“油条—馃子”“相貌—模样”“喜欢—稀罕”“讨厌—膈应”“告诉—

说给”“昨天—夜来 / 夜（儿）个”。

第二，构成词的部分实语素不同。这种情况也比较常见，例如："火柴—洋火”“煤油—洋油”“月亮—月明”“洪水—大水”“猪油—大油”“宽敞—宽绰”。

第三，同素异序，指某些方言词的构成语素与普通话相同，意义也相同或相近，但语素排列次序不一样。例如：“忌妒—妒忌”“喜欢—欢喜”“呼喊—喊呼”“颠倒—倒颠”“整齐—齐整”。

第四，构成词的实语素相同，虚语素不同。例如：“画儿—画子”“蒜瓣儿—蒜瓣子”“眼儿—眼子”“鞋底儿—鞋底子”“牙刷儿—牙刷子”“雨点儿—雨点子”“钢镚儿—钢镚子”“影子—影儿”“砖头—砖头子”。

2. 构词音节

第一，普通话是双音节词，方言是单音节词。冀鲁官话中一些亲属称谓、身体器官、日常用品等方面的词多是单音节词，而普通话常为双音节词。例如：“叔叔—叔”“被子—被”“厕所—栏”“讨厌—烦”“闪电—闪”“屁股—腚”“池塘—湾”“年糕—糕”。

第二，普通话是双音节词，冀鲁官话是三音节、四音节词。例如：“眼屎—眵麻糊”“戒指—戒镏子”“楝树—苦楝子”“雀斑—黑星星子”“冰锥—冻冻凌子”“深夜—三更半夜”“磁铁—吸铁石”“年底—年根子底下”“傍晚—傍黑天儿”“豇豆—长豆角儿”“鳙鱼—大头鱼”。

第三，普通话是单音节词，而冀鲁官话是双音节、三音节或更多音节的词。这种词数量较少。例如：“背—脊梁”“醋—忌讳”“蚕—蚕妹儿”“蹲—跍低[=]”①“蝉—梢老钱[=]儿”“霜—霜雪”“渴—干

① 字右上角“=”表示此用字为同音字，下同。

渴”“蛇—长虫”“饿—饥困”“丑—寒碜”“脏—埋汰”。

第四，普通话是多音节词，冀鲁官话是双音节词。例如：“北斗星—勺星”“自行车—洋车”“手电筒—电棒”“灯芯绒—条绒”“向日葵—葵花”“暖水瓶—暖壶”“螺丝刀—改锥”。

（二）词义不同

从词义上来看，冀鲁官话与普通话也存在差别，词形相同的词，或所指词义不同，或所指事物、概念不同。

1. 所指词义不同

冀鲁官话有些方言词所用语素与普通话相同，但意义有差异。其中又有两种情况。

一是词义所指范围不同。冀鲁官话中有些方言词含义比普通话要宽泛。比如“姥爷”在普通话中指外祖父，冀鲁官话中有些地方兼指祖父；“外甥”在普通话中指姐妹的孩子，冀鲁官话中有些地方兼指外孙；“打仗”在普通话中指战争，冀鲁官话中有些地方兼指吵架、打架；“山药”在普通话中指薯蓣，冀鲁官话中有些地方兼指红薯；等等。

二是词义色彩不同，最常见的是褒贬色彩的不同。比如，对男性老年人，普通话称“老头儿”是爱称，“老头子”是憎称，山东淄川等地方言中就没有这个区别。

有些古代汉语传下来的在普通话中常出现在书面语里的词，在某些方言里是常见的口语词，这就会表现出风格色彩上的差异。济南方言把“靠近火或在夏季阳光底下感到灼热”说成“炙”，如“炙得慌”；保定方言把“正式吃饭前吃点东西”叫“啖”，如“啖嘴儿”“下地半天，先吃点东西啖啖嘴呗”。

2. 所指事物、概念不同

有些词词形相同，所指却非同一事物，其特点是：同一个词形，普通话指甲事物，冀鲁官话指与之相关的乙事物。比如“早晨”在普通话中指从天将亮到八九点钟的一段时间，冀鲁官话中有些地方指明天；“公事”在普通话中指公家、集体的事，冀鲁官话中有些地方指婚丧嫁娶等事；“过年”在普通话中指度过春节，冀鲁官话中有些地方指明年；“伯”在普通话中指父亲的哥哥，冀鲁官话中有些地方指父亲；等等。

二、冀鲁官话中的特殊词语举要

所谓特殊词，是指冀鲁官话中与普通话说法差别较大或普通话中没有的词。上文从构词和词义两方面介绍了冀鲁官话的特殊词，这里主要从造词方式以及产生原因对冀鲁官话的特殊词作一些介绍。

（一）反映不同事物特征的词

各地人民对同一事物特征的理解不一样，往往从不同的角度出发，运用不同的造词原料和修辞方式，创造出不同的词来。冀鲁官话反映事物特征的造词方法大致有三种。

一是描写法，指通过对某些事物、现象的某一方面的特征进行描写说明而造出新词的方法。对同一事物，都采用描写法造词，但由于着眼点不同，也会产生不同的词。比如普通话的“冰棍儿”，在邢台叫“冰糕”，这是从它的用途（作为食品）特征去命名的；普通话的“火柴”，济南叫“洋火儿”，是从来源特征说的。除此之外，还可以从事物的形状、成分、状态、时间、性能、特性等方面来命名。例如：“煤油—洋油”“冰雹—冷子”“露—露水”“湖—大坑”“磁铁—

吸铁石”“元宵节—正月十五”“跳蚤—狗蹦子”“鳙鱼—大头鱼”“向日葵—朝阳花 / 转子莲 / 转向葵”。

二是比喻法。用比喻法创造的词在冀鲁官话中相当丰富，其中有的整个词就是一个完整的比喻，有的词中包含比喻成分。例如：“日食—天狗吃日头”“马铃薯—地蛋”“蛇—长虫”“猪血—红豆腐”“雀斑—黑星星子”“连襟—两乔 / 一条绳儿”“玉米—棒子 / 棒槌子 / 棒棒儿”。

三是拟声法，指用方言的语音形式，对某种声音加以模拟或改造，从而创制新词的方法。例如：“喜鹊—山喳喳”“斑鸠—咕咕”“鸭子—叭叭子”“打雷—打呱啦”。

（二）反映不同自然环境特点的词

不同的自然环境影响着人们的生产、经济，也由此产生了许多具有浓厚地方色彩的方言词。有些事物、现象只见于某一地区，这样的方言词未必能在普通话里找到相应的词，比如，山东利津一带多盐碱地，所以利津方言有“红毛碱（黏土质盐碱地）”“白毛碱（沙土质盐碱地）”“油碱场（寸草不长的碱地）”等关于盐碱地的细致区分。沿海地区水产丰富，渔业、盐业和养殖业发达，无棣濒临渤海，方言中就有大批这方面的特有词语，仅以蟹类名称来说，就有“查齐子（未成熟的公蟹）”“毛脚（天津后蟹）”“石榴黄（三疣梭子蟹）”“屎螃蟹（一种长不大的螃蟹）”等说法。

特殊地理环境更是会产生出大量特殊的地名、地貌用词。例如：

峪　山谷。作为地名用字，“峪”在鲁中山区用得非常普遍，如济南的泉子峪、葫芦峪、万粮峪、天晴峪、青杨峪、西系峪、马家峪、岔峪，长清的梨枣峪、第四峪、东夏峪、孙家峪、薛家峪、水泉峪、清泉峪、德峪，章丘的西周峪、西南峪、三王峪、马家峪、朱家峪、孟家峪、黑峪庄。

崮 四周陡峭，顶上较平的山。亦作“峒”。鲁中山区常用于地名。如长清有崮山镇，莱芜有马龙崮、南龙崮等村名，新泰有旋崮河。陈毅《莱芜大捷》诗：“百千万众擒群虎，七十二崮志伟功。”从“七十二崮”也可见“崮”在鲁中山区之多。

（三）反映不同社会心理的词

一是受神灵崇拜影响而产生的词。例如，山东多数地方都用“爷爷”“姥爷”和“奶奶”“姥娘”等来称呼“太阳”和“月亮”，以示敬仰、敬畏的心理；又如旧时“黄鼠狼”被视为是一种神的化身，淄博人称其“老福神”或“老邻舍家”。

二是受避凶趋吉思想影响而产生的词。为避免因为音、义而引起不愉快或不吉利的联想，各地都有一些禁忌词语。例如，济南、淄博等地把“醋”称作“忌讳”。醋是一种与人们的生活密切相关的佐餐食料，但由于在嫉妒时心里酸溜溜的，就像吃了醋一般，所以“吃醋”一词已是别有用场，比喻产生嫉妒情绪，且多用在男女关系方面。于是，“吃醋”一词就成了忌讳。那么把醋叫什么呢？干脆就叫“忌讳”吧。此外，鲁北方言把“棺材”说成“寿材”，是委婉语；潍坊人称“花生”为“长生果”，则是为了图吉利。

（四）反映不同生活和风俗习惯的词

反映各地风物、习俗的方言词，也有很多难以在普通话中找到对应。

比如，反映不同生活习惯的词：煎饼、灶户。煎饼是用五谷杂粮摊制的食品，种类很多，从原料上说，有米面煎饼、豆面煎饼、玉米面煎饼、高粱面煎饼、地瓜面煎饼、菜煎饼等；从口味上说，有咸煎饼、酸煎饼、甜煎饼、五香煎饼、糖酥煎饼。煎饼在日常生活中如此重要，摊制煎饼的“鏊子”（一种下有三足的平底铁锅）与“煎饼筢子”（将料浆摊平用的“丁”字形木板）自然也就不可或缺。灶户指的是以煮盐为业的人户，其称始于五代，宋以后作为盐户的通称。今无棣一带有“灶户王村”“灶户杨村”等地名，应是这一带早期盐民生活的记录。

再比如，反映不同风俗习惯的词：上床石、粥米。上床石是寿光、沾化一带的方言词，是结婚时洞房中放在床（炕）前的一块石头，新娘踏之以登床。之所以有此习俗，乃是取其谐音“上床拾”。在山东方言中，“拾”有生育的意思。舍“分娩”“生育”“接生”诸词而用“拾”，乃取其轻贱易养之义。由此可见，上床石的真正含义乃是祝愿新娘早早怀孕、多子多福。粥米是娘家送来慰问产妇的食品。山东淄博、潍坊等地有娘家给产妇送慰问食品的习俗，叫“送粥米”。

（五）反映特定人文历史状况的词

词语是社会生活的真实写照。随着社会的不断发展，新事物不断涌现，旧事物不断消失，反映这些事物的词汇也会随之不断地发展变化。一般而言，事物消失了，记载该事物的词语也会消失，但是，如果这个词语被赋予了新的含义，那么这个词也会被保留下来，成为今天人们研究某些社会历史现象的活化石。例如：

待诏 今山东潍坊、日照等地方言把理发师叫“待诏”，理发铺称为“待诏铺子”。“待诏”本义为等待诏命。汉代征召士子而未有正官者，因随时听候诏令，所以被称为“待诏”，后遂以其为官名。唐代有翰林待诏，负责四方表疏批答、应和文章等事宜。直到明清时，翰林院属官仍有待诏，掌校对章疏文史，为低级事务官。唐代不仅文词经学之士，医卜技术之流，亦供职于内廷别院，以待诏命，所以有医待诏、画待诏等。宋元以来，民间以“待诏”作为对各种技艺人的尊称。今天山东某些方言中称理发师为“待诏”应是由此而来。

识字班 今山东日照、诸城、临沂一带方言，将年轻姑娘称作“识字班”。这个称谓承载着一段非常有纪念意义的历史。新中国成立后，全国掀起了广泛的扫盲运动，组织群众学习文化，山东日照、诸城、临沂等地成立了各种“识字班”，常按不同年龄和性别分为不同的班。由于女青年班坚持得最好，成绩也最突出，所以当地人就称这些女青年为“识字班”。慢慢地，“识字班”在这些地方便成为年轻姑娘的代名词。

两乔（儿）、连乔（儿） 乔，亦作“桥”。这是山东济南、章丘、博山、泰安、新泰、聊城等地对“连襟”的特殊称谓。从它的分布可以看出，该词在山东方言中具有广泛性。该词的历史渊源可上溯到三国时期。据《三国志·吴志·周瑜传》记载：周瑜跟随孙策攻克皖城，“时得桥公两女，皆国色也。（孙）策自纳大桥，（周）瑜纳小桥”。在山东方言里，“连襟”还有许多别称，如“一刀剁不断”（德州）、“一条绳儿”（利津）、“两搭桥儿”（聊城）等，名称虽异，取意则同。三国吴地的故事，在今日山东竟然如此普及，应与宋元以来的杂剧、戏曲有关。如《幽闺记》第四十出：“文兄武弟襟相联，乔公二女正芳年，孙策周瑜德并贤。”在聊城等地，这个“乔”字甚至还能作为语素构成新的词语，如用“乔外甥儿”“乔外甥女儿”指称连襟的儿女。

三、冀鲁官话中保留的古语词例举

垺 bó 《广韵·没韵》：“垺，尘起。”今冀鲁官话多地方言中都有“垺土”的说法，即尘土。例如济南方言：“你看你弄的屋里垺土扬场的。”

蚍蜉 《尔雅·释虫》：“蚍蜉，大蚁。”唐韩愈《调张籍》诗：“蚍蜉撼大树，可笑不自量。”今河北冀鲁官话区蚂蚁有三种叫法，保定一带叫蚍蜉，石家庄一带叫蚂蚁，沧州一带叫米蚌。石家庄以北大都说蚍蜉。

趵 《集韵》“巴校切”，“跳跃也”。济南著名景点“趵突泉”的首字即为“趵”。

抱 《广韵》“薄报切”，“鸟伏卵”《方言·卷八》：“北燕朝鲜洌水之间谓伏鸡曰抱。”日照、潍坊、济南、淄博等地把“孵小鸡”说成“抱小鸡”。

醭 bú 《广韵》“普木切”，《玉篇·酉部》：“醭，醋生白醭。”冀鲁官话一些地区把食物长白色的霉叫作“长醭”，例如济南方言：“馒头长醭了。”

谝 piǎn 《说文》释为“巧言”，“部田切”。《广韵》《玉篇》释为“巧佞言”，意思是巧言讨好他人，引申为用动听的言辞向人夸耀，以显示自己的优越。今冀鲁官话里“谝”还是炫耀的意思。例如保定方言：“昨天她姥姥刚给买了条裙子，今儿一早就穿上到她大娘家谝去了。”

𤿭 pī 《广韵》“敷羁切”，“器破而未离”。在今冀鲁官话部分地区常用作“𤿭缝”，表示开裂的缝隙。例如济南方言：“这木头有𤿭缝，打橱子不行！”

嬎 fàn 《说文·女部》：“生子齐均也。”段玉裁注：“谓生子多而如一也。”《广韵》“芳万切”，“息也”。今冀鲁官话多地方言常把“鸡下蛋”说成“鸡嬎蛋”。

冻冻 《广韵》两见。其一：《广韵·东韵》“德红切”，“冻凌”。其二：《广韵·送韵》“多贡切”，“冰冻”。济南保留两音，“冻冻”的“冻”阴平，来源于“德红切”；“上冻”的“冻”去声，来源于“多贡切”。把“冰”称为“冻冻”，在今山东冀鲁官话中非常普遍，如日照、潍坊、济南、淄博、滨州等地都有此说法。

窎 diào 《广韵·啸韵》:“多啸切，窎窅，深也。”冀鲁官话中常用作“窎远”，表示偏远的意思。如济南方言:“你住的地方太窎远咧，轻易去不了！”

蹀躞 蹀，《广韵》“徒协切”，“躞蹀”。躞，《广韵》“苏协切”，“躞蹀”。《集韵·帖韵》亦作“躞蹀”:躞，“躞蹀，行貌”。《聊斋志异·长亭》:“蹀躞之间，意动神流。”冀鲁官话中多用作“蹀躞”，表示“来回地走”的样子。如济南方言:“好好坐着，别来回地蹀躞。”

敨 tǒu 《集韵》“他口切”，“展也”。今冀鲁官话中多用作“敨漏”，表示织物松散脱线的意思。如济南方言:“毛衣敨漏咧。”

提溜 《说文·手部》:“提，挈也，从手是声，杜兮切。”“提溜”义为用手拎着。《醒世姻缘传》六十七回:“那回回婆从里头提溜着艾前川一领紫花布表月白绫吊边的一领羊皮袄子，丢给那觅汉。”又写作“提搂”。今冀鲁官话很多方言都把“提着”说成“提溜”，例如保定方言:“那人手里提溜着小红布包袱，不紧不慢地朝村里走去。”

抟 tuán 《说文·手部》:“抟，圜也。”段玉裁注:“以手圜之也。”今冀鲁官话部分地区多用于“抟悠”，表示使成球形。如济南方言:“抟悠抟悠拽出去。”

挼 ruó 《说文·手部》:“推也，从手委声。一曰两手相切摩也。”今济南方言把菜馅儿等包紧用双手挤压使出水叫“挼”[nuə²¹³]。例如:“白菜剁好咧，你把水挼出来！”

苶 nié 《广韵》“奴协切”，“病劣儿。”《庄子》:“苶然疲役而不知其所归。”今河北方言里指精神不振作、有病的样子。例如武安方言:“这孩子今天苶了，是不是病了？快找个医生看看吧。”

糁 《说文·米部》:“糂（糁），以米和羹也。”今冀鲁官话中多指苏北、皖北、鲁西南一带的风味粥类食品，用麦仁加肉糜、鸡汤及其他佐料熬成后再加鸡丝。如济南方言有“喝糁”一说。

炙 《说文·炙部》：“炮肉也，从肉在火上。”段玉裁注：“炙肉，各本作炮肉。”如济南方言“炙的慌”，意思是“因靠近火或在夏季阳光底下感到灼热”。

稙 《说文·禾部》：“早种也……常职切。”《释名》：“青徐人谓长妇曰长，禾苗先生者为稙，取名于此也。”“稙”的本义是早种的庄稼，在今冀鲁官话中常用，如济南、保定等方言就有“稙棒子”“稙地瓜”的说法，意思是“早玉米”“早地瓜”。

挓挲 挓，《集韵》“陟加切”；挲，《集韵》作“抄”，“师加切。挓抄，开貌”。今济南把手、头发、树枝等伸张开叫作“挓挲”。例如：“你挓挲个手干么？”

啜 《广韵》“昌悦切”，“茹也”；又“殊雪切”，“《说文》曰‘尝也’，《尔雅》曰‘茹也’，《礼》曰‘啜菽饮水’”。在今冀鲁官话部分地区可用作“啜一顿”，表示吃一顿。

巉 chán 《广韵》：“锄衔切”，“险也”。又“仕槛切”，“峻巉貌”。济南少量全浊平声字读阴平。济南以东的博山方言有“巉鞋”一词，表示旧时山地农民穿的一种布鞋。

漦 chí 《广韵》“俟甾切”，“涎沫也”。今冀鲁官话部分地区有“漦拉拉”的说法，表示口水。

搋 chuāi 《广韵》“丑皆切”，“以拳加物”。今冀鲁官话部分地区表示用手使劲压揉。比如济南方言：“面和好了，不使劲搋不行。”

双 《集韵》“朔降切”，“偶也”。今冀鲁官话多地都用“双巴”表示孪生。如泰安方言：“她生了个双巴。”

牸 zì 《玉篇·牛部》：“疾利切，母牛也。”《广韵·志韵》：“疾置切，牝牛。”《说文·牛部》：“牝，畜母也。”今冀鲁官话多地方言都有“牸牛”的说法，专指母牛。

四、冀鲁官话与普通话常用 500 词语对照表

表 3-1　冀鲁官话与普通话常用 500 词语对照表

方言点 / 词目	保唐片			石济片			沧惠片		
	天津	霸州	昌黎	邢台	济南	临清	无棣	日照	邹平
太阳	太阳	日头	日头	日头儿	太阳 / 老爷爷儿	太阳 / 爷儿爷儿	爷儿爷儿 / 太阳	日头	太阳 / 老爷爷
月亮	月亮	月亮	月儿 / 月亮	月亮	月亮 / 月亮奶奶	月亮 / 月姥娘	月亮	月亮 / 月嫲儿嫲儿	月明 / 月明奶奶
云	云彩	云彩	云	云彩	云彩	云彩	云彩	云彩	云彩
闪电	打闪	闪电	霍闪	闪	闪	闪	闪	闪	闪
下雨	下雨	下雨	下雨	下雨 / 圪星儿	下雨	下雨	下雨	下雨	下雨
淋	淋 / 浇	浇	浇	淋	淋	淋	冲	淋	淋
晒	晒	晒	晒	晒	晒	晒	晒	晒	晒
冰	冰湖上 / 冰上 / 凌柱状	冰	冰	冰冰凌 / 冰凌碴儿	冰 / 冻冻 / 冰冰	冰	冻冻	冻冻	冻冻
冰雹	雹子	雹子	雹子	冷子	雹子	冷子	雹子	雹子	雹子
霜	霜	霜	霜	霜 / 霜雪	霜	霜 / 霜雪	霜雪	霜	霜雪
雾	雾	雾	雾	大雾 / 雾	雾	雾	雾	雾 / 雾糊浓雾 / 雾露雾加小雨	雾露

续表

方言点 / 词目	保唐片			石济片			沧惠片		
	天津	霸州	昌黎	邢台	济南	临清	无棣	日照	邹平
虹统称	虹	虹	虹	虹 / 彩虹	虹	彩虹 / 虹	虹	虹	虹
日食	日食	天狗吃日头	狗吃日头	日食	日食	日食	日食	日食	日食
月食	月食	天狗吃月亮	狗吃月亮	月食 / 天狗吃月亮	月食	月食 / 黑煞神吃月姥娘	月食	月食	月食
水沟儿	水沟儿	水沟子	水沟儿	水沟儿	水沟儿	阳沟儿	沟	水沟	水沟 / 阳沟
湖	湖	河	大坑	湖	湖	湖	湖	湖	湖
池塘	坑	水池	大坑	水池子 / 水坑	水池	坑	湾	汪	湾清=
水坑儿	水坑儿 / 水洼儿	水坑	水坑儿	水坑儿	水坑儿 / 水洼儿	小坑儿	水窝儿	坷楞头	水洼子
洪水	洪水	洪水	大水	大水	大水	大水	大水	大河水	大水
河岸	大堤 / 堤	河边儿	河沿儿	河沿儿 / 河边儿	河边儿 / 河涯边儿	河涯儿 / 河堤	河涯儿	河涯	河涯
坝	闸	埝	坝	水坝	坝	堤	坝	坝	坝
地震	地震	地震	地动	地震 / 地动	地震 / 地动	地震	地动	地动	地动
煤油	煤油	煤油	洋油	煤油	洋油	洋油	煤油	洋油 / 火油	洋油
灰尘桌面上的	土 / 灰	炮=土	尘土 / 灰	塘土	垺土	灰	灰	埲灰 / 垺土	垺土 / 灰
失火	着火	着火	失火	着火	着火	着火	着火 / 失火	起火	失火

续表

方言点／词目	保唐片			石济片			沧惠片		
	天津	霸州	昌黎	邢台	济南	临清	无棣	日照	邹平
磁铁	吸铁石	吸铁石	吸铁石／磁铁	吸铁石	吸铁石	吸铁石儿	吸铁石	吸铁石	吸铁石
什么时候	嘛时候儿	啥时候儿	啥会儿／多［早晚］[①]／多前儿	啥时候儿	多咱	多咱／什么时候儿	多咱／啥时候儿	什么时候儿	啥时候
现在	现在	这门前儿	［这么］［早晚］	这旦／这时候儿／这会儿	现在／这	这会儿	这么前儿	这会儿	这／现在
明年	明年	过年	明年	过年／明年	明年／过年	过年／明年	过年	下年／来年	过年／转过年头
后年	后年	后年	后儿年	后年儿	后年	后年	转过年来	后年	后年
去年	去年	头年	去年	年时个	去年／年时	年时／去年	头年	上年	年时／头年
前年	前年	隔过一年	前年	前年	前年	前年	前年	前年	前年
往年	往年	前些年	往年	每么儿／往常年	往年	往年	往年	以往／那儿年	早哩霎
年底	年根儿底下	年底	年底儿	年根儿	年底儿	年根底儿／年底	年根儿底下	年底下	年底下

① “［　］”为合音符号，下同。

续表

方言点 词目	保唐片			石济片			沧惠片		
	天津	霸州	昌黎	邢台	济南	临清	无棣	日照	邹平
今天	今儿个	今儿个儿	今儿个	今儿	今们=儿	今儿个 / 今儿	今们=儿	今日	今日
明天	明儿个	明个儿	明儿个儿	明儿	明儿 / 明天	明儿个 / 明儿	明日	明日	明日
后天	后儿个	后个儿	后儿个	后儿 / 过了明儿	后天	赶后儿 / 后天	后日	后日	后日
大后天	大后儿个	大后个儿	大后儿个	大后儿 / 大后天	大后天	赶大后儿 / 大后天	大后日	外后儿 / 大后日	大后日
昨天	昨儿个少 / 昨天多	昨个儿 / 列=个儿	夜儿个 / 早儿个	夜个	夜来 / 夜儿	夜儿	夜来	夜来	夜来
前天	前天	前儿个儿	前儿个	前夜个	前天	前儿 / 前天	前日	前日	前日
大前天	大前天	大前儿个儿	大前儿个	大前夜个	大前天	大前儿	大前日	大前日	大前日
早晨	早起	清早	早些=	早清个	早晨	早起 / 早侵=	早晨	早晨	早晨
上午	上午	前半晌儿	头午	头晌午儿 / 前半晌	头午 / 头晌午	晌乎=	头晌乎=/ 头午	头儿晌儿 / 晌阴=	头晌午
中午	晌午头儿 / 中午	晌午 / 晌伙=	晌伙=	晌午	晌午 / 晌午头儿 / 晌午头子	晌乎=头儿 / 正晌午	晌午	晌阴=头儿	晌午

续表

方言点 / 词目	保唐片			石济片			沧惠片		
	天津	霸州	昌黎	邢台	济南	临清	无棣	日照	邹平
下午	下午	后半晌儿	后晌	过晌午儿 / 后半晌	过晌午 / 过午 / 下午	下午	过午	下晚儿	过晌午
傍晚	擦黑儿	黑价=	擦黑儿	擦黑儿	傍黑天儿	傍黑儿 / 天夕	傍黑天儿 / 蚂蚱眼子	临黑儿 / 临黑门儿	傍黑天
白天	白天	白天	白天	白天	白天 / 白价= / 白下	白天 / 大天白夜	白日	白阴=	白夜
夜晚	黑色儿	黑价=	黑间	后阿	黑下 / 后晌 / 晚上	黑价= / 黑下	后晌	黑阴=	黑夜睡觉以后 / 后晌睡觉以前
大年初一	大年初一	大年初一	初一	过年下	年初一 / 大年初一	大年初一	大年初一	年初一	年初一
元宵节	正月十五 / 元宵节	正月儿十五	元宵节	正月十五	正月十五	正月十五	正月十五	正月十五	正月十五
清明	清明	清明	清明	清明	清明	清明	秋明日	清明	清明日 / 寒食
端午	端午节	五端午儿	端儿午儿	端午	五月端午 / 五月节	五月端午	端午	五月端午 / 五端午	五月端午
七月十五	鬼节儿	七月儿十五	七月十五	七月十五	鬼节 / 七月十五	七月十五	七月十五	七月十五	七月十五

续表

方言点 词目	保唐片			石济片			沧惠片		
	天津	霸州	昌黎	邢台	济南	临清	无棣	日照	邹平
中秋	中秋节 / 八月十五	八月儿十五	八月儿节 / 八月儿十五	八月十五	八月十五 / 八月节	八月十五 / 八月节	八月十五	八月十五	八月十五
除夕	三十儿	大年三十儿	过年 / 三十儿	年三十儿 / 小年下	年三十儿 / 大年三十儿	年三十儿 / 大年三十儿	年三十儿	年除阴=	年五更
阴历	阴历	农历	阴历 / 农历	阴历	阴历	农历	阴历	农历	阴历
星期天	礼拜天儿 / 礼拜日	礼拜天儿	礼拜 / 礼拜天儿	礼拜天儿	礼拜天 / 星期 / 星期天	礼拜天	星期 / 礼拜天儿	礼拜 / 星期	礼拜天
地方	地方儿	地方儿	地方儿 / 地方	地点儿	地处 / 去处 / 地方儿	地处儿	地处 / 埝儿	埝儿	埝子 / 地处
什么地方	嘛地方儿	啥地方儿	啥地方儿	啥地点儿	什么地处 / 什么去处 / 什么地方	什么地处儿	啥地处 / 哪个埝儿	哪个埝儿	啥地处
上面	上边儿	上边儿	上头	上边儿 / 上头	上头	上边儿 / 上头 / 上面	上头 / 上边儿	上头儿	上头
下面	下边儿	下边儿	下头	下边儿 / 下头	下头 / 下面儿	下边儿 / 下头 / 下面	下头 / 下边儿	下头儿	下头
中间	中间儿	当巴间儿	当腰儿 / 中间儿	当么间儿 / 当间儿	当中间儿	中间儿 / 当中	当中间儿里	当央儿	当中

续表

词目 \ 方言点	保唐片			石济片			沧惠片		
	天津	霸州	昌黎	邢台	济南	临清	无棣	日照	邹平
前面	前边儿	前边儿	前头	前边儿 / 前头	前头	前边儿 / 前头	前头 / 前边儿	前头儿	前头
后面	后边儿	后边儿	后头	后边儿 / 后头	后头	后边儿 / 后头	后头 / 后边儿	后头儿	后头
末尾	紧后边儿	末了儿	末后了儿	老末儿 / 末了	末了儿 / 末末了儿 / 灭=了儿	最后边儿	末儿末儿后儿	末末了儿	末了
对面	对面儿	对面儿	对面儿	对过儿	对过儿	对脸儿 / 对面儿	对面儿	对面儿	对面
面前	眼前儿	眼巴前儿	跟前儿	跟前儿	跟前 / 眼前	跟前儿 / 眼前儿 / 脸前儿	脸前头	脸前儿	脸前头
背后	后头	背后	后头	后边儿 / 脊梁后边儿	脊梁后头	身后边儿 / 背后	脊梁后头	身后	背后头
里面	里边儿	里边儿	里头	里边儿 / 里头	里头 / 里边儿	里边儿 / 里面儿	里头	里头儿	里头
外面	外边儿	外边儿	外头	外边儿 / 外头	外头 / 外边儿	外边儿 / 外面儿	外头	外头儿	外头

续表

方言点／词目	保唐片			石济片			沧惠片		
	天津	霸州	昌黎	邢台	济南	临清	无棣	日照	邹平
旁边	旁边儿	旁边儿	边儿上 / 旁边儿	边儿	边儿上	旁边儿	边儿上	一匹 = 子	一边 / 跟前
上碗在桌子~	上	上儿	上头	上边儿	上 / 上头	上 / 上头 / 上边儿	上头 / 上	上	上
下凳子在桌子~	下	下	下头	下边儿	底下 / 下头	底下 / 下边儿	底下 / 下头	底下	底下
边儿桌子的~	边儿 / 沿儿	边儿	边儿	边儿	沿儿	边儿	边儿 / 沿儿	沿儿	边 / 沿
荷花	荷花儿	藕花儿	荷花儿	荷花儿 / 莲花儿	荷花儿	荷花	荷儿花儿	荷花	荷花
藤	藤	藤	藤	蔓儿	藤	藤	藤子	藤子	藤子
水果	水果儿 / 鲜货儿	水果儿	水果儿	水果儿	果木子 / 水果儿	水果	水果儿	果儿木儿	水果
小麦指植物	小麦	小麦	小麦	麦子	麦子	麦子	麦子	小麦	麦子
高粱指植物	高粱	高粱	高粱	高粱	秫秫	高粱	高粱	秫秫	秫秫
玉米指植物	玉米	棒子	包儿米	棒子	棒子	棒子	棒子	玉豆	棒子
向日葵指植物	转脸子儿	日头转	日头花儿 / 帽子壳儿	葵花	场 = 沿 = 花	向日葵	葵花	朝阳花	朝阳花
花生指果实	果仁儿	花生	落花生	长果	长果 / 花生	落生 / 花生	长长果儿 / 长果儿	果子	长果

续表

方言点 词目	保唐片			石济片			沧惠片		
	天津	霸州	昌黎	邢台	济南	临清	无棣	日照	邹平
豇豆	长豆角儿	菜豆角儿	豇豆	豇豆	豇豆	豇豆	豆角子	（无）	豆荚子
包心菜	洋白菜	菜头	大头菜	洋白菜	洋白菜 / 卷心菜	大头菜 / 包头菜	甘蓝 / 大头菜 / 包头菜	大头菜	卷心菜
香菜芫荽	芫荽	芫菜	香菜	芫荽	芫荽	芫荽	芫樨	芫荽	芫荽
洋葱	葱头	葱头	洋葱	葱头	洋葱 / 圆葱	洋葱	洋葱头	圆葱	洋葱
辣椒统称	辣子	辣子	辣椒	辣椒	辣椒	辣椒	辣椒	椒子	辣椒
西红柿	火柿子	西红柿	西红柿	洋柿子	洋柿子 / 西红柿	西红柿	洋柿子	洋柿子	洋柿子
红薯	山芋	白薯	白薯	红山药	地瓜	地瓜 / 山芋 / 山药	地瓜	地瓜	地瓜
马铃薯	土豆儿	土豆儿	土豆儿	土豆 / 山药蛋	地蛋	土豆儿	土豆子	地豆子	地蛋
蛇统称	长虫 / 蛇	长虫	长虫	长虫	长虫 / 蛇	长虫	长虫	长虫	长虫
老鼠家里的	老鼠 / 耗子	老鼠	耗子	耗子	老鼠 / 耗子	老鼠 / 耗子	老鼠	老鼠	老鼠
蝙蝠	檐么蝠儿	檐麦=虎=	檐蝙乎=儿	檐边儿蝠	檐憋=蝠子	夜马=乎=儿	檐白=蝠	蝙蝠子	檐憋=虎=子
鸟儿统称	鸟儿	鸟儿	雀儿	鸟儿	鸟儿	鸟儿	鸟儿	鹁子	鸟
麻雀	家雀儿 / 老家贼	家雀儿	家雀儿	家雀儿	家雀儿 / 家雀子	家雀儿	老家仓 / 家雀儿	家鹁子	家鹁子 / 家鹁

续表

方言点 / 词目	保唐片			石济片			沧惠片		
	天津	霸州	昌黎	邢台	济南	临清	无棣	日照	邹平
喜鹊	喜鹊儿	喜鹊儿	起鹊	喜鹊 / 麻野雀	喜鹊儿	喜鹊	野鹊儿	野蜻	野鹊
乌鸦	乌鸦	老公=	老鸹	老鸹	老鸹	老鸹	黑老鸹	黑老鸹	老鸹
鸽子	鸽子	鸽子	鸽子	鸽子	鹁鸽 / 鸽子	鸽子	鹁鸪	鹁鸽	鸽鸽
翅膀鸟的，统称	翅膀儿	翅膀	翅膀儿	翅膀 / 翅儿	翅子	翅膀	翅儿 / 翅膀	翅子	翅子
蝴蝶统称	蝴蝶	蝴蝶儿	蝴蝶儿	蝴蝶儿	蛾子	蝴蝶	蝴蝶儿	蝴蝶儿	蝴蝶子
蜻蜓统称	老鹤	蚂良=	蚂螂	蚂楞=	蜻蜓"蜻"读"听"	蜻蜓 / 蚂儿	蚂楞=	蜻蜓	蚂楞=
蜜蜂	蜜蜂	蜜蜂	蜜蜂儿	蜜蜂儿 / 蜜蜂	蜂子	蜜蜂	蜜蜂	蜜蜂儿	蜜蜂
知了统称	知了	蚂知了儿	知了儿	唧了儿	梢=钱=儿 / 知了猴 / 知了猴子	记=牛=	老消消	蠘蛉	梢=唠钱=
蚂蚁	蚂蚁	蚍蜉	蚂蚁	蚂蚁	米蛘	蚂蚁	米蛘	蚂蝇	蚁蛘
蚯蚓	地蚕	蛐蛰=	蛐蟮	蛐蟮	蛐川=	蚯蚓	地蛆	蛐蟮	蛐蟮
蚕	蚕	蚕	蚕儿	蚕	蚕	蚕	蚕妹儿	蚕	蚕妹
蜘蛛	蛛蛛 / 蜘蛛	蛛蛛	蛛蛛儿	蛛蛛	蛾螂珠子	蛛蛛	蛛儿蛛儿	蛛蛛	蛛蛛子
跳蚤	跳蚤	狗子	狗蹦子	虼蚤	虼蚤	虼蚤	虼蚤	虼子	虼蚤

续表

方言点 / 词目	保唐片			石济片			沧惠片		
	天津	霸州	昌黎	邢台	济南	临清	无棣	日照	邹平
鳙鱼	胖头鱼	大头鱼	膀⁼头	大白鲢	花鲢	大头鱼	花鲢	花鲢	鲢子
鲫鱼	鲫鱼	鲫瓜	鲫鱼	鲫鱼	鲫鱼	鲫鱼	鲫鱼	鲫鱼	鲫皮
甲鱼	王八	王八	王八	王八	王八 / 鳖 / 甲鱼	王八	王八	鳖	鳖 / 王八
螃蟹统称	螃蟹	螃蟹	螃壳⁼	螃蟹	蟹子	螃蟹	螃蟹	蟹子	螃蟹
青蛙统称	蛤蟆	蛤蟆	河蟆	河蟆	蛤蟆	蛤蟆	蛤蟆	蛙子	蛤蟆
癞蛤蟆	癞蛤蟆	老疥	老疥	癞河蟆 / 疥毒河蟆 / 老疥毒	疥蛤蟆	癞蛤蟆	疥蛤蟆	蛤蟆	疥蛤蟆
公牛统称	公牛	牤牛	公牛	公牛	犍子 / 公牛	公牛	犍子	犍子	犍子 / 趴⁼牯
母牛统称	母牛	乳牛	母牛	母牛	牸牛 / 母牛	母牛	牸牛	渗⁼牛	牸牛
种猪	种猪	种猪	生猪	种猪	蛋猪	种猪	种猪 / 抛⁼猪旧说	趴⁼猪	坷郎 / 种猪
公猪	公猪	牙猪 / 公猪	肥猪	公猪	牙猪	公猪	公猪	猔猪	角猪
母猪	母猪	老寞⁼儿	老壳猪	母猪 / 老孩猪	母猪 / 老母猪	母猪	母猪 / 母坷拉	老母猪	母猪 / 老敲⁼腿
猪崽	猪崽子 / 小猪崽儿	小猪儿	猪秧子	小猪儿 / 小猪仔儿	小猪儿	猪苗 / 小猪	小猪儿	小猪子	小猪子

续表

方言点 / 词目	保唐片			石济片			沧惠片		
	天津	霸州	昌黎	邢台	济南	临清	无棣	日照	邹平
猪圈	猪圈	猪圈	猪圈	猪圈	猪栏 / 猪圈	猪圈	猪圈	猪栏	猪栏
养猪	养猪	养猪	养猪	养猪	养猪 / 喂猪 另有喂食义	养猪	喂猪	养猪	喂猪
公猫	郎猫儿	郎猫	郎猫	公猫	儿猫	儿猫	儿猫儿	牙猫	儿猫
母猫	母猫	女猫儿	女猫	母猫	女猫	女猫	女猫儿	女猫	女猫
公狗	公狗	牙狗	牙狗	公狗	牙狗	牙狗	牙狗儿	牙狗	牙狗子
母狗	母狗	母狗	母狗	母狗	母狗	母狗	母狗	母狗	母狗子
叫狗~	叫唤	叫	叫	汪汪	叫唤	叫唤	叫	咬	汪汪
兔子	兔子	兔子	兔子	兔子	兔子	兔子	兔子 / 假猫儿	兔子	兔子
叫公鸡~	打鸣儿	打鸣儿	打鸣儿	打鸣儿	打鸣儿	打鸣儿	打鸣儿	打鸣	打鸣
孵	孵	孵	孵	孵 / 暖	抱	抱	孵	抱	抱
鸭	鸭子	鸭	鸭	鸭子	鸭子	鸭子	鸭子	扁嘴	叭叭子
村庄	村儿	庄儿	村儿	村儿	村儿	庄儿 / 村儿	庄儿	村儿 / 庄儿	庄
街道	马路	大街	街道	街道	街 / 街道	街	大道	街	大街
厨房	厨房	厨房	过道儿屋儿 / 当屋儿 / 厨房	做饭屋	饭屋	伙房 / 灶房	伙屋 / 饭屋	锅屋	饭屋

续表

方言点/词目	保唐片			石济片			沧惠片		
	天津	霸州	昌黎	邢台	济南	临清	无棣	日照	邹平
灶统称	灶	锅台	灶儿	灶 / 灶火	锅台 / 锅头	炉子	灶火	锅台	窠落 =
饭锅	蒸锅	饭锅	饭锅	锅 / 汤锅	饭锅	饭锅	饭锅	锅	饭锅
菜锅	炒勺	炒勺儿	菜锅	炒菜锅	菜锅	炒锅	炒勺 / 锅	炒锅	耳锅子
厕所旧式的，统称	茅房	茅房	茅楼儿	茅子	茅厕 / 茅房儿	茅子 / 茅厕	茅子	壕汪 / 茅儿房儿	栏
檩左右方向的	房檩	檩	檩	檩条	檩条儿 / 檩条子	檩条儿	檩条儿	檩条子	檩条子
扫地	扫地	扫地	扫地	扫地	扫地	扫地	绰 = 地 / 绰 = 绰 = 田下	扫地	绰 = 地
东西我的～	东西	东西	东西	东西儿	东西 / 么	东西	东西儿	营生	东西
枕头	枕头	枕头	枕头	枕头	脜枕	枕头	枕头	脜枕	脜枕
被子	被子	被伙 =	被	盖的	被窝 / 被子	被窝儿	被	被子	被子
棉絮	棉花	被套	被套	套子	棉花套子 / 绒子	穰子	穰子 / 套子	棉花套	穰子
床单	炕单子	褥单儿	床单儿	床单子	床单子 / 床单儿	单子	床单子	棉单	布条 / 床单子
席子	席子	炕席	席子	席	席子	席儿	席	席	席
抽屉	抽屉	抽屉	抽匣	抽抽儿	抽抽 / 抽头	抽屉	抽头	抽头	抽匣子

续表

词目＼方言点	保唐片			石济片			沧惠片		
	天津	霸州	昌黎	邢台	济南	临清	无棣	日照	邹平
凳子统称	凳子	凳子	凳子	杌子	杌子	板凳	凳子 / 杌子	杌子	凳子 / 杌子
瓢舀水的	水舀儿	舀子	瓢	瓢	瓢	水瓢 / 舀子	瓢 / 舀子	瓢	水瓢
缸	缸	缸	水缸	瓮	缸 / 瓮	缸	瓮	缸	瓮
汤匙	马勺儿	勺儿	调羹儿	勺儿	小勺儿	小勺儿	小勺儿	匙子	勺子
火柴	洋火儿	洋火	洋火儿	洋火儿	火柴 / 洋火儿	洋火儿	洋火儿 / 曲梃儿旧称	洋火	洋火
暖水瓶	暖壶	暖壶	暖壶	暖壶	暖水瓶 / 暖水壶 / 热水瓶	暖水壶 / 水瓶	暖壶	暖壶	暖壶
脸盆	脸盆儿	洗脸盆儿	脸盆	脸盆儿	洗脸盆 / 洗脸盆儿	洗脸盆儿 / 脸盆儿	洗脸盆儿	脸盆子	洗脸盆子
毛巾洗脸用	毛儿巾 / 手巾	手巾 / 毛巾	手巾	手巾	毛巾	手巾	手巾	擦脸布子 / 手巾	手巾
手绢	手绢	手绢儿	手绢儿	手绢儿	手巾	手绢儿	小手巾儿	手方儿	小手巾
肥皂	胰子	胰子	胰子	胰子	胰子	胰子	胰子	胰子	胰子
梳子旧式的	拢子	拢梳	拢梳	木梳	木梳 / 梳子	木梳	梳子	梳子	木梳
蜡烛	洋蜡	蜡	洋蜡	蜡	蜡烛	蜡烛	蜡	烛	蜡烛
手电筒	电棒儿	手电	电棒儿	手电	电灯棒子	电棒子	电棒子	电棒子	电棒子 / 手电

续表

方言点 / 词目	保唐片			石济片			沧惠片		
	天津	霸州	昌黎	邢台	济南	临清	无棣	日照	邹平
自行车	自行车儿	洋车	车子	车子	车子	车子 / 洋车子	骑车子 / 洋车子旧称	脚踏车	洋车子
衣服统称	衣裳	衣裳	衣裳	衣裳	衣裳	衣裳	衣裳	衣裳	衣裳
衬衫	衬衣儿	汗衫儿	袄	布衫	衬衣儿	衬衣儿	里套褂子	背褡子 / 褂子	衬衣褂子
背心	背心儿	背心儿	背心儿	跨栏背心儿	背心儿	背心儿	背襟儿	汗衫儿	背心
棉衣	棉袄	棉衣	棉衣	棉衣裳	棉衣裳	棉衣裳	棉衣裳	棉衣裳	棉衣裳
口袋衣服上的	口袋儿	口袋儿	褡裢儿 / 兜儿	布袋儿	布袋儿	口袋儿	荷儿包儿 / 口袋儿	布袋儿	布袋子
短裤外穿的	裤衩儿	半截裤儿	裤衩儿	裤衩儿	裤衩儿 / 裤衩子	裤衩儿	裤衩子	裤头儿	裤衩子
围巾	围脖	围脖儿	围脖儿	头巾 / 围脖儿	围脖儿 / 围巾	围脖儿	围脖儿 / 围巾	围脖	围脖
尿布	褯子	尿布	屉屉褯子	屎布	褯子	褯子	褯子	屎褯子	褯子
手镯	镯子	镯子	手镯	镯子	镯子	镯子	镯子	镯子	镯子
理发	推头	推头	剃脑袋	剃头	剃头 / 推头	剃头	推头 / 剃头	剃头	剃头
梳头	拢头男 / 梳头女	通头	梳脑袋	梳头 / 拢头	梳头 / 拢拢头	梳头	梳头	梳头	梳头

续表

方言点 / 词目	保唐片			石济片			沧惠片		
	天津	霸州	昌黎	邢台	济南	临清	无棣	日照	邹平
米饭	干饭 / 米饭	干饭 / 米饭	干饭	大米饭 / 干饭 / 大米干饭	干饭	干饭	米饭 / 干饭	干饭	干饭 / 大米饭
稀饭统称	稀饭	稀饭	粥	米汤	稀饭	稀饭	稀饭	黏粥	饭汤
面粉统称	白面	白面	面	白面 / 麦子面	面	白面	面	面	面
面条统称	面条儿	面条儿	面条儿	面	面条儿 / 面条子	面条儿	条儿	面	挂面
馒头统称	馒头	馒头	馒头	馍馍 / 干的	馍馍 / 卷子	馍馍 / 卷子	馍馍 / 饽饽	饽饽	馍馍
包子	包子	包子	包子	包子	包子 / 大包子	包子	包子	大角子	包子 / 大包 / 团子
饺子	饺子	饺子	饺子	饺子	包子 / 小包子	饺子	饺子	馉饳子	包子 / 下包子
油条	馃子	油条	香油果子	麻糖	香油果子 / 果子	麻糖 / 果子	馃子	香油炸子	油条
豆浆	浆子	豆浆	浆子	豆浆	豆汁儿	豆浆 / 豆汁儿	豆汁儿	豆腐汁子	豆汁子
豆腐脑	老豆腐	老豆腐	豆腐脑儿	豆腐脑	豆腐脑儿	豆腐脑	老豆腐	豆腐脑儿	豆腐脑子

续表

方言点／词目	保唐片			石济片			沧惠片		
	天津	霸州	昌黎	邢台	济南	临清	无棣	日照	邹平
元宵食品	元宵	元宵	元宵	元宵	元宵	元宵	汤圆儿	糖圆子 / 元宵	汤圆
猪血当菜的	猪血	猪血	猪血	血豆腐	猪血	猪血	猪血	猪血	猪血
猪蹄当菜的	猪蹄儿	猪爪儿	膀蹄 / 爪儿	猪蹄儿	猪蹄子	猪蹄儿	猪蹄儿	猪爪子	猪蹄子
猪舌头当菜的	口条儿 / 猪舌头	口条	猪舌头	猪舌头	口条	口条儿	口条儿	口条	口条
猪肝当菜的	猪肝儿	猪肝儿	猪肝儿	猪肝儿 / 肝花	猪肝	猪肝	猪肝儿熟的 / 猪肝货生的	猪肝	猪肝
下水猪牛羊的内脏	下水	下水	下水	下水	下货	下水	下货	下货	下水
鸡蛋	鸡蛋	鸡蛋	鸡蛋	鸡蛋	鸡蛋 / 鸡子儿	鸡蛋 / 鸡子儿	鸡子儿	鸡蛋	鸡蛋
松花蛋	松花儿	松花蛋	松花儿蛋	松花蛋	松花 / 变蛋	松花蛋	松花蛋	变蛋	松花蛋
猪油	大油	荤油	荤油 / 大油	腥油	大油	板油 / 荤油	大油	猪大油	大油
酱油	清酱	清酱	清酱 / 酱油	酱油 / 清酱	酱油	酱油	清酱	酱油	酱油
醋	醋	醋	醋	醋	忌讳	醋 / 忌讳	忌讳	忌讳	醋 / 忌讳
香烟	烟	烟卷儿	烟卷儿	烟	烟卷儿	烟卷儿	烟卷儿	烟卷儿	烟卷

续表

方言点 / 词目	保唐片			石济片			沧惠片		
	天津	霸州	昌黎	邢台	济南	临清	无棣	日照	邹平
旱烟	烟叶子	旱烟	旱烟	旱烟	旱烟	旱烟	旱烟	旱烟	旱烟
白酒	白酒	白酒	白酒	白酒 / 酒	酒	白酒	辣酒	酒	酒
沏～茶	沏	沏	沏	沏 / 泡	冲 / 沏	沏	沏 / 浸	下	浸
冰棍儿	冰棍儿	冰棍儿	冰棍儿	冰糕	冰棍儿	冰糕	冰糕	冰棍儿	冰棍 / 冰糕
吃早饭	吃早点	吃早饭	吃早些⁼饭	吃前晌饭	吃早晨饭	吃早饭	吃早晨饭	吃早晨饭	吃早晨饭
吃午饭	吃午饭	吃晌伙⁼饭	吃晌伙⁼饭	吃晌午饭	吃晌饭 / 吃晌午饭	吃午饭 / 吃晌乎⁼饭	吃晌午饭	吃晌饭	吃晌午饭
吃晚饭	吃晚饭	吃后晌饭	吃黑间饭	吃后晌饭	吃后晌饭	吃晚饭 / 吃后晌饭	吃后晌饭	吃晚晌饭	吃后晌饭
盛～饭	盛	盛	盛	舀 / 盛	盛	盛	盛 / 舀旧称	舀	舀 / 委⁼
夹～菜	夹	夹	夹	夹	敧	扨	敧	扨	敧
斟～酒	倒	倒	倒	倒	满 / 倒	倒 / 漫⁼/ 斟	满 / 倒	宣⁼	满
渴口～	渴	渴	渴	渴	渴	渴	干渴	渴	干渴
饿	饿	饿	饿	饿 / 饿得慌	饥困	饿	饿	饿	饥困 / 饿
头人的，统称	头 / 脑袋	头	脑袋 / 头	头 / 脑袋	头 / 脑袋瓜子 / 脑袋	头 / 脑袋	脑袋	头	脑袋 / 脑袋瓜子
旋	旋儿	顶	顶	旋	旋儿	旋儿	旋儿	旋儿	旋

续表

方言点 / 词目	保唐片			石济片			沧惠片		
	天津	霸州	昌黎	邢台	济南	临清	无棣	日照	邹平
额头	脑门儿	脑瓜门儿	奔 = 儿颅	伊 = 灵盖儿 / 额头	额拉盖儿	脑门儿	额勒盖	额耳 = 盖子	额勒骨盖
相貌	长相 / 模样儿	长相儿	模样儿	模样儿	模样	模样儿 / 长相	模样儿	模样儿	模样
眼睛	眼睛	眼睛	眼睛	眼	眼	眼	眼	眼	眼
眼珠统称	眼珠子 / 眼球儿	眼珠儿	眼珠儿 / 眼珠子	眼珠子	眼珠子	眼珠儿	眼珠子	眼珠子	眼睛珠子
眼泪	眼泪儿	眼泪	眼泪儿	泪	眼泪	眼泪	泪儿	眼泪	泪
眉毛	眼眉	眼眉	眼眉	眉 / 眼眉 / 眉毛	眉	眼眉 / 眉毛	眼眉	眉毛	眼眉 / 眉毛
鼻涕统称	鼻登 =	脓耐 =	脓带	鼻子	鼻子	鼻净 =	鼻子	鼻子	鼻子
口水	哈喇子	哈喇子	哈喇子	呵拉拉	漦拉拉	哈喇子	斜 = 斜 =	斜 = 斜 =	斜 = 斜 =
下巴	下巴颏儿	下巴颏儿	下巴	下巴颏儿	下巴颏儿 / 下巴颏子	下巴颏儿 / 下巴儿	下巴颏子	下颏	下巴骨
喉咙	嗓子眼儿	嗓子	气声管儿	嗓子 / 嗓子眼儿	嗓子 / 嗓子眼儿 / 合嗓眼儿	嗓子	胡 = 咙	吞子	胡 = 咙

续表

方言点 / 词目	保唐片			石济片			沧惠片		
	天津	霸州	昌黎	邢台	济南	临清	无棣	日照	邹平
肩膀	肩膀儿	肩膀头儿	肩膀儿	肩膀头儿子 / 肩膀子	膀子	膀子 / 肩膀	肩膀 / 肩膀头子	肩膀	肩膀
右手	右手	右手	正手 / 右手	右手	右手 / 肉 = 手	右手	右手	右手	右手
手指	手指头	手指头	手指	手指头儿	手指头	手指头儿	手指头	指头	手指头
大拇指	大拇哥	大拇手指头	大拇手指头	大拇指头	大们 = 指头 / 大们 = 哥	大拇指	大拇手指头	大拇指头	大么 = 指头
食指	食指	食指	二拇手指头	二拇指头	二拇指	食指	二拇手指头	二拇指头	二么 = 指头
中指	中指	中指	中指	三拇指头	中指	中指	中指	中指	中么 = 指头
无名指	无名指	无名指	无名指	（无）	无名指	无名指	四拇手指头	四拇指头	四么 = 指头
小拇指	小拇哥	小拇手指头	小拇手指头儿	小拇指头儿	小们 = 指头	小姆指 / 小指头儿	小拇手指头	小拇指头儿	小么 = 指头
指甲	指甲儿	指甲	肌筋	指甲盖儿	指甲盖儿	指甲	手指盖儿	指甲盖儿	指甲盖子 / 指甲
脚	脚丫子	脚	脚	脚	脚丫子 / 脚	脚	脚	脚	脚

续表

方言点 / 词目	保唐片			石济片			沧惠片		
	天津	霸州	昌黎	邢台	济南	临清	无棣	日照	邹平
膝盖	膊里盖儿	胳棱瓣儿	胳勒背儿	膊膝盖儿	胳拉瓣儿	胳拉瓣儿 / 胡 = 膝盖儿	膊勒盖	胳耳 = 瓣儿	膊拉盖
背名词	后脊梁	后筋骨	脊梁骨	脊梁	脊梁	脊梁	脊梁	脊梁	脊梁
肚脐	肚脐眼儿	肚脐眼儿	肚脐儿	肚脖脐眼儿 / 肚脖脐儿	脖脐 / 脖脐眼儿	肚脐儿	荸 = 脐眼儿	脖脐眼儿	荸 = 脐
屁股	屁股	屁股	屁股	屁股	腚	腚 / 屁股	腚	腚	腚 / 腚锤子
发抖	打哆嗦	发抖	哆嗦	哆嗦	哆嗦 / 打合 = 萨 =	哆嗦 / 合 = 萨 =	打哆嗦	打战战	哆嗦 / 打战战
肚子疼	肚子疼	肚子疼	肚子疼	肚子疼	肚子疼	肚子疼	肚子疼	肚子疼	肚子疼
拉肚子	拉肚子 / 拉稀	拉稀	闹肚子	跑茅子	拉肚子 / 泻肚子 / 闹肚子	闹肚子 / 拉肚子	跑茅子	泚肚子	泄肚子
患疟疾	发疟子 / 打摆子	拉痢疾	（无）	发疟子	打摆子 / 发疟子	发疟子	发疟子	发脾寒	发脾寒 / 发疟子
中暑	中暑	中暑	中暑	热着了	热着哂	热着啦	热着嗹	热着了	热着嗹
化脓	化脓	化脓	化脓	化脓	恶发	溃脓	恶发 / 化脓	溃脓	恶发

续表

词目＼方言点	保唐片			石济片			沧惠片		
	天津	霸州	昌黎	邢台	济南	临清	无棣	日照	邹平
疤	疤瘌	疤瘌	疤瘌	疤瘌	疤瘌	疤瘌	疤儿	疤儿	疤
狐臭	臭胳肢窝	臭胳肢窝儿	臭胳肢窝	狐臭	狐臭	狐臭	腋臭	狐臊	狐臭
看病	看病 / 瞧病	看病	看病	看病 / 找大夫	看病	看病	看病	看病	看病
诊脉	号脉	号脉	瞧脉 / 把脉	号脉	号脉	号脉	摸脉儿	试脉	评脉 / 试脉
针灸	扎行针 / 针灸	扎针	旱针	扎针	针灸	扎旱针儿	扎旱针	下针	下旱针 / 扎笨针子
说媒	跑媒拉牵儿	说媒	说媒	说婆子	说媒	说媒	提亲亲	说媒	说媒
媒人	介绍人	介绍人儿	媒人	媒人	媒婆儿 / 媒婆子	媒人 / 红娘	媒人	媒人	媒人
相亲	见面儿	相人儿	相对象儿 / 相亲	见面儿	见面儿	见面儿	相媳妇儿男方 / 相婆婆家女方	验媒	见面
订婚	订婚	定亲	订婚	定亲	定亲	订婚 / 定亲	定亲 / 下礼儿	投契	订婚
嫁妆	嫁妆	嫁妆	嫁妆	陪嫁 / 陪送 / 嫁妆	缘房 / 陪嫁	陪送	嫁妆	陪送	嫁妆

续表

方言点 / 词目	保唐片			石济片			沧惠片		
	天津	霸州	昌黎	邢台	济南	临清	无棣	日照	邹平
结婚统称	合房老 / 结婚新	结婚	结婚	过事儿	结婚 / 成亲	结婚	结婚	办喜事儿 / 结婚	结婚
娶妻	娶媳妇儿	娶媳妇儿	娶媳妇儿	娶媳妇子	娶媳妇	娶媳妇儿	娶媳妇儿	将媳子	娶媳妇
出嫁	出门子	出门子	做媳妇儿	过事儿 / 娶了 / 嫁了	娶	出嫁	娶 / 娶闺女	出门子	发送闺女
拜堂	拜堂	拜堂	拜堂	拜堂	拜天地 / 拜堂	拜堂	拜天地	拜天地	拜天地
新郎	新郎 / 新郎官儿	新郎	新郎	新女婿儿	新郎 / 新女婿	新女婿	新郎官儿 / 新女婿	新郎	新女婿
新娘	新媳妇 / 新娘子	新媳妇儿	新媳妇儿 / 新娘子	新媳妇儿	相公娘子 / 新媳妇	新媳妇儿	新媳妇儿	新媳子	新媳妇
孕妇	孕妇	孕妇	大肚子 / 孕妇	大肚子	大肚子	孕妇	重身	带孩子老婆	怀身老婆
怀孕	怀孕	有了	揣孩子	有了	有喜 / 有俩	有啦 / 有喜啦	有哇 / 怀着哇	有了	有哇 / 怀上哇
害喜	害口	害口	害孩子	害口	害喜	害病儿	长好病	嫌饭	害喜 / 害孩子

续表

方言点 词目	保唐片			石济片			沧惠片		
	天津	霸州	昌黎	邢台	济南	临清	无棣	日照	邹平
分娩	生孩子	生孩子	生孩子 / 生小孩儿	生孩子	生孩子 / 拾孩子	生孩子	奶活孩子	养孩子 / 生孩子	养活
流产	掉啦	流产	流产	小产	小月儿 / 掉哂	流啦	葬着嗹 / 小产	掉了	掉嗹
双胞胎	对儿双子	双码 = 儿	双破 = 拉 = 儿	双生	双巴儿	双胞胎	双巴儿	一对儿双儿	双棒子
吃奶	吃个个儿	吃奶	吃妈妈	吃包包	吃妈妈	吃妈儿妈儿	吃摸 = 儿	卯 = 奶	吃妈妈
断奶	掐奶	断奶	摘妈妈	断奶	掐奶 / 忌奶	掐奶 / 断奶	掐奶	掐奶	忌奶 / 掐奶
做寿	做寿	过生日	做寿	过生日	做生日 / 做寿	做寿	过生日 / 做生日	过生日	过生日
棺材	棺材	棺材	棺材	斗子 / 椁	棺材	棺材 / 寿材	棺材 / 寿材专用于老人	薄材 / 棺材 / 生货 =	棺材 / 活禄 =/ 寿材
出殡	出殡	出殡	出灵	出殡	发丧 / 出殡 / 出丧	发丧	出丧	拉棺 / 出殡	出丧
纸钱	纸钱	纸钱儿	烧纸	烧纸 / 洋钱票儿	火纸 / 烧纸	烧纸	烧纸	烧纸	纸钱
灶神	灶王爷	灶王爷	灶王爷	灶王爷	灶王爷爷 / 灶王爷	灶王爷	灶王爷爷	灶王爷	灶王爷

续表

方言点 / 词目	保唐片			石济片			沧惠片		
	天津	霸州	昌黎	邢台	济南	临清	无棣	日照	邹平
运气	运气	运气	运气	时气儿	运气	运气	时气	时气	运气
男人成年的，统称	爷们儿	男的	男的	汉们儿	爷们儿 / 男的	男的 / 男人 / 爷们儿	爷们儿	大男人	爷们
女人已婚的，统称	娘们儿	妇女	女的	娘们儿	娘们儿 / 女的	女的 / 女人 / 娘们儿	娘们儿	小女人儿 / 女人	娘们
单身汉	光棍儿	光棍儿	光棍儿	光棍儿	光棍儿 / 光棍子	光棍儿	光棍子 / 光棍儿	光棍子	光棍子
老姑娘	大闺女	老闺女	姥姥姑子 / 家姑姥儿	老闺妮	老姑娘 / 老妮子	老闺女	老闺女	老大闺女	老大闺女
婴儿	月窠	月窠儿 / 小月孩儿	小孩儿	月里孩子 / 小孩子儿	月孩子 / 奶娃儿娃儿 / 月娃儿娃儿	婴儿	月娃儿娃儿	月孩子	月孩子
男孩统称	小小子儿	小小子儿	小子	小子 / 小小子儿	小小子 / 小小儿 / 小子	小儿	小小厮儿 / 小儿	小厮	小厮
女孩统称	小闺女儿 / 小丫头	小闺女儿	丫头	小妮子 / 小闺妮儿	小妮儿 / 小闺女儿	妮儿	小妮儿	小丫儿 / 小闺女儿	闺女
亲戚统称	亲戚	亲亲	亲戚儿	亲戚	亲亲	亲戚	亲亲	亲亲	亲亲

续表

方言点 / 词目	保唐片			石济片			沧惠片		
	天津	霸州	昌黎	邢台	济南	临清	无棣	日照	邹平
朋友统称	朋友	朋友	朋友 / 相好的	朋友	朋友	朋友	朋友	伙计	朋友
邻居统称	街坊	街坊	隔壁儿 / 隔壁子 / 对门儿	邻家	邻舍家	邻居	邻舍家	邻舍家	邻舍家
客人	客	客	客 / 客人	客	客	客人	客	客	客
农民	农民	老百姓	庄稼人 / 农民	庄稼人儿	庄户人	庄稼人	老百姓	庄户人	老百姓
商人	商人 / 买卖人	做买卖的	买卖人	买卖人儿	买卖人 / 干买卖的 / 做买卖的	买卖人	做买儿卖儿的	做买儿卖儿的	做买卖的
手艺人统称	手艺人	手艺人	手艺人	艺人	耍手艺的	手艺人	耍手艺的	耍手艺的	匠人
泥水匠	泥瓦匠	泥瓦匠	瓦工 / 泥水匠	瓦工	泥瓦匠 / 瓦匠	泥瓦匠	瓦匠	窑匠	瓦匠
理发师	剃头的	推头的	剃头儿的	剃头的	剃头的 / 推头的	剃头的	剃头的	待诏旧称 / 剃头的	剃头匠
厨师	厨子	厨子	大师傅	厨子	大师傅 / 厨子	厨子 / 厨师	厨子	伙夫	抱勺的

续表

方言点 词目	保唐片			石济片			沧惠片		
	天津	霸州	昌黎	邢台	济南	临清	无棣	日照	邹平
乞丐统称	要饭的	要饭的	花子	要饭的	叫花子 / 要饭的	叫花子 / 要饭的	要饭儿的	要饭的	要饭的 / 叫花子
妓女	窑姐儿	窑姐儿	窑子 / 娘儿们儿	婊子	窑子娘们儿	窑姐	窑姐儿	婊子	妓女
贼	小偷儿	小偷儿	贼	贼 / 小偷	贼 / 小偷儿	贼 / 小偷儿	小偷儿	小偷儿	贼 / 小偷
瞎子统称，非贬称	瞎子	瞎子	瞎子	瞎子	瞎眼子 / 瞎子	瞎子	瞎厮	瞎汉	瞎子
聋子统称，非贬称	聋子	聋子	聋子	聋子 / 老聋子	聋子 / 聋汉	聋子	聋厮 / 聋汉	聋汉	聋巴
哑巴统称，非贬称	哑巴	哑巴	哑巴	哑巴	哑巴	哑巴	哑巴	哑巴	哑巴
驼子统称，非贬称	罗锅儿	罗锅子	罗锅子	罗锅儿 / 锅腰子	锅腰子 / 罗锅腰儿	锅腰儿	锅腰子	罗锅儿腰儿 / 龟儿	锅腰子
瘸子统称，非贬称	瘸子	瘸子	瘸子	拐子	拐子 / 瘸巴	瘸子	瘸巴	瘸巴	瘸巴
疯子统称，非贬称	疯子	疯子	疯子	疯子	疯子 / 疯汉	疯子	疯厮	疯汉	疯子
傻子统称，非贬称	傻子	傻子	傻子	傻子	傻瓜	憨头	傻瓜	嘲巴 / 彪⁼子	勺⁼巴

续表

方言点 词目	保唐片			石济片			沧惠片		
	天津	霸州	昌黎	邢台	济南	临清	无棣	日照	邹平
外祖母叙称	姥姥	姥姥	姥姥	姥姥	姥娘	姥娘 / 姥姥	姥姥儿 / 姥娘	姥娘 / 姥姥	姥娘
父亲叙称	爹 / 爸爸	爸	爹 / 爸	老爹	爸爸	大大 / 爸爸 / 父亲	俺爹	大大 / 爹	爹 / 爸爸
母亲叙称	妈妈 / 娘	妈	妈	老娘	妈	娘	俺娘	娘	娘 / 妈妈
爸爸呼称	爸 / 爸爸	爸爸	爹 / 爸	爹 / 爸爸	爸爸	大大 / 爸爸	爹	大大	爹
妈妈呼称	妈妈 / 娘	妈妈	妈	妈 / 娘	妈	娘	娘	娘	娘
继父叙称	后爹	后爸	继父 / 后爹 / 后爸	叔叔 / 后爹	后爹	继父	后爹	替头子爹	后爹
继母叙称	后娘	后妈	继母 / 后妈	姨 / 后娘 / 后妈	后妈	继母	后娘	替头子娘	后娘
岳父叙称	老丈人	老丈人	丈人	老丈人 / 岳父	老丈人 / 丈人	老丈人	老丈人	丈人爹	丈人
岳母叙称	丈母娘	丈母娘	丈母娘	老丈母 / 丈母娘 / 岳母	丈母娘	丈母娘	丈母娘	丈母娘	丈母娘
伯父叙称	大爷	大爷	大伯	大爷	大爷	大爷	大伯	大爷	大爷
伯母呼称，统称	大娘	大妈	大母	大娘 / 大大	大娘	大娘	大娘 / 大奶旧称	大娘	大娘

续表

方言点 / 词目	保唐片			石济片			沧惠片		
	天津	霸州	昌黎	邢台	济南	临清	无棣	日照	邹平
叔父呼称，统称	伯伯	叔	叔	叔叔	叔叔	叔叔	叔	叔	叔叔
排行最小的叔父呼称，如“幺叔”	老伯	老叔	老叔	小叔叔	小爸爸儿	小叔叔	小叔	小叔 / 小大大	小叔
叔母呼称，统称	老婶儿	婶子	婶儿	婶子	婶子	婶子	婶儿婶儿 / 婶子	婶子 / 娘娘读阴平	婶子
姑呼称，统称	姑姑	姑	姑	姑姑	姑姑	姑姑	姑	姑	姑
姑父呼称，统称	姑父	姑父	姑父	姑父	姑爸爸 / 姑父	姑父	姑父	姑父	大爷父亲姐姐的丈夫 / 叔叔父亲妹妹的丈夫
舅舅呼称	舅舅	舅	舅	舅舅	舅舅	舅舅	舅	舅	舅
舅妈呼称	舅妈	妗子	妗子	妗子	妗子	妗子	妗子 / 妗儿妗儿	妗子	妗子
弟兄合称	哥们儿	哥们儿	哥儿们儿 / 哥儿几个	弟兄	兄弟们	弟兄 / 兄弟	弟兄 / 兄弟	弟兄们	兄弟们 / 兄弟
姊妹合称	姐妹儿 / 姊妹	姐们儿	姐们儿 / 姐儿几个	姊妹	姊们 / 姊妹们 / 姊妹们儿	姊妹	姊妹	姊们 / 姊妹们	姊妹们 / 姊妹

续表

方言点 / 词目	保唐片			石济片			沧惠片		
	天津	霸州	昌黎	邢台	济南	临清	无棣	日照	邹平
弟弟叙称	兄弟	兄弟	兄弟	弟弟 / 兄弟	兄弟	兄弟 / 弟弟	兄弟	兄弟 / 弟弟	兄弟
弟媳叙称	弟妹 / 兄弟媳妇儿	兄弟媳妇儿	兄弟媳妇儿	兄弟媳妇儿	兄弟媳妇	兄弟媳妇	兄弟媳妇儿	兄媳子	兄弟媳妇
姐夫呼称	姐夫	姐夫	姐夫	姐夫	哥	哥	大哥	哥哥	哥哥
堂兄弟叙称，统称	叔伯兄弟	叔伯哥们儿	亲叔伯哥儿们儿	堂兄弟	叔兄弟儿 / 叔伯兄弟	叔伯兄弟	叔伯兄弟	叔伯兄弟	叔伯兄弟 / 叔兄弟 / 堂兄弟
表兄弟叙称，统称	表兄弟	表哥们儿	表兄弟儿 / 连兄弟	表兄弟	表兄弟	表兄弟	表兄弟	表兄弟	表兄弟
连襟叙称	担挑儿	连襟儿	挑担	挑儿 / 担挑 / 挑担	两乔儿 / 两拽	两乔儿 / 一担挑儿	连乔儿 / 一担挑	连襟 / 连乔儿	拉不平
儿子叙称	儿子	儿子	儿子	小子	儿	儿子 / 小子 / 儿	儿 / 小儿	儿	儿
儿媳妇叙称	儿媳妇儿	儿媳妇儿	儿子媳妇儿	小子媳妇儿 / 儿媳妇儿	儿媳妇	儿媳妇	儿媳妇儿	儿媳子	媳妇子
女儿叙称	闺女	闺女	闺女	闺妮 / 丫头	闺妮	闺女	闺女	闺女	闺女
女婿叙称	姑爷	姑爷	姑爷	女婿	闺女女婿 / 女婿	闺女女婿 / 贵客	女婿	闺女婿	闺女女婿

续表

词目＼方言点	保唐片			石济片			沧惠片		
	天津	霸州	昌黎	邢台	济南	临清	无棣	日照	邹平
重孙子	四辈儿	重孙子	重孙子	重孙子	重孙子	重孙子	重孙子儿	重孙子	重孙子
外孙	白眼儿 / 外孙子儿	外孙子	外甥	外甥子	外甥 / 外户子	外甥	外甥	外甥	外甥 / 外户子
夫妻合称	两口子	两口子	两口子	两口子	公母俩	两口子	两口子	两口子	俩口子
丈夫叙称	爷们儿	老爷们儿	对象儿	女婿 / 掌柜的	男的 / 男人	男人	爷们儿 / 当家的	当家的 / 外头儿	男人
妻子叙称	娘们儿	媳妇儿	媳妇儿	媳妇子 / 老婆	老婆 / 媳妇儿	媳妇	俺家里 / 俺屋里的	媳子 / 屋里的	老婆 / 媳妇
绰号	外号儿	外号儿	外号儿	外号	外号儿	外号儿 / 绰号儿	外号儿	浑名字	外号
干活儿统称	干活儿	干活儿	干活儿	干活儿 / 干件儿	上坡	干活儿	做活儿 / 干活儿	做营生儿	干活
箩筐	筐	筐	扎篓	筐	筐	箩筐	箩筐	筐	筐
独轮车	独轮儿车	拱 = 车子	独轮儿车	平车 / 独轮车	二把手小车儿	推车儿	小推车儿	小轱辘马儿 / 拥车子	推车子
轮子旧式的	车轱辘	轱辘	轱辘	轱辘 / 车轱辘 / 轮子	轱轮儿 / 车轱轮子	车轱轮儿	车轱辘 / 车脚儿	车脚子 / 车轱辘儿	轱轮子

续表

方言点/词目	保唐片			石济片			沧惠片		
	天津	霸州	昌黎	邢台	济南	临清	无棣	日照	邹平
螺丝刀	改锥	改锥	改锥	改锥	螺丝刀儿	改锥	起子旧称 / 螺丝刀子	改锥 / 螺丝刀子	螺丝刀子
锤子	榔头	锤子	榔头	锤子	锤子 / 钉锤子	锤头	锤子	锤	锤子
商店	商店儿	商店	商店	小卖铺儿 / 杂货铺儿	铺子	店 / 铺儿	商店 / 门市部	铺里	铺子 / 商店
饭馆	饭馆	小饭店儿	饭店 / 饭馆儿	饭铺儿	馆子	饭店 / 餐馆儿	饭店	馆子	馆子 / 饭店
旅馆旧称	旅馆	旅店	旅馆 / 旅店	旅舍 / 马车店	店	旅店 / 旅馆 / 马车店	店 / 大车店	店	店
亏本	亏本儿	赔啦	亏本儿	赔了 / 赔本儿	赔本儿 / 赔钱	赔啦 / 亏啦	赔本儿	折本儿 / 赔本儿	赔本
零钱	零钱儿	毛儿钱	零钱	零钱儿	零钱	零钱	毛票儿	零钱	零钱
硬币	钢板儿 / 硬币	镚子	钢堆儿	钢壳儿 / 钢镚儿 / 钢墩儿	银戈 = 儿	小镚子	小镚子儿	钢镚儿	钢镚子
路费	盘缠 / 路费	路费	盘缠	路费	盘缠	盘缠	盘缠	盘缠	盘缠
欠 ~ 钱	该	该	欠	欠 / 该	该	该 / 欠	该	欠	该

续表

方言点 / 词目	保唐片			石济片			沧惠片		
	天津	霸州	昌黎	邢台	济南	临清	无棣	日照	邹平
称～重量	约/称	约	约	约	称	约	称/约	称	称/过
集市	集市儿	集	集/集市	集儿	集	集	大集	集市	集
学校	学校	学校	学校	学儿	学校/学堂	学校	书房儿/学校	学堂/学屋	书房/学校
放学	放学	散学	放学	放学儿/下学儿	放学/下学	放学	下书房儿/放学儿	放学	放学
圆珠笔	圆珠儿笔	圆珠儿笔	圆珠笔	圆珠笔	圆子笔	自来水笔/圆珠笔	圆子笔/圆珠儿笔	自来水儿/圆珠笔	圆子油
连环画	小人儿书	小人儿书	小人儿书	画儿书/小画儿书/小人儿书	连环画儿	画儿书	小画书	小画儿册儿	小画书/小人书
捉迷藏	藏蒙个儿	藏猫猫儿	来猫儿	藏老迷	藏猫儿乎=儿/藏马=儿乎=儿	藏马=乎=	藏藏摸儿	藏哞=儿	藏迷严实
毽子	毽儿	毽儿	毽儿	毽儿	毽子	毽子	毽儿	毽子	毽子
舞狮	耍狮子	耍狮子	耍狮子	玩狮子	玩狮包=/耍狮子	舞狮/玩儿狮包=儿	耍狮包=	耍狮包=	玩狮子
鞭炮统称	炮	炮铳	鞭炮	鞭	爆仗	鞭花	鞭/爆仗	鞭	爆仗

续表

词目＼方言点	保唐片			石济片			沧惠片		
	天津	霸州	昌黎	邢台	济南	临清	无棣	日照	邹平
演戏	演戏	唱戏	演戏	唱戏儿	唱戏	唱戏 / 演戏	唱戏	演戏	唱戏
二胡	二胡儿	胡胡儿	二胡儿	二胡	胡琴儿	二胡	呼⁼儿呼⁼儿	二胡儿	胡琴 / 弦子
笛子	笛子	横鼻⁼儿	笛儿	笛儿	笛子	笛子 / 笛儿	笛子	笛子	笛子
打扑克	打帕牌 / 打扑克 / 玩儿牌	来牌	打扑克儿	打牌	打扑克儿	打扑克	打扑克	打牌儿	打扑克
变魔术	变戏法儿	变戏法儿	变戏法儿	变戏法儿 / 玩把戏儿	变戏法儿	变戏法儿	变戏法儿	变戏法儿	变戏法
讲故事	讲故事	说古基⁼	讲瞎话儿	讲故事儿	啦呱儿 / 叙胡⁼	啦呱儿	说笑话儿	啦呱儿	啦呱 / 啦故事
猜谜语	破谜儿	破谜	破谜儿	猜谜	猜谜儿 / 剖谜儿	猜谜儿	抛谜儿	猜谜儿	猜谜
串门儿	串门儿 / 串门子	串门儿	串门儿 / 串门子	串门儿	闯⁼门子 / 闯⁼门儿	串门儿	闯⁼门子	闯⁼门子	闯⁼门子
走亲戚	去亲戚家 串门儿 / 上亲戚家	串亲亲	走亲戚 / 串亲	串亲亲	走亲亲	走亲家	走亲亲	走亲	走亲亲
闭~眼	闭	闭 / 合	闭 / 合上	圪挤 / 合	瞑	闭	瞑	闭	瞑煞

续表

词目＼方言点	保唐片			石济片			沧惠片		
	天津	霸州	昌黎	邢台	济南	临清	无棣	日照	邹平
眨～眼	眨	眨	眨	圪眨	眨巴 / 眨 呱 / 眨咕	眨巴 / 眨	断咕	眨咕	叭嗒
闭～嘴	闭	抿 / 闭	抿 / 闭	闭 / 合	闭 / 合	闭	并	闭	并煞
吮吸	嘬	嘬	裹	嘬	裹	裹	嘬	咂	嘬 / 抽
挠～痒痒	挠	挠 / 扤	挠	挖	扤	扤	扤	扤	撅=
折～断	撅	撅	撅	折	缺=/ 扔	缺=	窝 / 折	缺=	折
摘～花	摘	摘	摘	薅 / 采 / 摘	摘 / 掐	摘	摘	摘	揪 / 掐 / 摘
倚斜靠	倚	靠	靠	靠	靠	倚 / 靠	倚	倚	倚
蹲	蹲	蹲	蹲	圪蹴 / 圪堆	跍得=	跍低=	踞踞 / 蹲	蹲 / 跍嘟=	跍得=
跳	跳	跳	跳	蹦 / 跳	蹦 / 跳	跳	蹦	蹦	蹦 / 跳
弯～腰	弯	猫	弯	弯 / 猫	锅	弯	锅	虾	锅
逃	逃	跑	逃	逃 / 逃跑	逃	跑	跑	逃	跑
追	追	追	追	追 / 撵	撵	撵	追	断	撵
抓～小偷	抓 / 逮	抓	逮 / 抓	抓 / 逮	逮	逮 / 抓	逮 / 抓	拿	逮
搀	搀 / 扶	搀 / 扶	搀	扶	搀 / 扶 / 架	搀 / 扶	扶 / 招	扶	招
推	推	推	推	推	拥 / 推	推	拥	偎=	拥
摔～倒	摔	摔	摔	绊	跌	摔	跌	磕	跌

续表

方言点 词目	保唐片			石济片			沧惠片		
	天津	霸州	昌黎	邢台	济南	临清	无棣	日照	邹平
撞	撞	撞	撞	撞	撞 / 碰	撞 / 碰	撞 / 磕	碰	磕 / 碰 / 撞
躲～藏	躲	躲	躲	藏	藏	藏	藏	藏	藏
藏收～	藏	藏	藏	藏 / 抬	藏	藏	搁	收收	收收 / 搁
放	放 / 搁 / 撂	搁 / 撂 / 放	搁 / 撂 / 放	搁	搁	撂 / 放 / 搁	搁	搁	搁
摞	撂 / 码	摞 / 垛	摞	摞	摞	摞 / 垛	摞	摞	摞
皱	皱	皱	皱	圪皱	搐搐	皱	纵⁼纵⁼	皱	搐搐
倒把碗里的剩饭～掉	倒	倒	倒	倒	倒	倒	捅倒掉盆、桶里的脏水 / 倒倒掉剩饭和喝的水	押⁼	倒 / 捅液体类不小心洒出来
扔丢弃	扔 / 拽	扔 / 撇	扔	扔	拽	扔	拽 / 扔	撇 / 横⁼	拽 / 乖⁼
扔投掷	扔	扔	扔	投 / 扔	拽	撇	扔 / 投	撇 / 拽	拽 / 乖⁼
丢	丢	丢	丢	没	掉	掉 / 丢	掉	瞎	掉
捡	捡	捡	捡	拾	拾	拾	拾	拾	拾
提用手把篮子～起来	提	提喽	拎 / 提	提 / 提溜	提溜	提溜	提溜	提	提喽
撬	撬	撬	撬	撬	撬 / 钥⁼/ 砸	别	钥⁼	硌⁼	起

续表

词目＼方言点	保唐片			石济片			沧惠片		
	天津	霸州	昌黎	邢台	济南	临清	无棣	日照	邹平
挑挑选，选择	挑 / 择	挑	挑	挑 / 选	挑	挑 / 拣	挑 / 拣	剔	挑
收拾	收拾	收拾	拾掇 / 归拢	拾掇	拾掇	拾掇	拾掇	拾掇	拾掇
挽～袖子	卷	挽	扁 / 卷 / 挽	缅	挽 / 卷	挽	挽	挽	挽
洗	绸=/ 洗	洗	洗	洗	绸=	洗 / 绸=	绸=	洗	洗
拆	拆	拆	拆	拆	扒 / 拆	拆	扒	拆	扒
打统称	打	打	打	打	打 / 揍	打 / 揍	打	打	打
打架	打架	打架	打架	打架	打仗	打架	打仗	打仗 / 拔跌儿	打仗
休息	歇 / 休息	歇会儿	歇着 / 休息	歇了	歇歇	歇歇 / 歇一会儿	歇歇儿	歇歇	歇歇
打哈欠	打哈欠	打哈哧=	张哇	打哈欠	打哈希=	打哈气	打阿欠	打哈吓=	打哈歇=
打瞌睡	打盹	磕头儿	打盹	憩盹儿 / 瞌睡	打盹儿	打瞌睡 / 打盹儿	打盹儿	打盹	打盹
睡	睡	睡	睡	睡	睡	睡	睡	困	睡觉 / 困觉
想思索	想	想	琢磨 / 想	想	寻思 / 琢磨	寻思 / 想	寻思寻思	寻寻	寻思
想想念	想	想	想	想	想	想 / 惦记	闷得慌	想 / 念想	想
打算	想	打算	打算	打算 / 盘算	想 / 打算	打算	打谱儿	打谱儿	频=算

续表

词目＼方言点	保唐片			石济片			沧惠片		
	天津	霸州	昌黎	邢台	济南	临清	无棣	日照	邹平
忘记	忘	忘了	忘咧	忘了	忘嗰	忘啦	忘喽	忘了	忘喽
发愁	愁	发愁	发愁	愁得慌	愁	犯愁	愁得慌	发愁	愁得慌
喜欢～看书	爱	爱	喜欢	好	好 / 愿意	好 / 爱 / 喜欢	爱	好	好
讨厌	腻味	膈应	讨厌	烦 / 不待见	烦	烦	烦	烦气	烦
舒服	舒服	舒心	舒服	得劲儿	舒坦	舒坦	舒坦	舒坦	迂=阔
难受生理的	难受	难受	难受	不得劲儿	难受 / 不得劲儿	难受 / 不得劲儿	不好受 / 难受	不好受	不迂=阔 / 难受
难过心理的	难过	难受	孬遭	不得劲儿	难过 / 不得劲儿	难过	不好受 / 难受	不济	难受
高兴	美	高兴	欢喜 / 高兴	兴的 / 高兴 / 得	高兴 / 恣儿	高兴 / 恣儿	欢气	恣 / 欢气	恣 / 欢气
责怪	呲嗒 / 怪 / 说	埋怨	数叨 / 数落	埋怨 / 怨 / 怪	怪 / 责怪	怪 / 埋怨	埋怨	抱怨 / 埋怨	怨 / 怪
后悔	后悔	后悔	后悔	后悔	后悔	后悔	恼悔	懊悔	腌得慌 / 腌臜 / 腌脏
忌妒	忌妒	眼红 / 眼热	忌妒	眼气儿	恨	嫉妒	忌妒	忌妒	忌妒

续表

词目＼方言点	保唐片			石济片			沧惠片		
	天津	霸州	昌黎	邢台	济南	临清	无棣	日照	邹平
害羞	害臊	害臊	害臊	羞 / 臊	害臊	害臊 / 臊不拉的	害臊	害羞	害器=/ 器=得慌
丢脸	丢脸	丢人	丢脸	丢人现眼 / 败兴	丢人	丢人 / 现眼 / 丢人现眼	丢人 / 抹=丢	丢人	丢人
在～家	在	在	待 / 在	在	逮=	在	逮=	逮=	逮=
不在～家	不在	不在	不待 / 不在	没在	不逮=	不在	没逮=/ 不逮=	不逮=	不逮=/ 没逮=
不知道	不知道	知不道	知不道 / 不知道	不知道	知不道	不知道	知不道	不知道 / 知不道	知不道
懂	懂	懂	懂	懂	懂[①]/ 会	会	懂	懂	懂得 / 懂
不懂	不懂	不懂	不懂	不懂	不懂	不会	不懂	不懂	不懂得 / 不懂
行应答语	行	行	中	沾	行	行 / 好	行 / 中	中	行
不行应答语	不行	不行	不中	不沾	不行	不行	不行 / 不中	不中	不行
肯～来	肯	愿意	肯	肯	肯	能	愿意	愿意	愿

① 济南、无棣、日照、邹平方言中的“懂”字，读音与“吨”同。

续表

词目＼方言点	保唐片			石济片			沧惠片		
	天津	霸州	昌黎	邢台	济南	临清	无棣	日照	邹平
应该	该	应该	应该	该	该	应该	该	该 / 应该 / 应当	该
可以 ~去	可以	可以	可以	能	可 / 可以	能 / 可以	能 / 可以	能	能
聊天儿	聊天儿	聊	唠嗑儿 / 聊天儿	说闲话儿	啦呱儿 / 叙胡=	啦呱儿	啦呱儿 / 闲扯	闲啦呱儿 / 啦闲呱儿	闲啦呱 / 闲啦
叫 ~他一声	叫	叫	叫	喊	叫 / 喊	喊 / 叫	叫 / 招呼儿	吆喝	吆喝 / 叫
吆喝	喊	吆喝	招喝	叫唤	咋呼	叫唤 / 咋哄 / 喊吵	吆喝	吆喝	吆喝
骂	骂	骂	骂	骂 / 降音"祥"	卷= / 骂	骂 / 卷=	噘 / 骂	噘	卷=
吵架	嚼情	打架	吣咕 / 吵架	嚷嚷	打仗	吵吵 / 吵	打仗 / 打嘴饥荒	打嘴仗	打仗
骗 ~人	骗	骗	骗	唬弄	诓 / 糊弄	胡弄 / 骗	对活 / 无笼	哄程度轻 / 坑程度重	胡笼 / 诓 / 骗
撒谎	说瞎话儿	说瞎话	摺票= / 撒谎	掏瞎话儿 / 说瞎话儿	扒瞎话儿	扒瞎 / 说瞎话儿	撒谎	没实话	说瞎话
吹牛	吹牛 / 吹大梨	吹牛	瞎说 / 胡扯 / 吹牛	说大话 / 大吹	吹 / 吹牛 / 吹牛屄	吹牛	吹牛	吹大气儿	吹牛屄 / 说大话

续表

方言点 / 词目	保唐片			石济片			沧惠片		
	天津	霸州	昌黎	邢台	济南	临清	无棣	日照	邹平
拍马屁	拍马屁 / 溜沟子 / 舔眼子	拍马屁	拍马屁	拍马屁	舔腚 / 舔腚溜沟子	拍马屁 / 舔腚 / 溜须拍马	舔腚 / 拍马溜须 / 打靶子	溜沟子 / 舔脸	溜沟子
开玩笑	找乐儿	逗着玩儿	逗着玩儿 / 开玩笑	瞎胡闹	闹着玩儿	逗笑话 / 逗	闹玩儿 / 闹着玩儿	搭聊	闹着玩儿 / 说笑话
告诉	告	告诉	学 / 告诉	说给 / 告给	告送	告诉 / 告送	说给	对道 / 说	和他说 / 说
谢谢致谢语	谢谢	谢谢	谢谢	谢谢	谢谢	谢谢	谢谢 / 亏溜你	亏着你	亏的你哦
对不起致歉语	对不起	对不住	对不住 / 对不起	对不住 / 对不起	对不住	对不住 / 对不起	对不住	不好意思	对不住
再见告别语	再见	改儿见	走咧 / ［改儿日］见	再见 / 回见	慢着点儿走 / 再来啊 / 再见	再来啊 / 再见	再说话儿伴＝	再来啊	再来哦
宽敞	豁亮	宽敞	宽敞	宽敞	宽绰	宽绰	宽绰	宽快	宽快
矮个头~	矮	矬	矬 / 低	矬	矮	矬	矮	矮	矮
清水~	清	清	清	清亮	清	清	清亮	振＝清	清
稠稀饭~	浆	糨	糨	糊 / 稠	稠	稠	糨	干	稠

续表

方言点/词目	保唐片			石济片			沧惠片		
	天津	霸州	昌黎	邢台	济南	临清	无棣	日照	邹平
稀稀饭~	稀	稀	稀	稀	稀	稀	薄	薄	薄
密菜种得~	密	密	密	稠	密	稠	密	厚	密
稀稀疏	稀	稀	筛	稀	稀 / 稀拉	稀拉	稀	稀	稀
脏肮脏，不干净	脏	恶心	埋汰	糙	脏	脏	脏 / 窝囊	癞	脏 / 窝囊
结实家具~	结实	夹 = 壮	结实	结实 / 壮实 / 耐实	结实 / 墩壮	夹 = 壮 / 结实	结实	扎实	结实
破衣服~	破	坏	破	破	破	破	破	碎	烂
富	富	阔	趁	趁 / 有钱儿 / 有法儿	阔 / 有	富 / 有	富 / 有	有	过得好
穷	穷	穷	穷	穷	穷	穷	穷 / 没有	穷	过得不好
忙	忙	忙	忙	忙乎 / 忙	忙	忙	忙	忙 / 不得闲	忙
闲	闲	闲	闲	闲得慌 / 有空儿	闲	清闲 / 闲	闲	闲 / 松闲	闲得慌
累	累	累	累	使得慌	使得慌	累	累 / 使得慌	累	使得慌
痒	痒	刺挠	痒	痒痒	痒痒 / 痒	痒痒 / 痒	刺挠 / 痒痒	痒痒	痒痒
味道	味儿	味儿	味道 / 味儿	味儿	滋味儿	味儿	味儿	味儿	味
气味	味儿	味儿	味儿	味儿	味儿	味儿	味儿	味儿	味

续表

方言点 / 词目	保唐片			石济片			沧惠片		
	天津	霸州	昌黎	邢台	济南	临清	无棣	日照	邹平
馊	馊	馊	酸	丝 = 气	酸	丝 = 闹 =	馊肉～了 / 酸稀饭～ / 丝 = 囊固体食物变质	酸 / 丝 = 闹 = 也是做酱等的工艺	丝 = 闹 = 固体食物变质 / 酸
腥	腥气	腥	腥气 / 腥	腥气	腥气	腥	腥气	腥	腥气
坏人～	坏	坏	坏 / 恶	赖	孬	孬 / 坏	坏	坏	孬
差东西质量～	差	差	赖	赖	疵毛	孬 / 差	孬 / 弱	孬	孬
错账算～了	错	错	错	差	错	错 / 差	差 / 错	差	差
漂亮	漂亮	俊	俊 / 漂亮	俊 / 好看	俊	俊 / 好看	俊	俊	俊 / 好看
丑	丑	寒碜	磕碜 / 寒碜 / 丑	丑 / 难看	丑	丑 / 难看	丑 / 难看	丑	丑 / 难看
勤快	勤俭	勤谨	勤经	勤谨	勤利	勤快	勤快	麻利	勤利
懒	懒	懒	懒	懒	懒	懒	懒	懒	懒
乖	乖 / 听话 / 听说	听话	乖	听话儿	听说 / 听话 / 乖	听话 / 听说	乖 / 听说	可气	怪 =
顽皮	淘 / 撂	淘	淘气 / 淘	费最 = / 费 / 捣蛋	皮 / 蓑衣	捣蛋 / 调皮	皮 / 捣蛋 / 踢蹬	捣蛋 / 皮	皮 / 踹 =

续表

方言点 词目	保唐片			石济片			沧惠片		
	天津	霸州	昌黎	邢台	济南	临清	无棣	日照	邹平
老实	老实 / 老实巴交	老实	规矩 / 老实	实在	老实	老实	老实	老实 / 听话儿	听说
笨蠢	笨	笨	笨 / 不灵脱	笨	笨	笨 / 蠢 / 迂	笨	笨 / 拙	笨
大方	大方	大方	大方	大方 / 大气	大方	大方	大方	搭⁼待	大方
小气	小气	小气	抠门儿 / 小气	抠 / 抠门儿 / 小气	抠儿 / 生古 / 小气	小气 / 抠儿 / 吝啬	佐⁼/ 小作子气 / 抠儿	细作 / 不割舍	生古
直爽	直爽	爽快	耿直	直 / 直爽	直	爽快	直	直 / 痛快	直 / 直实
犟脾气～	拧 / 犟	拧	犟 / 倔	犟 / 犟筋 / 倔	犟	犟 / 倔	倔 / 犟 / 拗	倔 / 犟	犟 / 拗
个把	个儿把	个把	个把	个把儿	个把	个把儿	个把儿	没几个儿	一个半个的
匹一～马	匹	匹	匹	个	个	匹	匹	匹	匹
头一～牛	头	头	头	个	个	头	头	头	头
只一～鸡	只	只	只	个	个	只	只	个	只
条一～鱼	条	条	条	条	个	条	条	个 / 条	条
张一～桌子	张	张	张	个	个	张	张	张 / 个	张
床一～被子	床	床	个	条	床	床	床	床	床

续表

方言点 词目	保唐片			石济片			沧惠片		
	天津	霸州	昌黎	邢台	济南	临清	无棣	日照	邹平
领一～席子	领	领	领	个	张	领	领	领	领
根一～绳子	根儿	根	条 / 根儿	根儿	根儿	根儿 / 条	根	根 / 根儿	根
支一～毛笔	支	支	支儿	根儿	管	支	支	支	支
面一～镜子	面	面	个 / 面	个	面 / 张	面 / 个	面	个小的 / 面大的	面
块一～香皂	块儿	块	块儿	块儿	块	块	块儿	块儿	块
辆一～车	辆	辆	辆	辆	辆	辆 / 部	辆	辆	辆 / 个
座一～桥	座	座	架	座	座	座	座	座大的 / 个小的	座
朵一～花	朵儿	朵	朵儿	朵	朵	朵	朵儿	个	朵
颗一～珠子	颗	粒	粒儿 / 颗 / 个	个	个	颗 / 个	颗 / 粒	个	个
行一～字	行	行	行	行	行 / 趟	行 / 趟	行	行	趟
件一～事情	件	件	件	件儿	个 / 件 / 桩	个	个	个	个
阵下了一～雨	阵儿	阵儿	阵儿	阵儿	阵儿	阵儿 / 会儿	阵儿	阵儿	阵
趟去了一～	趟	趟	趟	趟	回儿	回 / 趟	回儿 / 趟	趟	趟 / 回

第四章 冀鲁官话与普通话语法使用的主要差异

一、冀鲁官话词法特点举要

（一）词缀

在汉语中，构词词缀主要有三种功能。

一是成词功能。不成词的词根语素附加上词缀语素后可成为一个词，如：新泰话中的“眼＋子”构成“眼子（眼儿）”，济南话中的“雹＋子”构成“雹子（冰雹）”。二是转类功能。词根语素附加词缀语素构成的词，词性较原词根发生了变化，如：无棣话的“起子（螺丝刀）”，寿光话的“夹巴子（牲畜的夹脖）”，其词根“起”“夹”都为动词性质，加上后缀“子”“巴子”后变为名词性质的词。三是变义功能。词根语素（成词的或不成词的）附加词缀语素构成的词，词义（词汇意义、色彩意义或语法意义）较原词根的意义发生了变化，如寿光话的“捏巴”“擦巴”“剁巴”等，都在原词根“捏”“擦”“剁”的意义上增加了“随意、不经心”的意味；聊城话的“老蔫儿（精神不振的人）”、日照话的“老冤（受了很多欺负的人）”，其词根“蔫”“冤”加上“老”后不再表示形容词意义，而是用来指称具有某种性格缺陷的人。

与普通话相比，冀鲁官话的词缀语素丰富，使用频率高，冀鲁官话区的人们学习普通话时，应特别注意方言与普通话的词缀差异。

1. 前缀

第一，形式相同用法有别的前缀。普通话中常用的前缀“老”“第”“初”等，在冀鲁官话中也经常使用，但有的在用法上与普通话有所不同。比如前缀“老”，在山东济阳、聊城、临清等方言中可以附加在动词、形容词性词根前构成名词，指称有某种性格缺陷、某种特殊经历或不务正业的人，这种用法是普通话中所没有的。例如：老油条（非常世故圆滑的人）、老砸（强盗）、老闷儿（不爱说话的人）、老蔫儿（精神不振的人）、老磨（做事速度慢的人）、老坦儿（说话土气的外乡人）、老万（最讨厌的人）。

第二，方言特殊前缀，如“二”“圪”等。在山东德州、滨州、济南、淄博，以及河北沧州、涞源等地，“二”可用作前缀构成名词，指称有某种性格缺陷、有某种不良品行或处于某种状态的人，含有轻蔑或讽刺的意味。例如：二横子（鲁莽的人）、二流子（不务正业的人）、二愣子（呆愣的人）、二崩（冒失鬼、没准头的人）、二钩（性情粗野的人）、二半吊子（游手好闲、不务正业的人）、二把刀（不熟悉业务又不自量力的人）、二嘲彪（行为不正的人）。

从整个词所属的词类来看，“圪＋词根”构成的词可以是名词、动词、形容词、量词和象声词等。名词如“圪针（刺儿）”“圪拉（围嘴儿）”“圪渣（碎屑）”，动词如“圪蹴（蹲）”“圪嚷（嚷嚷）”“圪达（挠痒痒使人笑）”“圪走（行走）”“圪即（文火慢煮）”“圪叉（刮）”“圪楞（单脚跳）”，形容词如“圪洁（干净）”“圪应（恶心）”，量词如“圪截儿（截）”“圪节儿（节）”，象声词如“圪嘣（东西断裂的声音）”“圪儿吱儿（嚼东西的声音）”“圪嘟（冒泡的声音）”。

2. 后缀

冀鲁官话中的后缀语素较普通话丰富得多。普通话后缀语素以构成名词为主，冀鲁官话的后缀语素不仅可以构成名词，还可以构成大量的动词、形容词和少量的副词，而且这些词往往都含有某种特殊意义，有些甚至很难简单地用普通话词语来对应。

（1）名词后缀

冀鲁官话与普通话中形式相同而用法有别的名词后缀，以后缀“子”的用法最为典型。

与普通话相比，冀鲁官话的后缀“子”在构词上主要有下列情况值得注意。

一是“子”附加在名词性、动词性和形容词性词根后面，构成指称事物的名词。这类词对应普通话常为非“子”尾词，具体对应形式主要有以下几类：

冀鲁官话是“子”缀词，普通话不加“子”缀。例如：“土豆子—土豆”“算盘子—算盘”“泉子—泉”“锅子—锅”“树枝子—树枝”“麦芒子—麦芒”“肩膀子—肩膀”“菜汤子—菜汤”“豆腐脑子—豆腐脑”“猪蹄子—猪蹄”。

冀鲁官话是“子”缀词，普通话是儿化词。例如：“核子—核儿”“画子—画儿”“蒜瓣子—蒜瓣儿”“眼子—眼儿”“馅子—馅儿”“鞋帮子—鞋帮儿”“牙刷子—牙刷儿”“雨点子—雨点儿”“肚脐子—肚脐儿”“钢镚子—钢镚儿”“水沟子—水沟儿”“眼珠子—眼珠儿”。

冀鲁官话是“子”缀词，普通话是完全不同的词形。例如：“黑星星子—雀斑”“卷子—馒头”“埝子—地方”“坠子—耳环”“蛇虫子—蜥蜴”“石头崖子—台阶”“影干子—痕迹”“冷子—冰雹”。

二是“子”附加在名词性、动词性、形容词性词根后面，构成指称人的名词。这些词一般用于背称，多为贬称；如用于面称，则具有詈语性质，普通话中无与其相对应的词。例如：跟脚子（随母改嫁的孩子）、带犊子（妇女改嫁所带的孩子或孕妇改嫁后所生的孩子）、嘴子（花言巧语耍嘴皮子的人）、滑杆子（好逸恶劳的人）、生杂子（地痞）、犟橛子（脾气执拗的人）、嘲俩子（有点傻的人）、豁子（唇裂的人）、咬舌子（舌尖生硬、卷起不灵活，吐字不清的人）、吃家子（能吃的人）。

三是“子”附加在名词性词根的重叠式后面，构成“NN子”式名词。普通话中无与其相对应的词。这类词在表义上主要有两种情况：指称不好的事物或事物中不好的部分，指称同类事物中比较小的。前者如淄川方言中的“帮帮子、茬茬子、翅翅子、芽芽子、秧秧子、缨缨子、杆杆子、根根子”，寿光方言中的“条条子、道道子、片片子、渣渣子”；后者如淄川方言中的“板板子、刀刀子、筒筒子、皮皮子、带带子、眼眼子”。

此外，冀鲁官话中还有“厮”“汉”“巴”等普通话中所没有的特殊词缀。它们附加在名词性、动词性和形容词性词根语素后，构成指人的类称名词，主要用于指称具有某种疾病（包括心理疾病、精神疾病以及肢体、五官等生理疾病）、有不幸经历或有不良品行的人，皆用于背称。这些用法主要分布在山东的冀鲁官话区。这些地区的人们学习普通话时应注意纠正这些方言说法。例如：秃厮（秃子）、瞎厮（瞎子）、聋汉（聋子）、疯汉（疯子）、瘫巴（瘫痪的人）、嘲巴（傻子）、瘸巴（瘸子）。

（2）动词后缀

普通话中的动词后缀很少，冀鲁官话尤其是山东冀鲁官话中的许多常用动词后缀是普通话中所没有的。如各地普遍使用的“巴”“嗒”“悠”“查”“拉”“么”等，其特点有三：都可以附着在单音节动词词根后，构成一个新的“V+巴/嗒/悠/查/拉/么”式双音节动词；多数可以按“ABAB”式重叠，其作用大致相当于普通话单音节动词的“V一V”或“V一下”；多数都增加了反复、随意、漫不经心等意味。例如：

寿光　画巴、擦巴、剁巴、砸巴、剁嗒、夹嗒、钉嗒、蹬嗒、抠查、刮查、扒查、劈查、拌拉、调拉、摇拉、翻拉、剁嗒剁嗒、夹嗒夹嗒、钉嗒钉嗒、蹬嗒蹬嗒、拌拉拌拉、调拉调拉、摇拉摇拉、翻拉翻拉

济南　撸巴、砸巴、摘巴、捆巴、扑拉、扒拉、拨拉、白拉、揣么、寻么、蓑么、沾么、揣么揣么、寻么寻么、蓑么蓑么、沾么沾么

新泰　走嗒、蹦嗒、说嗒、唱嗒、团悠、转悠、搓悠、晃悠、齐么、顺么、团么、盖么

聊城　揉巴、撕巴、剁巴、分巴、揉巴揉巴、擦巴擦巴、撕巴撕巴、扫巴扫巴

德州　摔嗒、甩嗒、踢嗒、砸嗒、挠查、拢查、包查、啃查、挠查挠查、拢查拢查、包查包查、啃查啃查

淄川　磨悠、窝悠、剜悠、卷悠、抹拉、涮拉、投拉、锯拉、磨悠磨悠、窝悠窝悠、剜悠剜悠、卷悠卷悠

利津　摆悠、荡悠、撇悠、团悠、舔么、寻么、咂么、瞅么

日照　扒查、抠查、爬查、划查

这种现象在河北部分地区也有分布，主要是“巴”“达”“乎”“囊”等后缀，其中“巴”多用于表示上肢动作，“达”多用于表示下肢动作。例如武邑方言：剁巴、揉巴、走达、踢达、剁巴剁巴、揉巴揉巴、走达走达、踢达踢达。霸州方言：搅乎、吹乎、蹭乎、歇乎。献县方言：掰囊、塞囊、搓囊、憋囊。

这些生活中常用的口语词，在方言中的使用频率非常高，所以学习普通话时要特别注意。

（3）形容词后缀

冀鲁官话的形容词后缀也比普通话丰富得多，其中使用较为普遍的有“楞”“巴”“乎”等，它们主要附加在单音节形容词后面，构成“A＋乎 / 楞 / 巴”式双音节形容词，一般用来描述物体的状态。由这些后缀构成的形容词多数都可以按“AABB”式重叠，表示程度的加深。这种用法在山东比较常见，同样是方言区的人们学习普通话时需要关注的现象。例如：

新泰　湿乎儿、潮乎儿、黏乎儿、玄乎儿、近乎儿

大城　白乎、黏乎、热乎、温乎、湿乎

寿光　急乎、热乎、胖乎、黑乎、急急乎乎、热热乎乎、胖胖乎乎、黑黑乎乎

德州　斜楞、瘪楞、翘楞、柴楞、斜斜楞楞、瘪瘪楞楞、翘翘楞楞、柴柴楞楞

济南　窄巴、紧巴、挤巴、瘦巴、窄窄巴巴、紧紧巴巴、挤挤巴巴、瘦瘦巴巴

（二）代词

1. 人称代词

虽然冀鲁官话的人称代词系统与普通话的差别不大，比如都有第一人称、第二人称和第三人称之分，也都有单复数之别，但在具体的人称表述形式、单复数的表达方式上却存在明显的不同。归结起来，主要有两点。

一是有两套人称代词。冀鲁官话，特别是山东各地方言普遍存在“我、你、他”和“俺、恁（倷 / 您 / 恩）、他”两套人称代词，其中“我、你”只表示单数，“俺、恁（倷 / 您 / 恩）”既表单数又表复数。例如济南方言“你看看俺画的这个行吧”中的“俺”表单数“我”，“俺都

想学画画儿”中的“俺”则表复数“我们”。

二是人称代词的复数表达方式。冀鲁官话，特别是山东各地方言人称代词的复数表达方式，并不只是如普通话一样在单数后加“们”来表示。比如可以用与单数相同的形式来表示：济南方言第一人称单复数皆用“俺”，淄川方言第二人称单复数皆用“您”。又比如可以在单数形式后面加表多数的指量或数量短语来表示：济南方言用“他这伙”、临清方言用“他几个”等来表示第三人称的复数。

2. 指示代词

指示代词是指具有替代和指别作用的一类代词。普通话的指代系统是“这”和“那”相对应的近指、远指二分系统，冀鲁官话的指示代词系统各地不尽相同，归结起来可分为两大类：

一是与普通话一致，也是“这”和“那（乜）”相对应的近指、远指二分系统，分布在冀鲁官话大部分地区。

二是“这”“乜/哈”“那”相对应的近指、中指、远指三分系统，主要分布在山东的冀鲁官话沧惠片，如滨州、利津、桓台、淄川、寿光、潍坊、日照，以及河北的衡水、沧州、武强等地。例如淄川方言：“这是我的，乜份是你的，那份是他的。”潍坊方言：“你是要这个啊，是乜个啊，还是姥姥家的那个啊？”寿光方言：“这个红的最近，乜个绿的远点，那个黄的太远了。”武强方言：“这本书是我的，哈本书是小王的，那本书是你的。”（“那本书”不在眼前，离得最远）在这些地区，指示代词“这样”“那样”“乜样”常发生两个音节合为一个音节的合音现象。其中最为常见的是：章⁼（“这样”的合音）、娘⁼（“乜样”的合音）、嚷⁼（“那样”的合音）。这种音变方式在山东许多方言中都存在。

表 4-1 冀鲁官话指示代词三分系统与普通话二分系统对照表

	近指			远指			中指		
普通话	这、这里、这会儿	这样、这么样	这么	那、那里、那会儿	那样、那么样	那么			
日照	这、这里、这会儿	这样儿	障=么	那、那里、那会儿	那样儿	齉=么	乜、乜里	乜样儿	乜么
寒亭	这、这里、这霎儿、这怎	章=	章=、章=嘎着	那、那里、那霎儿、那怎	囔=	娘=、娘=嘎着	乜、乜里	娘=	
潍坊	这、这里、这霎儿	章=	这么、章=么	那、那里、那霎儿	囔=	那么、囔=么	乜、乜里	娘=	乜么、娘=么
寿光	这、这里、这霎儿里	章=	章=么	那、那里、那霎儿里	囔=	囔=么	乜、乜里	娘=	娘=么
淄川	这、这里、这咱	章=	这么	那、那里、那咱	囔=、囔=着	那么	乜、乜里	娘=、娘=着、乜么样	乜么
桓台	这、这里、这霎	拃	这么	那、那里、那霎	那[ni]	那么	乜、乜里	娘=	乜么
利津	这、这里、这咱	这个样儿、这么着	这么	那、那里、那咱	那个样儿、那么着	那么	乜、乜里	乜个样儿、乜么着	
衡水	这、这儿下儿、这咱	这么着	这么	那、那儿下儿、那咱	那么着	那么	乜、乜儿下儿、乜咱	乜么着	乜么

3. 疑问代词

冀鲁官话与普通话的疑问代词在语法功能上基本一致，但在语义上有较大差异，主要表现在三个方面。

一是处所疑问代词，在语义上有指代空间大小或具不具体的区别。比如临清方言中，询问处所的常用代词有"哪垓儿""哪弯儿""么地方儿"三个，它们在语义上有各自的表义范围。

"哪垓儿""哪弯儿"是询问具体方位，如：铅笔放唠哪垓儿 / 哪弯儿？放唠桌子上。

“么地方儿”是询问处所所属，如：这是么地方儿？这是棉纺厂。

此外，同样询问具体方位，“哪垓儿”所问地方占空间小，如“咱待哪垓儿下棋啊”；“哪弯儿”所问地方占空间大，如“津浦铁路通哪弯儿啊”。

二是时间疑问代词，在语义上有指代时间长短或不同时间概念的区别。比如潍坊方言中，询问时间的常用代词有“几儿”“哪霎儿”“多咱”“多少节”四个，它们在语义上有各自基本的指代范围。

“几儿”用于询问哪一天：你几儿走啊？也是几儿的事？

“哪霎儿”“多咱”都可用于询问什么时候，前者所指时间短，后者所指时间长：咱哪霎儿开会？恁多咱开学？

“多少节”用于询问做某事花了多少时间：这段路你走了多少节？你住了多少节？

三是问人的性质的疑问代词，在语义上常有感情色彩的差别。比如临清方言中，询问人的性质的常用代词有“么样儿”“哪户儿”等。在语义上，“么样儿”常用于正面人物相貌的询问；而“哪户儿”则含有贬义，不能用于正面人物的询问。例如：新市长是么样儿的人？秦桧是哪户儿的人？

（三）副词

冀鲁官话与普通话的副词也有较大差别，这种差别不只表现在语音形式上，在语法、语义、语用上的差别也非常明显。下面列举部分普通话中没有而方言中常用的副词。

1.“乔”“楞”

“乔”“楞”（也写作“冷”或“棱”）用于表示程度，多见于鲁中、鲁北和鲁西一带方言中。其含义与普通话的“很”“非常”“极”等基本相当，但在用法上并不完全相同。“乔”“楞”能与形容词的重叠形式组合，表示程度加深，而普通话的“很”“非常”“极”却不能这样用。例如：楞小小、楞长长、楞细细、楞薄薄、楞短短、楞浅浅。

“乔”多修饰消极形容词，如“乔脏、乔乱、乔难受、乔冷、乔害怕、乔难闻”；“楞”不受此限制，如可以说“楞傻、楞短、楞瘦、楞讨厌”，也可以说“楞好、楞新、楞好用、楞漂亮”。

2.“血”“稀”

“血”（也写作“些”）、“稀”用于表示程度，多见于鲁西一带方言中。其含义与普通话的“非常”基本相当。在不同地区，“血”“稀”的用法又有所不同。在德州、临清等地，二者的组合分布有明显不同：“血”多修饰消极形容词，如“血脏、血臭、血难看、血乱、血烂、血孬、血冷、血苦”；“稀”多修饰积极形容词，如“稀好、稀甜、稀得、稀干净、稀好闻、稀整齐、稀利索”。“血”如果出现在中性或褒义词语前，有时会增加“不喜欢”“过分”的意味，如“血甜、血得、血红、血黑”等都含有过分的、使人不喜欢的意思；相反的，“稀”如果出现在贬义或中性词前，则会增加喜爱的色彩，比如说小孩子“稀臭”“稀孬”时表示亲昵，说颜色“稀红”或“稀黑”是表示颜色“红”或“黑”得可爱。

在聊城、新泰等地，“血”的组合则不受限制，也不带消极色彩，仅用于表程度深，如“血好、血能、血快、血脆、血甜、血孬、血笨、血慢、血面、血苦”。

“血”修饰形容词或形容词性词语表示程度高的用法在河北中南部地区也多有出现，例如邢台有“血甜、血香、血俊、血利索、血暖和、血漂亮、血苦、血孬、血冷、血可怜、血不要脸”等说法。这个“血”也不带什么色彩，只是表示程度超过一般。从河北南部到河北中北部，这种用法逐渐减少。石家庄用“血”修饰的形容词就比邢台一带要少得多，而且带有一种主观上对这种高程度不喜欢的意味。如“这物件儿血沉”是认为沉得过分，“血甜”则是甜得过头了。石家庄一带一般不说“血漂亮”“血俊”“血利索”等。再往北，“血”能修饰的只是个别词了。到保定一带，仅存有“血不要脸”“血没脸”等少数说法了。

3.“傻”“诚”

“傻”“诚”通常修饰形容词，表示程度高，意思相当于“挺”。

“傻”多见于河北东北部地区。例如遵化方言：“傻懂事的、傻凉快的、傻软活儿的、傻沉的”。唐山方言：“傻好儿的、傻甜儿的”。

“诚”多见于河北沧州一带，如“诚大、诚小、诚好、诚坏、诚高、诚矬、诚香、诚臭”。“诚”修饰形容词构成句子时，结句处需要加语气词。例如：“这营生儿诚沉咧，拿动了不？”“这花诚香咧。”“他手巧，画得诚好咧！”

“诚 A”表示程度比较高，如果要表示程度更高，一般用“诚 A 诚 A”。

4.“齁（儿）”

“齁（儿）”表示程度超出一般，带有厌恶、不喜欢的感情色彩，此用法多见于河北的中北部和东北部地区。例如遵化方言：“齁儿咸、齁儿酸”。大城方言：“齁儿咸、齁儿热、齁儿急”。保定方言：“这几天齁冷，没法儿出门儿。”“这菜齁咸，怎么吃呀！”

5.“格拉（格喽）”

“格拉（格喽）”表示程度相当高，大致相当于普通话里的“很”。

从使用范围看，它几乎能修饰所有的形容词。此用法主要分布在河北保定的永清、大城、文安、霸州、雄县一带。例如永清方言："那个人格拉好了！""他们那俩孩子格拉聪明了。""这地格拉平整了。"霸州方言："那个菜格喽好吃了。""天气格喽暖和了。"

6.“刚”“刚着”“刚的”

“刚”“刚着”“刚的”（“刚”也写作“岗”或“杠”）表示程度高，与普通话的“非常”“十分”基本相当。此用法主要分布于山东中北部的大部分地区，例如济南方言：“刚赛了、刚粗了、刚有能耐了、刚好了、刚细了、刚棒了、刚麻烦了、刚大胆了、刚讲道理了、刚着好了、刚着难看了”。聊城方言：“刚高啦、刚矮啦、刚能啦、刚笨啦、刚不满意啦、刚受欢迎啦、刚不得人心啦”。

在这些方言中，“刚”“刚着”“刚的”的组合分布与“楞”相同，但语用分布不同：“楞”多用于表陈述语气的句子中，“刚”“刚着”“刚的”不能用在陈述句里，多用于表感叹语气的句子中。

（四）几类特殊虚词

1.“从”

冀鲁官话的“从”与普通话的介词“从”在用法上既有一致的地方，也有不同之处。介词“从”，在普通话中主要用于表示时间、地点的起点或经过，如“大家从初一忙到十五”“他从教室回到宿舍”等。冀鲁官话的“从”用法比较特殊，既与普通话的介词“从”相当，又与普通话的介词“在”相当。这种用法主要分布在山东西区方言中，集中在沿津浦线从德州经济南、泰安一直到曲阜、济宁，以及沿胶济线从济南到淄博的大片地区。学习普通话时，应注意方言中“从”的用法的影响。

“从”作介词，跟时间、处所词语结合，表示时间、地点的起点或经过，用法与普通话的介词“从”相当。例如：

德州　他从学校往家走。

从梯子上下来喇。

我刚从市里回来。

从今儿起，俺不去喇。

济南　从趵突泉到大明湖只有两站地。

“从”作介词，跟时间、处所词语结合，表示动作发生或事物存在的处所、范围、时间等，用法与普通话的介词“在”相当。例如：

德州　书从桌子上放着。

他从农村生的。

我从三楼上住。

聊城　我从厂里上班。

济南　外头楞热，还是从屋里凉快。

你数学不好，就得多从数学上下点功夫。

“从”作动词，表示存在，用法与普通话的动词“在”相当。例如：

聊城　你哥哥从家里吗？从家里哩。

济南　珂珂从家吗？从家里，你来吧。

你爸爸呢？俺爸爸从馆驿街喇。

2.“了”

（1）“了$_1$”和“了$_2$”的表现形式

普通话中的助词“了”有两种用法：一是用在动词、形容词后面，表示动作或性状的实现，属动态助词，一般记为“了$_1$”，如“看了两本书”“晴了两天”；一是附着在句子末尾，表示事态变化的实现，属语气词，一般记为“了$_2$”，如“吃饭了”“看完三遍了”。两个“了”

可以出现在同一个句子里，如“学了$_1$三门外语了$_2$”；有时还会重合，如“他拿走了$_{1+2}$”“脸红了$_{1+2}$”。冀鲁官话中的“了”在用法上跟普通话一样，也有“了$_1$”“了$_2$”的分别，但在表现形式上有很大差别。

第一，“了$_1$”和“了$_2$”语音形式不同。普通话中的“了$_1$”“了$_2$”语音形式相同，但在冀鲁官话大部分地区的方言中，二者的读音有区分，这种情况在不同地区还会有差别。

在聊城一带，“了$_1$”读作“[lou^0] / [ləu^0]（喽）”，“了$_2$”读作“[la^0]（啦）”，例如“我吃喽饭啦”“这出戏我看喽三遍”“他上星期回家啦”。

在德州一带，“了$_1$”读作“[liou^0]（溜）”，“了$_2$”读作“[lia^0]（俩）”，例如“我吃溜饭俩”“他买溜菜俩”。

在淄川等地，“了$_1$”的读音会随着前一音节韵母的读音而发生变化，多读作“[ə^0]（了）”，“了$_2$”一般读作“[liã^0]（唡）”。例如“吃了饭再走”“干了三年唡”“我吃饭唡”。

在保定一带，“了$_1$”读作“[lou^0]（喽）”，“了$_2$”读作“[liɛ^0]（咧）”，例如“天气冷喽，我就不出门儿咧”“这事又出喽岔子咧”。

第二，“了$_1$”为零音节形式。山东有些方言表示动作或性状的实现，不是如普通话一样在动词后加助词“了$_1$”，而是用零音节形式表示，即通过动词末尾音节音变的方式来完成。比如德州等地方言，虽说在形式上省去了助词“溜”，但动词却仍要发生像位于轻声音节前一样的变调：“我吃[tʂʰʅ$^{213-21}$]饭俩（我吃了饭了）”“我买[mɛ$^{55-213}$]菜俩（我买了菜了）”。

（2）“了$_1$”和“了$_2$”的特殊用法

普通话中的“了$_1$”“了$_2$”，尽管在冀鲁官话中都有与之相对应的形式，但它们的使用范围并不完全对等，学习普通话时应注意不能简单类推。以聊城、保定、武邑等地方言中的“喽 / 唠”（相当于

“了$_1$”)、“啦 / 咧”(相当于“了$_2$”)为例，我们可以看到它们之间的这种差异。

第一，在祈使句句末，表示未然用“喽 / 唠”，表示已然或者用于要求开始或中止某种行为则用“啦 / 咧”，而普通话中的“了”并没有表示未然意义的用法。例如：

聊城　路不好，摔倒喽。(表示没有摔倒，以防摔倒)

路不好，摔倒啦。(表示已经摔倒)

快点儿走，开演喽。(表示尚未开演，以防迟到)

快点儿走，开演啦。(表示已经开演)

保定　把那棵树刨喽！(表示树还没有刨掉)

你把作业收喽！(表示作业还没有收)

都坐好，开车咧！(表示开始进行某种行为：准备开车了)

别再说这事咧！(表示中止正在进行的行为：别说了)

第二，在表可能的句子末尾用“喽 / 唠”，而普通话与之相对应的句子则不用“了”。这种用法多见于山东以及河北中部的冀鲁官话区。例如：

聊城　他今天来喽。(表示来得了)

这件事他办喽。(表示办得了)

彩电他买起喽。(表示买得起)

保定　这点饭我吃完喽。(表示吃得完)

武邑　这个账儿他算清唠。(表示算得清)

(3)“了”的介词用法

“了”在冀鲁官话中还可以用在动词和处所补语之间作介词，介引出动作的方位和处所，意义相当于普通话的“在”“到”。例如：

聊城　吃喽(到)肚里。

住喽(在)庄儿东头。

放喽（在 / 到）桌子上。

临清 坐唠（在）床上。

跑唠（到）临清。

潍坊 你搁了（在）哪里？

搁了（到）布袋儿里吧。

掉了（在 / 到）地上了。

3.“可$^{=}$”

冀鲁官话中有一个特殊的助词“可$^{=}$[k^{h}ə^{0}]”（或“呵[xə^{0}]”“个[kə^{0}]”），它出现在复句前一分句的句尾或句中语气停顿处，是用来表示两个动作行为之间的关系状态的虚词。这种关系包括时间关系和条件关系两种。在地域上，它主要集中在山东中部、西部和西北部地区的大运河及黄河流域，在河北多见于衡水、邢台一带，不过用法上不如山东方言丰富。普通话中没有这种用法的虚词，其意思即使能用普通话表达，二者在表达形式上的对应关系也很复杂，因此学习普通话时应注意不能简单类推。

（1）表时间关系

“可$^{=}$”用于表示两个行为之间具体的时间关系。

第一，差时关系。用在前句时，“可$^{=}$”表示前句中事件的发生先于后句中的事件，对应的普通话说法是“（等）……以后”。例如：“凉了可$^{=}$再喝！”“有溜钱可$^{=}$再买。”

如果强调前一行为是后一行为的出现条件，对应的普通话说法就是“（等）……的时候”。例如：“过了年可$^{=}$，我上东北去。”“凉了可$^{=}$才能喝！”“赶他闹腾可$^{=}$，你叫我。”

第二，同时关系。由于同时关系句中的两个行为是同时发生的，所以句子中的“……可$^{=}$”在普通话中只能对应说成“……的时候”。

例如："去年可⁼俺来过这里。""俺吃着饭可⁼他来哂。""你上街可⁼叫着俺。""我来可⁼，有俩小孩儿逮⁼乜玩儿。"

（2）表条件关系

助词"可⁼"用在两个行为之间还可以表示二者的一种抽象的条件关系。这种条件关系又可分为假设和让步两种。

第一，假设关系。"可⁼"用于假设关系复句的偏句句末，偏句中常有表示假设的"要、要是"等连词与之相呼应。这种用法的"可⁼"在普通话中可对应说成"（如果）……的话"。例如："这是小张的车子，俺的可⁼，就借给你了。""你要是知不道可⁼，去问问李老师。""没人愿去可⁼，我去。"

第二，让步关系。"可⁼"用于假设复句中偏句句末，偏句中常有表示虚设、让步意味的"就、就是"等副词出现。这种用法的"可⁼"在普通话中可对应说成"（就是）……的话"。例如："就是不为孩子着想可⁼，也得为自己想想吧！"

4."着"的"可⁼"字用法

在山东的冀鲁官话区与胶辽官话区交会地带的寿光、淄川，河北的保定、唐山、沧州和石家庄等地，"可⁼"的上述用法常用"着"来表示。其用法对应普通话就是"如果……的话""（等）……的时候""（等）……以后"。例如："你看见他着（你看见他的话），告诉他一声。""夜来不下雪着（如果昨天不下雪的话），今日我就坐车去了。""你吃完了饭着（你吃完了饭以后）咱再走。""你看着（你要看的时候/要看的话）就来拿。""你来着先写个信来（你来的时候先写封信来）。"

"着"在用法上与"可⁼"也有不同，"着"用来强调时间时，一般不能用在表过去时间的句子中，如不能说"夜来着我买了本新书"。

二、冀鲁官话句法特点举要

（一）形容词生动形式

普通话的形容词生动形式主要有以下几种：AA的（红红的、大大的）、ABB的（香喷喷的、亮晶晶的）、ABC的（美不滋儿的、软古囊的）、ABCD的（黑不溜秋的、花里胡哨的）、AABB的（整整齐齐的、漂漂亮亮的）、A里AB的（糊里糊涂的、哆里哆嗦的）、BABA的（通红通红的、精瘦精瘦的）。冀鲁官话的形容词生动形式除了上述形式外，还有几种形式是普通话中所没有的。

1.“B（儿）B（儿）A”式

这是一种比原形容词程度更深的表示方式。A为形容词（绝大多数为单音节形容词），B为表程度的修饰成分，B重叠构成“BBA”式（“BB”常儿化）。在“BA”“B（儿）B（儿）A”和“BABA的”三式对应较为整齐的方言里，“B（儿）B（儿）A”所表程度比“BA”深，比“BABA的”浅。例如：

酸—溜酸—溜溜酸—溜酸溜酸的

咸—齁咸—齁齁咸—齁咸齁咸的

黑—黢黑—黢黢黑—黢黑黢黑的

硬—棒硬—棒棒硬—棒硬棒硬的

软—稀软—稀稀软—稀软稀软的

2.“BAA”式

“BAA”式由单音节形容词A重叠并前加表程度的修饰成分B构成，属于加叠混合的形式，是一种加深程度的表示方法。普通话中的单音节形容词重叠为“AA”式，表程度加深，前面不再加表程度的成分；而冀鲁官话中的“BAA”式中的“AA”并不表程度加深，所以前面通常可以再加表程度的成分。这种“BAA”式又分为两种情况：

一是进入“BAA”式的形容词一般是单音节形容词。这种用法主要集中在鲁西、鲁北的部分地区。例如聊城方言：棱小小、棱长长、棱细细、棱薄薄、溜浅浅、溜窄窄、绷短短。利津方言：棱黑黑、挺高高、齁咸咸、溜湿湿、乔苦苦、棱秕秕。

二是进入“BAA”式的形容词是有正反义对立的单音节形容词，而B的形式也随A的表正反义的不同，整齐地分为两组。这种用法主要分布于博山、淄川、济南、新泰、潍坊、日照等地。例如博山方言：“大宽宽—精窄窄”“大厚厚—精薄薄”“大高高—精矮矮”“大长长—精短短”“大粗粗—精细细”。济南方言：“老深深—精浅浅”“老粗粗—精细细”“老长长—精短短”“老宽宽—精窄窄”。

在有些地方，表示消极意义的形容词通常要儿化，构成“BA儿A儿”式。例如日照方言：“大老厚厚的—精薄儿薄儿的”“大老宽宽的—精窄儿窄儿的”“大老粗粗的—精细儿细儿的”“大老深深的—精浅儿浅儿的”。潍坊方言：“大高高—精矮儿矮儿”“大厚厚—精薄儿薄儿”“大粗粗—精细儿细儿”“大宽宽—精窄儿窄儿”。

3.“XYY”式

这是一种比原形容词程度加深的表示方式。与普通话的后缀式“ABB”（“香喷喷”“热乎乎”等）不同，它是一种半重叠形式，是由重叠双音节形容词XY（如“结实”“干净”）中Y成分的方式来构成的，有加深XY程度的作用，具有褒义色彩。例如章丘方言：结实实、四方方、麻利利、松缓缓。南皮方言：干净净、大方方、快当当。在某些方言中，B需儿化后再重叠。例如新泰方言：实在儿在儿、富裕儿裕儿、松快儿快儿、平顺儿顺儿、正当儿当儿。

（二）补语结构

1. 可能补语结构

普通话的可能补语结构主要有两种格式：一是“动词+得+补语”，可记作“V得C”，其否定形式和疑问形式分别为“V不C”“V得CV不C”，如“吃得饱、吃不饱、吃得饱吃不饱”；二是“动词+得”，可记作“V得”，其否定形式和疑问形式分别为“V不得”“V得V不得”，如“吃得、吃不得、吃得吃不得”。冀鲁官话的可能补语结构与普通话的有明显差异。

（1）“VC了”式

“VC了”式在山东中部、西部地区都有分布，在河北多见于东北部的唐山以及中部的保定、武邑、故城等地。“VC了”格式常用来对应普通话的“V得C”（如“吃得完”“拿得动”）格式。这里的“了”与本方言中助词性质的“了$_1$”读音一致，比如聊城、保定等地说“VC喽”，德州、故城说“VC溜”，利津说“VC哩”，潍坊、新泰、济南、武邑等地说“VC唠”，等等。例如：

聊城　他考上喽。（他考得上）
　　　彩电他买起喽。（彩电他买得起）
保定　这点饭我吃完喽。（这点饭我吃得完）
德州　这些活儿他干完溜。（这些活儿他干得完）
　　　这根木头我扛起来溜。（这根木头我扛得起来）
故城　这箱子你拿动溜吧？（这箱子你拿得动吧）
利津　他上去哩。（他上得去）
　　　这些书我拿动哩。（这些书我拿得动）

新泰　他上去唠。（他上得去）

　　　我说清唠。（我说得清）

如果“VC 了”式中的“了”读成语气词“了$_{2}$”，则其补语就不是可能补语而是结果补语了。比如“他考上啦（指考上了）”“这些活儿他干完哂（指干完了）”。

需要注意的是，冀鲁官话的“VC 了”式如果带宾语，宾语总是插入“VC”“了”之间，例如“他买起彩电喽”“他挑动水喽”“我拿动这些书哩”“我看清这个字哩”。普通话的“V 得 C”式带宾语时，宾语要置于整个结构之后，例如“他买得起彩电”“他挑得动水”“我拿得动这些书”“我看得清这个字”。

（2）“V 了$_{1}$”式

“V 了$_{1}$”式是冀鲁官话“VC 了$_{1}$”式中的“V 了了$_{1}$”（如“吃了溜”）意义的一种省略说法，是省去补语“了”（“完了”之义）而得来的，意思相当于普通话的“V 得了”（如“吃得了”“拿得了”）。“V 了$_{1}$”式与“VC 了”式分布地区常有交叉，且大多数情况都是在同一地区同时存在。例如：

	V 了了$_{1}$	V 了$_{1}$
济南	这一大篮子菜我拿了唠。	这一大篮子菜我拿唠。
临清	你拿了唠吧？	你拿唠吧？
滿城	这么多菜吃了喽㖞？	这么多菜吃喽㖞？
武邑	这东西你拿了唠㖞？	这东西你拿唠㖞？

2. 处所补语结构

（1）“V+ 了 + 处所词语”式

“了”在山东冀鲁官话中还可以用在动词和处所补语之间作介词，介引出动作的方位和处所，构成介词短语作补语。“了”的读音与本方言中"了$_1$"相同，意义与普通话的介词"在""到"相当。这种用法多见于山东潍坊、寿光、新泰、临清、聊城等地。例如：

潍坊　掉了地上啦。（掉在地上了）

　　　跑了家里来了。（跑到家里来了）

临清　扔唠房顶上。（扔到房顶上）

　　　躺唠床底下。（躺在床底下）

聊城　拿喽屋里。（拿到屋里）

　　　住喽庄儿东头。（住在村庄东头）

新泰　把车开唠村里。（把车开到村里）

　　　把帽子戴唠头上。（把帽子戴在/到头上）

"V+了+处所词语"结构中如果出现受事宾语成分，其通常可放在两个位置：一是介词"了"和处所词语之间。这种位置的宾语成分一般由单音节的人称代词充当，常读轻声，整个结构强调的一般是补语成分。例如临清方言："扔唠它屋顶儿上（把它扔到屋顶上）""挡唠我门外头（把我挡在门外）"。二是处所词语后面。这种位置的宾语成分一般由名词性成分充当，整个结构强调的一般是宾语成分。例如临清方言："弄唠嘴里沙啦（沙子弄到嘴里了）""撒唠地下水啦（水洒在地上了）""沾唠身上灰啦（灰沾在身上了）""派唠临清俩人来（派俩人到临清来）"。

（2）"V儿+处所词语"式

这种用法是指不用介词，直接把处所词语加在儿化的动词后面作补语，多见于河北唐山一带。动词儿化后含有了"V到/在"的意义。例如唐山方言："他住儿村边上咧（他住在村边上了）""我一进门就躺儿炕上咧（我一进门就躺到炕上了）""你那字儿歪儿哪儿去咧（你那字儿歪到哪儿去了）""走儿哪儿算哪儿（走到哪儿算哪儿）"。

（三）“把”字句

在冀鲁官话的绝大多数地区，表处置义也同普通话一样多用“把”字句，但也有与普通话不同的表达方式。归结起来主要有以下几种。

1.“把”字的读音

冀鲁官话大部分地区“把”字句里的“把”字读音与普通话一致（调值有差异），但在山东中西部、北部地区，“把”字的读音差异较大，例如：

聊城　他把（拜⁼［pɛ³¹³］）木头疙瘩举起来。

　　　把（拜⁼［pɛ³¹³］）书弄脏了。

临清　你给我把（拜⁼［pɛ³¹］）这个东西埋唠去罢。

　　　把（拜⁼［pɛ³¹］）人家叫唠家来。

利津　把（板⁼［pã⁴⁴］）他媳妇儿抱到那炕头上。

沾化　他们把（码［ma⁵⁵］）教室都安上空调了。

博兴　你把（漫⁼［mã³¹］）碗刷刷。

莒南　你把（末⁼［mə³¹］）碗刷刷。

2. 非“把”字句格式

在冀鲁官话中表处置义，还可以用非“把”字句来表达。

（1）“连”字句

这种用法主要分布在山东西部的德州、聊城、东阿、茌平等地。例如德州方言：“他连衣裳弄脏咧（他把衣服弄脏了）”“连敌人打败咧（把敌人打败了）”“谁连我的车子骑走咧（谁把我的自行车骑走了）”。

（2）“往”字句

“往”字句的用法略有不同，使用格式为“往＋那（个）＋处置对象＋VP”，主要见于山东沾化一带。例如：“你往那碗刷刷（你把碗刷刷）”“他往那桌子擦得铮亮铮亮的（他把桌子擦得铮亮铮亮的）”“他往那碗来摔俩（他把碗摔了）”“他往那个贼打跑俩（他把小偷打跑了）”。

（3）“V+ 代词宾语 + 趋向补语 / 处所补语”格式

在冀鲁官话尤其是山东西部的方言中，常可以用“V+ 代词宾语 + 趋向补语 / 处所补语”的格式来表示普通话“把 + 代词宾语 +V+ 趋向补语 / 处所补语”的意义，如果是复合趋向动词作补语，代词宾语也可插在趋向动词之间。例如济南方言：“抓他起来 / 抓起他来（把他抓起来）”“拉他上去 / 拉上他去（把他拉上去）”“推他地下（把他推到地上）”“锁你屋里（把你锁到屋里）”“他关我门外了（他把我关在门外了）”。

3. 特殊“把”字句结构

在结构形式上，冀鲁官话的“把”字句也有些特殊表达形式。

（1）否定词、助动词置于“把”字句结构的动词前

“把”字句中如果出现否定词、助动词等成分，普通话中一般都将其放在“把”字前，而冀鲁官话有些地区的方言中则将其置于“把”字句结构的动词前。例如临清方言：“把我这一肚子气怎么地能发泄出来呢（怎么样能把我这一肚子气发泄出来呢）”“把这件旧衣裳不能赡扔唠它（不能白白把这件旧衣裳扔了）”。

（2）“把”字句动词前加“给”表遭受义

冀鲁官话河北地区的部分方言中，有些“把”字句常常在动词前加“给”字。整个句子并不表处置义，而是表遭受义。“把”后的名词是施事，或者说不出是施事还是受事，前边也没有施事出现。还有些“把”字句里的“把”相当于“让”。例如保定方言：“把剪子给没咧”“把眼给瞎咧”“好好儿地把个人给没咧”“俩大小伙子眼睁睁把

个犯人给跑咧”。

（四）被动句

普通话中表达被动意义的形式主要有两种：一是有明显被动标记（如“被、叫、让、给”）的被动句，如“我被狗咬伤了”“帽子叫风刮跑了”“他让人叫走了”“衣服给雨淋湿了”；二是没有被动标记的被动句，如“衣服洗干净了”。与普通话相比，冀鲁官话的被动句主要有以下几方面的不同。

1. 常用被动句标记语不同

冀鲁官话大部分方言不用“被”字作被动标记，而是多用“叫、让、给、着（找）”等。总体来说，“叫、让”的使用区域比较广，“给、着（找）”的使用区域相对较小。具体分布及使用情况如下：

表 4-2　冀鲁官话常用被动句标记语具体分布及使用情况

被动标记 / 方言点	叫	让	给	着（找）
寿光	他叫车撞伤了。			孩子找他姑抱走了。
利津				那本书着他拿去了。
德州	那个茶碗叫孩子摔咧。	小车儿让对门儿借去咧。	那个茶碗给摔咧。	
聊城	叫老鼠咬啦。			
临清	书叫他弄坏啦。	让孩子弄毁啦。		
济南	叫疯狗咬咧！	茶杯让他打咧！	行李给雨淋咧！	
博山	书叫小王拿去哇。			
新泰	帽子叫风刮走咧！	书让他给掉咧。		

续表

被动标记 / 方言点	叫	让	给	着（找）
保定	云彩叫风吹散咧。	柴火让他烧完咧。	山药给刨完咧。	他家二小子着石头砸着咧。
衡水市桃城区		让人给打懵哇。	这道题给抄错哇。	那盘子找他摔烂哇。
沧州市献县	帽子叫风给刮跑了。			他着他妈说哭嘞。
唐山市曹妃甸	所有的书信都叫火烧咧。	所有的书信都让火烧咧。		
天津市南开区		帽子让风刮走了。		

2. 内部结构不同

冀鲁官话被动句与普通话被动句在内部结构上主要有三点差别。

第一，标记语“叫”“让”“着（找）”后都要有“施事”出现。

普通话的被动句标记语后面一般既可带“施事”，也可没有“施事”而直接跟上动词（“叫”“让”不这样用），如可以说“书被他弄丢了”“衣服给雨淋湿了”，也可以说“书被弄丢了”“房间都给收拾好了”。冀鲁官话大部分方言点被动句标记语后面一般都不能紧跟动词（“给”除外），而要有“施事”出现。

第二，“介词＋施事＋给＋动词”格式中，“给”后常有人称代词出现。

与普通话一样，冀鲁官话的被动句也有“介词＋施事＋给＋动词”的形式，例如：“书找他给掉了”“书叫小王给拿去哇”“那个茶碗叫孩子给摔俩”。但与普通话无论在什么情况下“给”与动词之间都不会出现人称代词不同，冀鲁官话的这种被动句格式，在全句受事一定具有明确的领有者可指的情况下，"给"后可以带上人称代词（意念上是全句受事的领有者），以引出或强调动作行为所关涉的人，例如："书找他给我掉了""书叫小王给他拿去啦""那个茶碗叫孩子给我摔俩"。

第三，受事可以出现在谓语动词之后作宾语。

普通话被动句中的受事一般都是作句子的主语，但冀鲁官话被动句中有一种结构，则是把受事成分放在谓语动词之后作句子的宾语，为的是突出句子的施事成分。例如利津方言："可着他气煞俺了""着他狠狠地说哩我一顿呢"。

（五）比较句

冀鲁官话的比较句除具有普通话比较句的一般用法外，还有几种组成成分、结构方式都不同于普通话的特殊形式。

1. 肯定式比较句

（1）"N_1+VP+ 的 +N_2"式

这种句式所表意义与普通话的"N_1+ 比 +N_2+VP"式相当，使用区域主要集中在鲁北的垦利、利津、河口、广饶、惠民、滨州、无棣、庆云、博兴、高青、邹平、淄博、周村、桓台、寿光等地。例如：

无棣　穷了给一口，强的有了给一斗。

庆云　种一升，打一捧，强的在家歇着种。

桓台　打针强的吃药。

寿光　今们儿这天好的夜来。

滨州　秋天弯弯腰，强的冬天围村转三遭。

（2）"N_1+ 伴 / 跟 / 板 / 凭 / 丁 +N_2+VP"式

除使用的介词与普通话不同外，这种句式的语序和所表示的意义都与普通话的“N_1+ 比 +N_2+VP”式相同。由于冀鲁官话区普遍都可以使用“N_1+ 比 +N_2+VP”式（“比”字在河北大多数地区以及相邻的山东德州等地，读［p^hi］)，所以“N_1+ 伴 / 跟 / 板 / 凭 / 丁 +N2+VP”式的分布区域并不是非常广，其中济南、历城、长清、章丘、邹平、泰安、莱芜等山东中部地区多用“伴”，莒南、宁津等多用“跟”，保定多用“板”，定兴多用“凭”，容城多用“丁”。例如：

济南　他伴你高。

　　　我学习伴他好。

邹平　他伴你高。

　　　这里伴乜里可干净咧。

新泰　他伴你个子高。

　　　你伴他强。

莒南　你跟俺高，他跟你还高。

宁津　我跟他高。

　　　今年的收成跟头年好。

保定　种菜板种草莓划算。

　　　你板你哥哥大方。

定兴　在家里种菜凭上北京做小工儿活强。

容城　这个板凳丁那个板凳结实。

　　　开商店丁种地活绰。

另外，这些地区的介词“比 / 伴 / 板 / 凭 / 丁”后还可以带上一个语素“着”（或“倒”)，说成“N_1+ 比倒 / 伴倒 / 比着 / 板着 / 凭着 / 丁着 +N_2+VP”，这类用法比不加语素“着”的用法更口语化一些，N_2 的参照、比照作用也更强一些。例如：

章丘　我干的活比倒原来轻快咧。

　　　张超伴倒霄霄大七岁。

保定　你比着他会说话。

　　　种菜板着种草莓划算。

定兴　在家里种菜凭着上北京做小工儿活强。

容城　这个板凳丁着那个板凳结实。

　　　开商店丁着种地活绰。

与“比”字句相比，“板”“板着”“凭”“凭着”“丁”“丁着”所适用的语境会受到一定的限制，如涉及褒贬时，可以说“你板你哥哥大方”，不说“你板你哥哥小气”，“比”字不受此限制。

（3）“N_1+ 跟 / 赶 / 撵 / 顶 + 上 +N_2+（VP）”式

这种句式的介词后面常加上一个趋向补语“上”，其意义也与普通话的“N_1+ 比 +N_2+VP”式相同。句中介词前常有“能”，句末常加“了$_1$”，比较结果具有主观推测性，是可能的结果。这种用法主要分布在鲁北、鲁西的利津、沾化、博兴、德州、宁津、聊城等部分地区。例如：

德州　今年的收成跟上去年溜。

宁津　我跟上他高溜。

博兴　今年收成能赶上去年。

聊城　他撵上你高喽。

　　　他顶上你高喽。

（4）“N_1+ 比 +N_2+A 得 A”式

这是一种带有强调意味的比较格式，具有加深比较双方差异程度的作用。其意义相当于普通话的“N_1+ 比 +N_2+A 得多”（如“我比他高得多”）。例如寿光方言：“我比他大得大。”“老二比老大高得高。”“这个屋比那个屋干净得干净。”

（5）“N_1+ 跟 / 混 +N_2+ 一般（儿）+V/A”式

普通话中的等比句式“N_1+ 和 +N_2+ 一样 +V/A”（如“我和他一

样高”)，在冀鲁官话中常说成“N_1+ 跟 / 混 +N_2+ 一般（儿）+V/A”。其中引入比较对象的介词“跟 / 混”可以省去，“混”主要用于河北的冀鲁官话区。例如：

保定　这本书跟那本书一般儿厚。

　　　老二混老大一般儿高。

　　　背着扛着一般儿沉。

泰安　这座山跟那座山一般儿高。

　　　家里跟外头一般儿热。

平原　老王老张一般高。

2. 否定式比较句

（1）“N_1+ 不 +VP+ 起 / 的 +N_2”式和“N_1+ 不 + 伴 +N_2+VP”式

两句式都与普通话的“N_1+ 不比 +N_2+VP”式（如“他不比你高”）意义相当，其含义实际是说 N_1 和 N_2 差不多。其中，“N_1+ 不 +VP+ 起 / 的 +N_2”式在山东的冀鲁官话区使用非常广。例如：

济南　你考得不差起他。

德州　日子过得不好起人家。

利津　这电灯也不亮的那汽灯。

　　　乜种颜色也不好看的那种颜色。

寿光　他不高的我。

　　　今们儿这天不好的夜来。

“N_1+ 不 + 伴 +N_2+VP”式分布区域比“N_1+ 不 +VP+ 起 / 的 +N_2”式要小得多，主要集中在山东中部一带。例如：

济南　他不伴我高。

　　　我不伴他会下棋。

商河　他不伴我大。

（2）"N_1+ 跟 / 赶 / 撵 / 顶 + 不上 +N_2+（VP）"式和"N_1+ 不跟 / 不赶 / 不撵 / 不胜 / 不递 / 不掩 / 不敌 +N_2+（VP）"式

两句式都与普通话的"N_1+ 不如 +N_2+VP"式（如"我不如他高"）意义相当。其中，"N_1+ 跟 / 赶 / 撵 / 顶 + 不上 +N_2+（VP）"式分布在山东冀鲁官话的大部分地区，其分布区域比相应的肯定式比较句要广得多。例如：

沾化　今年收成跟不上去年好。

泰安　她心眼儿赶不上你好。

新泰　他个子撵不上你高。

聊城　他顶不上你高。

"N_1+ 不跟 / 不赶 / 不撵 / 不胜 / 不递 / 不掩 / 不敌 +N_2+（VP）"式在山东和河北的冀鲁官话区内都存在。例如：

潍坊　你去不跟我去。

寿光　昨天不跟今们儿热闹。

　　　他不掩你跑得快。

聊城　他不胜 / 不递你高。

临清　他不敌 / 不跟你大方。

利津　他的学习不掩你。

　　　一个人去不赶两个人去。

沾化　骑车子不赶坐汽车快。

邱县　你不敌他有调算。

邢台　要挣钱，开厂子不跟做买卖儿。

（六）反复问句

反复问句又叫正反问句，从意义上说也是一种特殊的选择问句。一般的选择问句是要求在 X 和 Y 里选择一项作为回答，而反复问句则要求在 X 和非 X 中选择一项作为回答。普通话反复问句常用肯定和否定并列的形式，即“VP+ 不 / 没（有）VP”式（如“吃饭不 / 没吃饭”）。与之相比，冀鲁官话反复问句的形式则更为多样。

1.“VP+ 不 / 没（有）”式

这种句式的否定项部分与普通话不同，即省略了否定副词后的中心语 VP，构成肯定项 VP 与否定项中否定副词“不”“没（有）”的并列。否定副词在不同地区往往有不同的读音，比如“不”在淄川读［pu^{214}］（写作“不”），在寿光读［$pə^{0}$］（写作“啵”），在德州读［$pɑ^{0}$］（写作“吧”），在利津读［$pɔ^{0}$］（写作“暴 =”）；又如“没”在淄川读［mu^{0}］（写作“没”），在寿光读［$mə^{53}$］（写作“么”），在利津读［$mã^{0}$］（写作“嘤”）。

根据“VP”和“不 / 没（有）”之间是否嵌入语气词，“VP+ 不 / 没（有）”式可分为两种形式。

一是不带语气词的“VP+ 不 / 没（有）”式。

这种句式在冀鲁官话区使用比较普遍。其中，表示已然的“VP+ 没（有）”式使用区域比表未然的“VP+ 不”式要大一些。另外，在形式上，表已然句式的 VP 后面，也常比表未然的句式多跟一个表示完成体的助词“了”，或表示曾经体的助词“来”。例如：

	VP+ 不	VP 了 / 来 + 没（有）
聊城	你愿意去不？	你吃饭啦没有？
	你想开喽不？	他去啦没有？
唐山	还研究不？	水喝进去了没？
遵化	他知道不？	他上北京去来没？
南皮	你还记得不？	还有饭没？
容城	这个事儿你知道不？	研究这个事了没？

二是带语气词的“VP+语气词+不/没（有）”式。

这一句式主要通行于冀鲁官话的山东地区，语气词的读音在各地听起来都较为含糊，但仍能听出地区间的差异。比如，淄川等地听起来是［a^0］（写作“啊”），寿光、博山、利津等地听起来是［$ə^0$］（多写作“呃”），而临清、德州等地听起来却是一个VP末音节韵母拖长的音（多采用零形式）。在“VP+语气词+没（有）”式中，用来加强已然语气的“了”“来”等助词都要加在语气词前。例如：

	VP+语气词+不	VP了/来+语气词+没（有）
寿光	这个人老实呃啵？	兔子肉你吃回儿来么？
	你买这本书呃啵？	你买了那本书了呃么？
淄川	看电影啊不？	听见了啊没？
	去啊不？	去来啊没？
无棣	记得啊吧？	兔子肉你吃过嘤？
	去啊吧？	写完了啊嘤？
济南	你去啊吧？	你去唠（啊）吗？
	你记得那个人啊吧？	你记得那个人唠（啊）吗？

2.“V+不/没VP”式

冀鲁官话中由单音节动词或形容词构成的反复问句，与普通话的说法相同，都是“V+不/没V”，如“你去不/没去”“我脸红不/没红”“你想不/没想”。但如果是由非单音节动词、形容词或是短语构成的反复问句，冀鲁官话与普通话就不相同了，普通话一般是把整个非单音节动词、形容词或短语作为提问部分，构成“VP+不/没VP”式重叠来提问，如“喜欢不喜欢”“高兴不高兴”“吃饭不吃饭”，而冀鲁官话通常不这样说。具体有两种表达形式：

第一，拆出非单音节动词、形容词或短语中的第一个音节作为提问部分，构成“V+ 不 / 没 VP”式来提问，即使是连绵词或形容词生动形式也要这样拆分重叠。例如：“他知不知道？”“你喜不喜欢他？”“听到这个信儿他高不高兴？”“这个人你认不认得？”“饭热没热乎？”“他提没提拔你？”“他反没反对？”“你参没参加会？”

第二，如果短语中动词的前面有助动词，则只把助动词（双音节助动词只拆分第一个音节）作为提问部分进行重叠，构成“助动词 + 不 + 助动词 +VP”的形式来提问（没有表已然的形式）。例如：“愿不愿去？”“该不该拿？”“可不可以走？”“应不应该来？”

以上两种形式，冀鲁官话地区普遍使用。

3.“VP+ 不 / 没 V”式

“VP+ 不 / 没 V”式，是指 VP 是动宾关系的合成词时，把 VP 拆分为动 V、宾 O 两个语素并按“VO+ 不 / 没 V”重叠形式进行提问的句式。这种句式主要见于河北的冀鲁官话区。例如：

唐山　这个会儿上你发言不发？

庙里的小和尚还化缘不化？

房地基那事儿，张徐两家儿还扯皮不扯？

进入“VP+ 不 / 没 V”式的只限于动宾式双音合成词或与这种合成词极为相近的单音节动词带单音节宾语的短语，其他非动宾关系的合成词一般不这么使用。但由于类推作用，方言中也出现了一些把非动宾关系的合成词用在“VP+ 不 / 没 V”句式中的现象。例如：

唐山　动员会儿你参加不参？

你在大会上报告不报？

这个错儿你改正不改？

甚至出现“性急—性急不急”“年轻—年轻不轻”“眼红—眼红不红”“地震—地震不震”等说法。

三、冀鲁官话与普通话代词、副词、介词、连词对照

表 4–3 冀鲁官话与普通话代词、副词、介词、连词对照表

方言点 / 词目	保唐片			石济片			沧惠片		
	天津	霸州	昌黎	邢台	济南	临清	无棣	日照	邹平
我	我	我	我	我 / 俺	俺 / 我	我 / 俺	俺 / 我	俺 / 我	俺 / 我
你	你	你	你	你	你	你	你	恁 / 你	你
您	您	（无）	您	您	（无）	恁	（无）	恁	无
他	他	他	他	他	他	他	他	他	他
我们不包括听话人	我们	我们	［我们］/［我们］们	俺 / 俺们	俺 / 俺们 / 俺这伙	俺们 / 我们	俺们 / 俺	俺	俺们 / 俺 / 俺个人
咱们包括听话人	咱 / 咱们	咱们	咱们	咱 / 咱们	咱 / 咱们 / 咱这伙	咱们 / 咱	咱 / 咱们	怎 =	咱 / 咱个人
你们	你们	你们	［你们］/［你们］们	恁 / 恁们	你这伙	你们	你们	恁	你们 / 你个人
他们	他们	他们	［他们］/［他们］们	他们	他这伙	他们	他们	他们	他们 / 他个人

续表

词目＼方言点	保唐片			石济片			沧惠片		
	天津	霸州	昌黎	邢台	济南	临清	无棣	日照	邹平
大家	大伙儿	大伙儿 / 大家伙儿	大伙儿 / 大家	大伙儿	大伙儿 / 大家伙儿	大伙儿	大伙儿 / 大家伙儿	大家伙儿	大家伙
自己	自个儿	自各儿 / 己各儿	自个儿	自个儿 / 自己	个人 / 自家	自个儿 / 个人	个人	自己	自家
别人	别人	别人儿 / 人家	别人	别人儿	人家 / 旁人	别人 / 旁人	人家 / 旁人	旁人	旁人
我爸	我爸	我爸爸	我爸 / 我爹	我爹 / 俺爹	俺爸爸 / 俺男老的儿	我大大 / 我爸爸	俺爹	俺爹	俺爹
你爸	你爸	你爸爸	你爸 / 你爹	恁爸	你爸爸 / 你男老的儿	你大大 / 你爸爸	你爹	恁爹	你爹
他爸	他爸	他爸爸	他爸 / 他爹	他爹 / 他爸	他爸爸 / 他男老的儿	他大大 / 他爸爸	他爹	他爹	他爹
这个	这个	这个	这个	这个	这个	这个	这个	这个	这个
那个	那个	乜个	那个	那个	那个	那个	那个 / 乜个	那个 / 乜个	那个 / 乜个
哪个	哪个	哪个	哪个	哪个	哪个	哪个	哪个	哪个	哪个
谁	谁	谁	哪	谁	谁	谁 / 哪个	谁	谁	谁

续表

方言点 / 词目	保唐片			石济片			沧惠片		
	天津	霸州	昌黎	邢台	济南	临清	无棣	日照	邹平
这里	这儿	这下儿 / 这儿	这何 = 儿	这儿	这里	这儿 / 这垓儿	这溜	这里	这里
那里	那儿	乜下儿 / 乜儿	那何 = 儿	那儿	那里	那儿 / 那垓儿	那溜 / 乜溜	那里 / 乜里	那里 / 乜里
哪里	哪儿 / 哪儿哈儿	哪下儿 / 哪儿	哪何 = 儿	哪儿	哪里	哪儿 / 哪垓儿	哪溜	哪里	哪里
这样	这样儿	这样儿	这样儿	这样儿	这样 / 这样儿	这样儿	这样儿 / 这个样儿	这样儿	这个样
那样	那样儿	乜样儿	那样儿	那样儿	那样	那样儿	那样儿 / 乜个样儿	那样儿	那个样 / 乜个样
怎样	嘛样儿	甚么样儿	啥样儿	啥样儿	什么样 / 么样	什么样儿 / 么样儿	啥样儿 / 啥户样儿	怎么样	啥样 / 啥户
这么	这儿	这么	［这么］	这么	这么	这么	拗么 / 逆 = 么	障 = “这样”合音么	障 = 么
怎么	怎么	怎么	咋	咋儿	怎么	怎么	咋	怎么	咋
什么这个是~字?	嘛	甚么	啥	啥	么	什么 / 么儿	啥	什么	啥

续表

方言点 / 词目	保唐片			石济片			沧惠片		
	天津	霸州	昌黎	邢台	济南	临清	无棣	日照	邹平
什么你找～？	嘛	甚么	啥	啥	么	什么 / 么儿	扇 =/ 啥	什么	啥
为什么	为嘛	怎么 / 为甚么	咋 / 为啥	为啥	为么 / 怎么	为什么 / 为么儿	为啥	怎么	为啥
干什么	干嘛儿	干甚么	干啥	干啥	干么	干什么 / 干么儿	做扇 =/ 做啥	做什么	做啥
多少	多少	多少	多少	多	多少	多些 / 多少	多少	多少	多少
很	很	可 / 可了	挺	倍倍儿	挺 / 棱 / 乔	真	老 / 捞么	真 / 障 = 么	很 / 挺
非常	倍儿	特别	忒	可	岗 = 着	太	着实	障 = 么的	着实
更	还	还	更	还	还	还 / 更	还	还	还
太	太	忒	忒	太 / 海	忒	忒	着实	障 = 么 / 齉 = "那样" 合音么	着实
最	最	最	最	最	最 / 顶	最 / 都	顶数	数着	顶数
都	都	都	都	全 / 都	全 / 都	都	都	都	都
一共	一共	一共 / 总共 / 统共	一共	总共	一共 / 拢总 / 总共 / 共总	共攒 =/ 统共	总共	共总	共总

续表

方言点 / 词目	保唐片			石济片			沧惠片		
	天津	霸州	昌黎	邢台	济南	临清	无棣	日照	邹平
一起	一起 / 一块儿	一块儿	一块儿 / 一起儿	一撮儿 / 作伴 / 相跟	一堆儿	一堆儿	一堆儿 / 一块儿	一块儿	一块 / 一堆
只	就	才	就	就	就	都 / 就	只	只 / 就	仔=
刚这双鞋我穿着～好	正	正	正	正	整 / 刚	正	正	正	正
刚我～到	刚	刚	刚	刚 / 才 / 将将	刚	刚 / 才	刚 / 才	刚	刚
才	才	这才	才	才	才	才	才	刚	才 / 刚
就	就	就	就	就	就	都 / 就	就	就	就
经常	经常	老	总 / 经常	昨莫儿	常 / 净	常	挺=天 / 光	来回儿	常 / 断不了
又	又	又	又	又	又	又	又	又	又
还	还	还	还	还	还	还	还	还	还
再	再	再	再	再	再	再	再	再	再
也	也	也	也	也	也	也	也	也	也
反正	反正	反正 / 掌=就着	反正	反正	反正	反是	反正	反正	反正
没有	没	没	没	没 / 没介	没 / 没价	没	没	没	没

续表

方言点 / 词目	保唐片			石济片			沧惠片		
	天津	霸州	昌黎	邢台	济南	临清	无棣	日照	邹平
不	不	不	不	不	不	不	不	不	不
别	别	别	别	嫑	别	别	别	甭 / 别	别
甭	甭 / 别	甭 / 别	别	甭	别 / 甭	甭价 / 不用	不用	甭 / 别	甭
快天～亮了	快	快	快	快	要	快	快	快	快
差点儿	差点儿	差点儿 / 差不点儿	差点儿	差一乎	差一吸 = 乎儿 / 差一点儿点儿	差点儿	差点儿	差点点儿 / 歇乎一歇乎儿	差点 / 差一点点 / 差一乎乎
宁可	宁	宁可	宁可	宁可	宁愿	情愿	宁愿	宁愿 / 能愿	情愿 / 宁愿
故意	成心	敬意儿 / 敬故意儿 / 成心	敬意儿	专意儿 / 单意儿	特为 / 特为意儿	特意儿	敬 / 敬心	贼 = 为	敬心
随便	随便 / 好歹	好歹 / 凑合着	随便儿	随便儿	随便	随便儿	将就	随意	随便
白～跑一趟	白	白	白	白	白	白	白	白 / 瞎	白
肯定	肯定	肯定	肯定	肯定 / 一定	准是	肯定 / 保险	保险 / 准	保险	准 / 保险

续表

词目 \ 方言点	保唐片			石济片			沧惠片		
	天津	霸州	昌黎	邢台	济南	临清	无棣	日照	邹平
可能	可能	备不住／一安儿	可能	当不住	可能	也兴／定不住	一样／八成	大约／大概	八成
一边	边儿	一边儿	一边儿	一边儿	一边儿／随	边	随着	一亩=	一晃
和我～他都姓王	跟	跟	和／跟	跟	和／杭=	跟／和	和	和／杭=	和
和我～他去城里了	跟	跟	和／跟	跟	跟	跟／和	和	和	和
对他～我很好	对	对	对	对	对	对／待	对	待	待
往～东走	往	往／望	往／朝	朝	上	上／朝／望	往／上	上	上
向～他借一本书	跟	跟	管／跟／向	跟	跟	跟	问	问	跟
按～他的要求做	按	按	按／照	照	照	按／照	按着	照／照着	照
替～他写信	替	替	替	代	替	替／代	替	替	替
如果	要	要是	要是／如果	要是	要是	要是	要是	要是	要是
不管	不管	不管	不管	甭管	甭管／别管	甭管／不管	不管	甭管	甭管

四、冀鲁官话与普通话语法例句对照

表 4-4 冀鲁官话与普通话语法例句对照表

方言点		小张昨天钓了一条大鱼，我没有钓到鱼。	a. 你平时抽烟吗？ b. 不，我不抽烟。	a. 你告诉他这件事了吗？ b. 是，我告诉他了。
保唐片	天津	小张儿昨天钓了一条大鱼，我没钓着。	a. 你平时抽烟吗？ b. 我不抽烟。	a. 你告他这事儿了吗？ b. 啊，我告他啦。
	霸州	小张儿夜儿个钓了一条大鱼，我没钓着。	a. 你平时抽烟吗？ b. 不抽。	a. 你告诉他这个事儿了吗？ b. 告诉了。
	昌黎	小张儿夜儿个儿钓了一条大鱼，我没钓着。	a. 你平常儿抽烟不？ b. 不抽烟。	a. 你管他学这件事儿咧？ b. 嗯，我管他学咧。
石济片	邢台	小张夜儿个钓了条大鱼，我没钓着。	a. 你平时吸烟呗？ b. 不吸。/a. 你平时抽烟不？ b. 我不。/a. 你平常吸烟呗？ b. 我不吸。	a. 你给他说这事儿了没？ b. 我给他说了。/a. 你给他说这件事了不？ b. 我给他说了。
	济南	小张夜来钓唠条大鱼，俺没钓着。	a. 你平常抽烟吧？ b. 俺不抽。	a. 你给他说这个事儿唠吗？ b. 俺给他说俩。/a. 这个事你给他说唠吗？ b. 俺给他说俩。
	临清	小张儿夜儿可⁼钓了一条大鱼，我没钓着鱼。	a. 你平时抽烟吗？ b. 我不抽。	a. 这个事儿你跟他说了吗？ b. 我跟他说啦。

续表

方言点		小张昨天钓了一条大鱼，我没有钓到鱼。	a. 你平时抽烟吗？ b. 不，我不抽烟。	a. 你告诉他这件事了吗？ b. 是，我告诉他了。
沧惠片	无棣	小张儿夜来钓溜个大鱼，俺没钓着。	a. 你平常抽烟嘍？ b. 俺不抽。	a. 这个事儿你说给他哩嘍？ b. 俺说给他嗹。
	日照	小张夜来钓了个大鱼，俺没钓着。	a. 你好吃烟咗？ b. 俺不吃。	a. 这个事儿你和他说啦？ b. 我和他说了。
	邹平	小张夜来钓了条大鱼，俺没钓着。	a. 你平常吃烟嘍？ b. 俺不吃烟。	a. 这个事儿你和他说了嘍？ b. 和他说嗹。

方言点		你吃米饭还是吃馒头？	你到底答应不答应他？	a. 叫小强一起去电影院看《刘三姐》。b. 这部电影他看过了 / 他这部电影看过了 / 他看过这部电影了。
保唐片	天津	你吃干饭还是吃馒头？	到底儿答应不答应他？	a. 叫小强一块儿上电影院看《刘三姐》。b. 这电影他看过啦。
	霸州	你是吃米饭啊还是吃馒头啊？	你到底应他不应他啊？	a. 叫着小强一块儿上电影院看《刘三姐》。b. 他看过这个电影。
	昌黎	你是吃干饭呐还是吃馒头喂？	你到底儿答应他不喂？	a. 招呼小强一起儿上电影院看《刘三姐》去。b. 这部电影儿人家看过咧。/a. 招呼小强一起儿上电影院看《刘三姐》去。b. 人家看过这部电影儿咧。

续表

方言点 \ 例句		你吃米饭还是吃馒头？	你到底答应不答应他？	a. 叫小强一起去电影院看《刘三姐》。b. 这部电影他看过了 / 他这部电影看过了 / 他看过这部电影了。
石济片	邢台	你吃米饭还是吃馍馍？ / 你是吃米饭还是吃馍馍？	你到底答应不答应他？ / 你到底答应他了没？	a. 叫小强去电影院看《刘三姐》。b. 他看过了。
	济南	你吃干饭还是吃馍馍？	你到底儿答不答应他？	a. 叫着小强一堆儿上电影院看《刘三姐》。b. 这个电影他看过俩。
	临清	你吃米饭还是吃馍馍啊？	你到底答应不答应他？ / 你到底应不应他？	a. 叫小强一堆儿去电影院看《刘三姐》。b. 这个电影他看过。
沧惠片	无棣	你吃干饭唵还是吃馍馍？	你到底儿答应他哩嘍？	a. 叫着小强一堆儿上电影院儿看《刘三姐》的。b. 这个电影他看唓。
	日照	你吃干饭还是吃饽饽？	你到底应称不应称他？	a. 佮伙儿着小强儿上电影儿院儿看《刘三姐》。b. 这个电影儿他看了。
	邹平	你吃大米饭啊还是吃馍馍？	你到底答应他暴⁼/ 你到底应不应他啊？	a. 合伙小强一堆上电影院去看《刘三姐》。b. 这块电影他看唓。

方言点 \ 例句		你把碗洗一下。	他把橘子剥了皮，但是没吃。	他们把教室都装上了空调。
保唐片	天津	你刷碗去。	他把橘皮儿剥了，没吃。	他们把教室都安上空调了。
	霸州	你把碗刷刷。	他把橘子剥了皮儿了，没吃。	他们给教室都安上空调了。
	昌黎	把这个碗洗洗去。	他把橘子皮儿剥咧，就是没吃。	他们把教室都装上空调咧。

续表

方言点		你把碗洗一下。	他把橘子剥了皮，但是没吃。	他们把教室都装上了空调。
石济片	邢台	你把碗刷一下儿 / 你把碗刷刷。	他把橘子剥了皮，没吃。/ 他把橘子皮剥了，没吃。	他们把教室都安上空调了。
	济南	你去刷刷碗去。	他都把橘子皮剥俩，可是没吃。	他这伙把教室的空调都安上俩。
	临清	你刷刷碗去。	他把橘子皮儿剥啦，但他没吃。	他们把教室都安了空调。
沧惠片	无棣	你把碗刷刷。	他把橘子皮唻剥哇，可是没吃。	他们把教室溜都安上空调哇。
	日照	你把碗刷刷唓。	他把橘子皮剥了，也没吃呃。	他们把教室都安上了空调。
	邹平	你把这碗刷刷。	他把橘子剥了皮儿，但没吃。	他们把教室里都安上了空调。

方言点		帽子被风吹走了。	张明被坏人抢走了一个包，人也差点儿被打伤。	快要下雨了，你们别出去了。
保唐片	天津	帽子让风刮走了。	张明一个包儿让坏人抢啦，还差点儿让人打伤。	要下雨了，别出去啊。
	霸州	帽子让风刮跑了。	张明让坏人抢走了一个包儿，人也差点儿给打伤了。	快下雨了，你们别出去了。
	昌黎	帽子叫风刮跑咧。	张明的包儿叫人家抢走喽一个，还差点儿叫人家打坏喽。	就要下雨咧，都别出去咧。

续表

方言点＼例句		帽子被风吹走了。	张明被坏人抢走了一个包，人也差点儿被打伤。	快要下雨了，你们别出去了。
石济片	邢台	帽子叫风刮跑了。/ 风大的把帽子刮跑了。	张明的包儿叫坏人抢走了，人差点儿被打伤。	快下雨了，恁覅出去了。/ 要下雨了，恁覅出去了。
	济南	帽子让风刮跑哂。/ 帽子叫风刮跑哂。	张明的个包叫坏蛋抢走哂，他也差一吸 = 乎没葬着。	一霎儿就下雨哂，你这伙别出去哂。
	临清	帽子叫风刮跑唠。	张明的包儿叫坏人抢走唠，人还差点儿被打伤。	快下雨啦，你们别出去啦。
沧惠片	无棣	帽子叫风刮跑喽。	张明叫坏人抢溜个包去，人也差点儿让人家打伤溜。	快下雨喽，你们别出去喽。
	日照	帽子叫风刮跑了。	张明儿的包儿叫坏人抢去了，人也差点点儿叫人家打毁了。	天快下雨了，恁别出去了。
	邹平	帽子叫风刮跑喽。	张明叫孬人抢了个包，还差点叫人家打唠。	快下雨咧，你们别出去咧。

方言点＼例句		这毛巾很脏了，扔了它吧。	我们是在车站买的车票。	墙上贴着一张地图。
保唐片	天津	这手巾太脏啦，扔了它吧。	我们在车站买的车票。	墙上贴张地图。
	霸州	这个手巾忒脏了，把它扔了吧。	我们是在车站买的票。	墙上贴着张地图。
	昌黎	这毛巾忒埋汰咧，扔喽吧。	［我们］提 = 车站买的票。	墙上贴着一个地图。

续表

方言点		这毛巾很脏了，扔了它吧。	我们是在车站买的车票。	墙上贴着一张地图。
石济片	邢台	这毛巾真脏，扔了吧。	俺是在车站买的票。/俺的车票是在车站买的。	墙上粘张地图。
	济南	这毛巾乔脏哂，拽了吧。	俺这伙的票是待车站买的。	墙上糊巴着张地图。
	临清	这手巾忒脏啦，扔了吧。	我们是在车站买的票。	墙上贴着一张地图儿。
沧惠片	无棣	这块儿手巾老脏唓，扔溜它便⁼。	俺们是逮⁼车站上买的车票。	墙上贴着张地图。
	日照	这手巾儿稀癞的呃，撇了它吧。	俺逮⁼车站买的票。	墙上贴着张地图儿。
	邹平	这块手巾挺脏唓，乖⁼了它伴⁼。	俺们是在车站买的票。	墙上粘着张地图。

方言点		床上躺着一个老人。	河里游着好多小鱼。	前面走来了一个胖胖的小男孩。
保唐片	天津	床上躺着一个老人。	河里有好些小鱼儿。	前面儿过来一个大胖小子。
	霸州	床铺上躺着个老头儿。	河里边儿有好些个小鱼儿。	前边儿来了个小小子儿，还挺胖乎儿。
	昌黎	床上躺着个老人。	河里有忒多小鱼儿待动唤儿。	前头过来一个胖乎乎儿的小小子儿。
石济片	邢台	炕上躺着个老人。	河里有这么多小鱼儿都在游。	前边儿来个大胖小子。/前边儿走过来个大胖小子。
	济南	床上躺着个有年纪儿的人。	河沿里游着棱多小鱼儿。	前头走来个胖乎乎的小小子。
	临清	床上躺着一个老人。	河里凫着老些小鱼儿。	前边儿走过来个胖小儿。

续表

方言点		床上躺着一个老人。	河里游着好多小鱼。	前面走来了一个胖胖的小男孩。
沧惠片	无棣	炕上躺着个老人。	河溜若干小鱼儿哇。	前边儿来溜个老胖的小小厮儿哇。
	日照	炕上欹着个老人。	河里有乜么些小鱼儿逮⁼乜里游啊。	前头儿来了个胖胖的小厮。
	邹平	炕上倒着个老人。	河里游着若干小鱼。	前头走过来个胖乎乎的小小厮。

方言点		他家一下子死了三头猪。	这辆汽车要开到广州去。/ 这辆汽车要开去广州。	学生们坐汽车坐了两整天了。
保唐片	天津	他家儿一下儿死三头猪。	这汽车要开广州去。	学生们坐汽车整两天了。
	霸州	他们家一下子死了仨猪。	这辆汽车要开到广州去。	学生们坐汽车坐了整两天了。
	昌黎	［他们］家儿一起儿死了仨么猪。	这辆汽车要开到广州去。	学生们坐汽车坐喽两天两宿咧。
石济片	邢台	他家一下子死了仨猪。	这辆车是往广州开的。/ 这辆车要开广州的。	学生们坐车坐了两整天了。/ 学生们坐了两整天汽车了。
	济南	他家里一家伙死唠三个猪。	这辆汽车要开到广州去。	学生们坐汽车坐唠两天两宿嘛。
	临清	他家一家伙死了三头猪。	这辆汽车要开到广州去。/ 这辆汽车是去广州的。	学生们坐车都坐了两整天啦。
沧惠片	无棣	他家溜一下子葬送溜仨猪。	这辆汽车要开到广州去。	学生们坐汽车坐两天哇。
	日照	他家里一下子毁了三头猪。	这个汽车要开到广州去。	学生们坐汽车坐两天了。
	邹平	他家里一回死唠三头猪。	这个汽车要开到广州。	学生们坐汽车坐唠两尖天。

方言点		你尝尝他做的点心再走吧。	a. 你在唱什么？ b. 我没在唱，我放着录音呢。	a. 我吃过兔子肉，你吃过没有？ b. 没有，我没吃过。
保唐片	天津	你尝尝他做的点心再走吧。	a. 你唱嘛？ b. 我没唱，我放录音了。	a. 我吃过兔肉儿，你吃过吗？ b. 我没吃过。
	霸州	你尝尝他做的点心再走吧。	a. 你唱甚么呢？ b. 我没唱，我放录音呢。	a. 我吃过兔子肉，你吃过吗？ b. 没有。
	昌黎	你尝尝他做的点心再走吧。	a. 你唱啥呢？ b. 我没唱，我放着录音呢。	a. 我吃过兔子肉，你吃过没有？ b. 没有，我没吃过。
石济片	邢台	你尝尝他做的馃子再走吧。	a. 你在唱啥？ b. 我没唱，放着录音呢。/ a. 你是在唱啥呢？ b. 我没唱，放的录音。	a. 我吃过兔子肉，你吃过没？ b. 没 / 我没吃过 / 没，我没吃过。
	济南	你尝尝他做的点心可= 再走吧。	a. 你唱的么？ b. 俺没唱么，俺放着录音呢。	a. 俺吃过兔子肉，你吃过唠吗？ b. 没价，俺没吃过。
	临清	你尝尝他做的点心再走吧。	a. 你在唱么儿啊？ b. 我没唱，是放的录音。	a. 我吃过兔子肉，你吃过吗？ b. 没有，我没吃过。
沧惠片	无棣	你尝尝他做的点心再走边=。	a. 你逮= 乜溜唱的扇=？ b. 俺啥也没唱，我放着录音哇。	a. 我吃过兔子肉唻，你吃过嘤？ b. 俺没吃过。
	日照	你尝尝他做的点心再走吧。	a. 你逮= 乜里唱什么？ b. 我没唱啊，我逮= 这里放录音。	a. 我吃回儿兔子肉唻，你吃回儿唻？ b. 俺没吃回儿。
	邹平	你尝尝他做的点心再走伴=。	a. 你逮= 乜里唱啥？ b. 俺没唱，俺逮这里放录音。	a. 俺吃回兔子肉，你吃回了？ b. 俺没吃回了吗。

方言点		例句：我洗过澡了，今天不打篮球了。	我算得太快算错了，让我重新算一遍。	他一高兴就唱起歌来了。
保唐片	天津	我洗过澡啦，今天不打篮球儿啦。	我算得太快给算错了，让我再算一遍。	他一高兴就唱歌儿。
	霸州	我洗了澡了，今儿个不打篮球了。	我算得忒快，算错了，让我重算一遍。	他一高兴就唱起歌儿来了。
	昌黎	我刚洗的澡儿，今儿个儿就不打篮球儿咧。	我算得忒快算错咧，待叫我重新算一遍吧。	他一欢喜就唱起歌儿来咧。
石济片	邢台	我洗澡了，不打球了。	我算得太快算差了，叫我再算一遍。/我算得太快算差了，叫我从算算。	他一高兴就唱开了。/他一高兴就唱起来了。
	济南	俺洗唠澡儿嗝，今们=儿不打篮球嗝。	俺算得棱快没算对，让俺再算算。	他一恣儿就唱开歌嗝。
	临清	我洗澡啦，今儿不打篮球啦。	我算得忒快算错啦，叫我再算一遍。	他一高兴就唱起来啦。
沧惠片	无棣	我洗溜澡哇，今们=儿不打篮球哇。	我算得太快算差哇，让我再算一遍。	他一欢气就唱开哇。
	日照	我洗澡儿了，今日不打篮球了。	我算得太快了算差了，我再算遍吧。	他一高兴就唱开了。
	邹平	从先俺洗唠澡哇，今日不打篮球哇。	俺算的着实快算差哇，叫我再算遍。	他一恣就唱开歌哇。

方言点		例句：谁刚才议论我老师来着？	只写了一半，还得写下去。	你才吃了一碗米饭，再吃一碗吧。
保唐片	天津	谁刚才说我们老师了？	才写一半儿，还得写。	你才吃一碗饭，再来一碗。
	霸州	谁刚才说我老师了？	才写了一半儿，还得接着写。	你才吃了一碗米饭，再吃一碗吧。
	昌黎	刚才［你们］们哪讲究［我们］老师呐？	才写了一半儿，还得写下去。	你刚吃了一碗干饭，待吃一碗吧。/你才吃了一碗干饭，待吃一碗吧。/你就吃了一碗干饭，待吃一碗吧。

续表

方言点		谁刚才议论我老师来着？	只写了一半，还得写下去。	你才吃了一碗米饭，再吃一碗吧。
石济片	邢台	先会儿谁嘟囔俺老师来 / 谁刚才嘟囔俺老师来？	就写了一半儿，还得写。/ 才写了一半儿，还得写。	你就吃了一碗米饭，再吃一碗。/ 你才吃了一碗米饭，再添点儿吧。/ 吃了一碗米饭，再吃点儿。
	济南	谁刚才呋咕俺老师唻？	写得半边拉块的，还得接着写。	你就吃唠一碗干饭，再来一碗吧。
	临清	谁刚才说我老师唻？	才写了一半儿，还得写。	你才吃了一碗米饭，再吃一碗吧。
沧惠片	无棣	刚才谁说俺老师唻？	只写溜一半，还得写下去。	你才吃溜一碗干饭，再吃碗边$^{=}$。
	日照	刚忙儿忙儿谁喳咕俺老师唻？	刚写哩一半儿，还得接着写呃。	你就吃哩一碗干饭，再吃碗吧。
	邹平	谁刚才说俺老师唻啊？	才写唠一半子，还得往下写啊。	你才吃唠一碗饭，再吃一碗伴$^{=}$。

方言点		让孩子们先走，你再把展览仔仔细细地看一遍。	他在电视机前看着看着睡着了。	你算算看，这点钱够不够花？
保唐片	天津	让孩子们先走，你再把展览好好看一遍。	他看着看着电视就睡着了。	你算算，这点儿钱够花吗？
	霸州	让小孩儿们先走，你再把展览好好儿看看。	他看着看着电视睡着了。	你算算，看这点儿钱够不够花呀？
	昌黎	叫孩子们先回去，你把展览好好儿看看。	他待电视头里看着看着就睡着咧。	你算算呐，这点儿钱够不诶？

续表

方言点 \ 例句		让孩子们先走，你再把展览仔仔细细地看一遍。	他在电视机前看着看着睡着了。	你算算看，这点钱够不够花？
石济片	邢台	叫孩子们儿先走，你再把展览好好看一遍。/ 让孩子们儿先走，你把展览仔仔细细再看一遍。	他看着看着电视睡着了。/ 他正看着电视呢就睡着了。	你算算，这点儿钱儿够花了呗？ / 你算算账儿，这点儿钱儿够不够花？
	济南	叫这些孩子先走，你再把展览仔把细儿地看一遍。	他待电视机跟前看着看着就迷瞪着啊。	你摸量摸量，这点儿钱够使的吧？
	临清	叫孩子们先走，你再把展览仔仔细细地看一遍。	他看着看着电视就睡着啦。	你算算，这些钱够用了吧？
沧惠片	无棣	先让孩子们走，你再把展览好生看一遍。	他看着看着电视睡着哇。	你算算，这点儿钱儿够花嘎？
	日照	先叫孩子们走吧，你把展览再细米巴糠儿地看遍。	他看着看着电视就困着啦。	你数摸数摸，这两个钱儿够不够花的啊？
	邹平	叫孩子们先走，你再把展览仔目细地看一遍。	他逮捏里看电视看着看着困着哇。	你算计算计，这点儿钱够花暴=？

方言点		例句：老师给了你一本很厚的书吧？	那个卖药的骗了他一千块钱呢。	a. 我上个月借了他三百块钱。（借了他的钱）b. 我上个月借了他三百块钱。（借给他钱）
保唐片	天津	老师给你一本厚书吧？	那卖药儿的骗他一千块钱。	a. 我上月找他借三百块钱。b. 我上月借给他三百块钱。
	霸州	老师给了你一本挺厚的书吧？	乜个卖药的骗了他一千块钱呢。	a. 我上个月借了他三百块钱。b. 同 a。
	昌黎	老师给你了一本儿忒厚的书吧？	那个卖药的骗了他一千块钱呐！	a. 我上个月借了他三百块钱。b. 同 a。
石济片	邢台	老师是不是给了你本儿厚书哎？ / 老师给你本儿厚书，是不是哎？	那个卖药的唬弄了他一千块钱哩。	a. 我上个月借了他三百。b. 我上个月借给他三百。/a. 我上个月从他那里借了三百。b. 上个月他借了我三百。
	济南	老师给唠你本儿棱厚的书吧？	那个倒蹬=药的诓唠他一千块钱啊。	a. 上个月俺借唠他三百块钱。b. 上个月他从我这里借唠三百块钱。
	临清	老师给了你一本儿很厚书是吧？	那个卖药的骗了他一千块钱呢。	a. 上个月我借了他三百块钱。b. 上个月我借给他三百块钱。
沧惠片	无棣	老师给溜你本儿老厚的书吧？	那个卖药的无笼溜他一千块钱去啊。	a. 我上个月借溜他三百块钱。b. 我上个月借给他三百块钱。
	日照	老师给哩你一本儿很厚的书？	那个卖药的哄了他一千块钱唵=。	a. 我上个月借了他三百块钱。b. 我上个月借给他三百块钱。
	邹平	老师给唠你本挺厚的书嘎？	那个卖药的胡笼唠他一千块钱呢。	a. 我上个月借唠他三百块钱。b. 我上个月借给唠他三百块钱。

方言点	例句	a. 王先生的刀开得很好。b. 王先生的刀开得很好。	我不能怪人家，只能怪自己。	a. 明天王经理会来公司吗？ b. 我看他不会来。
保唐片	天津	a. 王先生刀拿手儿。b. 王先生的刀口开得很好。	我不怪别人，就怪自个儿。	a. 明儿个王经理来公司吗？ b. 我觉着他不来。
	霸州	a. 王先生的刀开得挺好的。b. 王先生的手术做得挺好的。	我不能怪人家，只能怪自各儿。	a. 明个儿王经理上公司来吗？ b. 我觉着他不来。
	昌黎	a. 姓王的这个刀开得忒好。b. 姓王的这个刀开得忒好。	我不能怪人家，就得怪自个儿。	a. 明儿个儿王经理来不诶？ b. 我看他不能来。
石济片	邢台	a. 王大夫的手术做得挺好。b. 王先生的手术做得挺成功。	我不能怨别人儿，就怨自个儿。	a. 明儿王经理能来公司呗？ b. 我觉么着他来不了。
	济南	a. 王先生的刀开得棱好。b. 同 a。	俺不能怨人家，就怨自家。	a. 明儿王经理待来公司吗？ b. 俺摸量着他不准来。
	临清	a. 王先生的手术做得很好。b. 王先生的手术做得很好。	我不能怪人家，只能怪自个儿。	a. 明儿王经理会来公司吗？ b. 我看他来不了。
沧惠片	无棣	a. 王大夫的刀开得老好哇。b. 王先生的刀开的老好哇。	俺不能怨人家，只能怨个人。	a. 王经理明日能来公司嘎？ b. 俺看他来不了。
	日照	a. 王大夫的刀开得真好。b. 王先生的刀开得真好。	我不能嫌乎人家，就得怨自己哦。	a. 王经理明日能来公司吗？ b. 我估摸着他不能来。
	邹平	a. 王先生的刀开的挺好。b. 王先生的刀开的挺好。	俺不能怨人家，只能怨自家。	a. 明日王经理能来公司嘎？ b. 我估摸着他不能来。

方言点		咱们用什么车从南京往这里运家具呢？	他像个病人似的靠在沙发上。	这么干活连小伙子都会累坏的。
保唐片	天津	咱用嘛车从南京往这儿运家具？	他跟有病似的靠在沙发上。	这样儿干活儿连小伙子都会累坏的。
	霸州	咱们用甚么车从南京往这儿运家具啊？	他跟个病人一样在沙发上靠着。	这么干活儿连小伙子都得累坏了。
	昌黎	咱们用啥车提⁼南京往这何⁼儿运家具诶？	他像个有病的似的靠在沙发上。	这样儿干活儿连小伙子都得累坏喽。
石济片	邢台	咱用啥车儿从南京往这儿运家具来？	他像个病人呀哩靠沙发上。	这样干件儿，连小伙儿也呛不住。/这样儿干件儿，连小伙儿也使死了。
	济南	咱这伙使么车把家具打南京运过来？	他和个病秧子似的倚在沙发上。	这么个干法连壮汉都得累杀。
	临清	咱用么儿车从南京往这儿运家具呢？	他像个病人样靠在沙发上。	这么干法儿连小伙子也得累坏。
沧惠片	无棣	咱们使啥车从南京往这溜运家具啊？	他像个病人似的倚在沙发上。	这么干连小伙子也会累坏溜。
	日照	把南京往这里拉家器儿怎⁼使什么车啊？	他和个病人似的倚了沙发上。	这么个干法儿连年幼的都要使毁了。
	邹平	咱使啥车从南京上这里拉家具呢？	他和个病人一样倚的沙发上。	这个干法连小伙子都会使坏的。

方言点		他跳上末班车走了。我迟到一步，只能自己慢慢走回学校了。	这是谁写的诗？谁猜出来我就奖励谁十块钱。	我给你的书是我教中学的舅舅写的。
保唐片	天津	他跑上最后一趟车走了。我晚了一步，只能自个儿走着回学校了。	这谁写的诗？谁猜出来我给谁十块钱。	我给你的书是我教中学的舅舅写的。
	霸州	他跳上末班车走了。我晚到了一步，只能自各儿慢儿慢儿走回去了。	这是谁写的诗？谁猜出来我就奖给谁十块钱。	我给你的书是我教中学的舅写的。

续表

方言点		他跳上末班车走了。我迟到一步，只能自己慢慢走回学校了。	这是谁写的诗？谁猜出来我就奖励谁十块钱。	我给你的书是我教中学的舅舅写的。
	昌黎	他跳上末班车走了。我晚来了一步儿，只能自个儿慢儿慢儿走回学校咧。	这是哪写的诗？哪说出来我就给哪十块钱。	我给你的书是我教中学的舅写的。
石济片	邢台	他跳上末班车走了。我晚了一步，只能自个儿慢慢儿走回学儿了。	这是谁写的诗？谁猜出来我就奖给谁十块钱。/ 这是谁写的诗？谁猜出来我就奖励他十块钱。	我给你的书是我舅舅写的，他是教中学的。
石济片	济南	他跳上最后一趟车走俩。俺差一步，得自家溜达回学校俩。	这是谁做的诗？谁琢磨出来俺就给谁十块钱。	俺给你的书是俺教中学的舅舅写的。
石济片	临清	他跳上末班车走啦。我差一步，只能自个儿慢慢儿地走回学校。	这是谁写的诗？谁猜出来我就奖谁十块钱。	我给你的书是我教中学的舅舅写的。
沧惠片	无棣	他跳上末班儿车走唓。俺晚溜一步，只能个人慢儿慢儿地走回学校唓。	这谁写的诗？谁猜出来俺就奖给谁十块钱。	俺给你的书是俺教中学的舅写的。
沧惠片	日照	他上了末了儿一趟车走了。我晚来了一步儿，只得自己慢儿慢儿地走回学堂了。	这诗是谁写的啊？谁猜出来我就给谁十块钱。	我送你的书是俺教中学的舅写的呃。
沧惠片	邹平	他跳上最后一趟车走唓。我晚唠一步，只好自家慢慢走回学校唓。	这是谁写的诗？谁猜着我奖给谁十块钱。	我给你的书是俺教中学的舅写的。

方言点		例句：你比我高，他比你还要高。	老王跟老张一样高。	我走了，你们俩再多坐一会儿。
保唐片	天津	你比我高，他比你还高。	老王跟老张一边儿高。	我走了，你俩再待会儿。
	霸州	你比我高，他比你还高。	老王跟老张一般儿高。	我走啦，你们俩再多坐一会儿。
	昌黎	你比我高，他比你还要高。	老王老张一边儿高。/ 老王老张一般儿高。	我走咧，［你们］俩待呆会儿吧。
石济片	邢台	你比我高，他比你还高。	老王跟老张一般儿高。	我走了，恁俩多坐会儿吧。
	济南	你比俺高，他比你还高。	老王和老张一般高。/ 老王跟老张一般高。	俺走嗵，你俩再多坐一霎儿。
	临清	你比我高，他比你还高。	老王跟老张一般高。	俺走啦，你俩再多坐一会儿。
沧惠片	无棣	你比我高，他比你还高。	老王跟老张一样高。	俺走嗟，你俩人再多坐时儿便⁼。
	日照	你高起我，他比你还高。	老王和老张一般儿高儿。	俺走了，恁俩多坐会儿吧。
	邹平	你比我高，他比你还高。	老王和老张一样高。	我走嗟，你俩再多坐一霎。

方言点		例句：我说不过他，谁都说不过这个家伙。	上次只买了一本书，今天要多买几本。
保唐片	天津	我矫不过他，谁也矫不过他。	上次就买了一本儿书，今个儿得多买几本儿。
	霸州	我说不过他，谁都说不过这个家伙。	上回才买了一本儿书，今儿个儿得多买几本儿。
	昌黎	我说不过他，哪也说不过他。	上回就买了一本儿书，今儿个要多买几本儿。

续表

方言点＼例句		我说不过他，谁都说不过这个家伙。	上次只买了一本书，今天要多买几本。
石济片	邢台	我说不过他，谁也说不过这个家伙。/ 我说不过他，谁也说不过他。	上回就买了一本儿书，今儿多买几本儿。
	济南	俺说不过他，没人能说过这个家伙。	上回儿就买唠一本儿书，今们=儿得多买他两本儿。
	临清	我说不过他，谁都说不过这家伙。	上回儿只买了一本儿书，今儿个得多买几本。
沧惠片	无棣	俺说不过他，谁也说不过这个家伙。	上回儿光买溜一本儿书，今们=儿要多买几本儿。
	日照	俺说不过他，谁都叨叨不了他。	上回就买了一本儿书，今日要多买几本儿。
	邹平	俺说不过他，谁也说不过这家伙。	上回只买了一本儿书，今日要多买几本。

第五章

朗读及其偏误分析

一、朗读

（一）什么是朗读

朗读，指的是用标准音把文字作品清晰响亮地念出来，把文字作品转化为有声语言的创造性活动。朗读优秀的文字作品，可以更具体地学到艺术语言的表达技巧，丰富自己的词汇，提高运用普通话交流的能力。同时，人们通过朗读可以养成正确的发音习惯，提高理解和表达能力，还可以培养高雅的审美情趣和高尚的人文情怀。

朗读大体可以分为三个层次：一是正确的朗读。这是朗读的基本要求。朗读时，每个字都要按照标准音来念，做到发音正确、吐字清楚，声韵调、轻重音、儿化、连读音变等合乎规范，停连适当，不错、不漏、不添，能完整展现出作品的内容。二是流畅的朗读。在正确朗读的基础上，能够恰当地把握语调、语速，合理安排抑扬顿挫与轻重缓急，能准确表达出作品的思想内容。这是高一层次的朗读要求。三是传神的朗读。在正确、流畅朗读的基础上，进一步做到准确理解和把握作品内涵，熟练地运用朗读技巧，声情并茂地表达出作品的风格神韵。这是更高标准的朗读要求。

归结起来，学好朗读必须从以下两个方面下功夫。

第一，准确理解和把握作品内涵。

理解作品是朗读的基础。在朗读之前，应该仔细阅读、认真领会朗读作品，弄清作品的中心思想，激发自己的真挚感情，力争用恰当的情感表现作品，从而引起听者的共鸣。

要准确地表现作品，就必须弄清作品的风格、语言特点、语词含义和精神实质，由此确定朗读的基调。朗读时要准确把握作品的基调，生发出真实的情感，并注意作品中情感的变化，力争在准确理解和表达的统一中，达到情感与声音的和谐，使作品得到完美的呈现。

第二，掌握朗读所需要的表达技巧。

要达到高水平的朗读目标，不仅要有对作品的准确理解和把握，还要学会运用朗读技巧。具体地说，主要有两点需要特别注意：一是熟练运用普通话。要按标准音熟悉每个字的声韵调，掌握轻重音、儿化、连读音变的规则，防止错读、漏读、添读、倒读和读破词、读破句等现象的出现；同时注意区分方言母语与普通话的不同，克服方言的干扰和迁移影响。二是正确使用语调，即注意句中的停顿以及声音快慢、轻重和高低变化。具体做法可参见下文“语调”部分。

（二）语调

语调是指说话或朗读时，段中或句中的声音停连、快慢、轻重和高低变化。

1. 停连

停连是说话或朗读时，段落之间，语句之中或之后出现的声音停顿和连接。说话、朗读中的停连，一方面是出于人的生理或句子结构上的需要，停下来换换气或使结构层次分明；另一方面更是表情达意的需要，是为了准确充分表达思想感情，让听者有时间领会说话或朗读的内容。停连处理得合理，会起到画龙点睛的作用，否则就容易导致语意的断裂，从而影响朗读的效果，甚至影响到意义的表达。例如“女儿看见父亲流下了眼泪”，如果在“父亲”前面停顿，意思是“父亲流下了眼泪”，如果在“父亲”的后面停顿，意思就成了“女儿流下了眼泪”。

停顿可以分为结构性停顿和逻辑性停顿。结构性停顿在书面材料中一般用标点符号表示。其中，顿号的时间最短，逗号较长，分号又比逗号要长，句尾的标点符号又比分号的停顿时间长。但朗读中的停顿与字面标点符号处的停顿并不完全一样，有时候字面没有标点符号的地方也要作适当的停顿，它是为了强调某个事物或观点、突出某一语意、着力表达某种情感所作的停顿，这就是逻辑性停顿。如何准确把握朗读中的停顿呢？这就需要朗读者把握住结构性停顿，同时处理好逻辑性停顿，使作品的内容得到完满的表现和再现，使听者通过朗读者的声音，准确领会作品思想，得到审美体验和情感陶冶。

说话、朗读时吐字的快慢，叫语速。语速和停顿、情感有密切关系。一般来说，激动、欢快的时候，语速相对快一些，停顿可适当减少；痛苦、悲伤的时候，情绪低沉，语速往往慢一些，停顿可适当增加。因此，朗读抒情的作品，语速不宜过快；而表现慷慨激昂、激情奔放的文字时，语速则不宜过慢。

2. 重音

语句中念得比较重，听起来特别清晰的音叫作重音，或者叫作语句重音。

从产生的原因来看，重音有语法重音和逻辑重音之分。按照语法结构的特点而重读的，是语法重音；对某些需要突出或强调的词语进行重读的，是逻辑重音。

句子里某些语法成分常要重读，比如谓语中的主要动词（例①）、表示性状和程度的状语（例②）、表示状态或程度的补语（例③④）、表示疑问和指示的代词（例⑤）。

①电影就要开始了！

②别急，慢慢说。

③雨下得非常大。

④他讲得好极了！

⑤这本书是谁的？

哪些词语需要突出或强调，则要依据作品或说话人的要求和思想情感来确定。重音的位置不同，语句的意思就会有差异。例如：

①我知道你是山东人。（知道的人是我，别人不知道）

②我知道你是山东人。（我已经知道了，你不用瞒我）

③我知道你是山东人。（我知道你是山东人，别人是不是我不知道）

④我知道你是山东人。（我知道你是山东人，你怎么说不是呢？）

⑤我知道你是山东人。（你是山东人，不是河北人）

3. 句调

句调是整句话的声音高低升降的变化形式，其中以句末结尾的升降变化最为重要。句调一般与句子的语气紧密结合，主要有四种形式。

（1）升调

调子由平升高，常表示反问、疑问、惊异等语气。例如：

①难道他连这个道理也不懂？（反问）

②你明天去北京吗？（疑问）

③他考上博士了？（惊异）

（2）降调

调子先平后降，常表示陈述、感叹、请求等语气。例如：

①他今年十岁了。（陈述）

②这里的风景真是太美啦！（感叹）

③今天下雨，你还是不要出去了吧。（请求）

（3）平调

调子始终保持同样的高低，常表示严肃、冷淡、叙述等语气。例如：

①人民英雄永垂不朽。（严肃）

②这事儿我不记得了，随你处理吧。（冷淡）

③他告诉我这里曾经有片小树林。（叙述）

（4）曲调

调子升高再降，或降低再升，常用来表示含蓄、讽刺、夸张、意在言外等语气。例如：

哎哟，看你能的，牛都让你吹上天了。（讽刺）

二、冀鲁官话区人学习普通话朗读的语音偏误例析

方言区的人在进行普通话朗读时常会受到自己母方言的影响，在声母、韵母、声调的发音上出现这样或那样的偏误。来自不同方言区的人可能因为母方言与普通话之间的差异情况而出现不同的语音偏误问题。下面我们以朗读材料《诚实与信任》为例，具体分析一下方言区人们使用普通话进行朗读时常会出现的语音偏误问题。

我们分析的朗读材料来自两位朗读者：1 号朗读者，山东日照东港区人，普通话水平等级为三级乙等；2 号朗读者，山东滨州沾化区人，普通话水平等级也为三级乙等。

（一）声母偏误分析

声母偏误分析依据的是1号朗读者的朗读材料。括号内的国际音标，标注的是朗读者所读的前面一个音节的声母读音，但所标读音只是表示接近这个音，并不是完全读成了这个音，如“车”后括号内标注［tʃʰ］，只是表示朗读者的舌尖后音声母 ch 发得不标准，含有舌叶音［tʃʰ］的色彩，并不是真的读成了舌叶音［tʃʰ］。

1. 声母偏误检查

1号朗读者的朗读材料:《诚实与信任》

一天深夜，我开车（［tʃʰ］）从（［tθʰ］）外地回北京。天很黑，又有点雾，尽（［tθ］）管有路灯，能见度仍（［ɭ］）然很差。快到家时，汽车（［tʃʰ］）刚从（［tθʰ］）快车（［tʃʰ］）道进（［tθ］）入慢车（［tʃʰ］）道，便听到“咔嚓”一声（［ʃ］）。我以为汽车（［tʃʰ］）出（［tʃʰ］）了故障（［tʃ］），赶快停了车（［tʃʰ］）。一检查，发现右侧（［tʂʰ］）的反光镜碎（［θ］）了。我往回走（［tθ］）了五六米，看见一辆小（［θ］）红车（［tʃʰ］）停靠在（［tθ］）路边，左（［tθ］）侧的反光镜也碎（［θ］）了。这（［tʃ］）辆车（［tʃʰ］）的车（［tʃʰ］）头超（［tʃʰ］）出停车（［tʃʰ］）线二三十（［ʃ］）厘米，但它毕竟是停着的，责任（［Ø］）应该在我。

我环顾四周（［tʃ］），看不见一个人，便在（［tθ］）路灯下写（［θ］）了一张（［tʃ］）字条，压在（［tθ］）小（［θ］）红车（［tʃʰ］）雨刷下。字（［tθ］）条上（［ʃ］），我写（［θ］）明自（［tθ］）己的姓（［θ］）名、电话，希望车（［tʃʰ］）主（［tʃ］）与我联系。

事隔三天，一位陌生女子（［tθ］）打来电话，她就（［ȶ］）是小（［θ］）红车（［tʃʰ］）的主（［tʃ］）人。

“噢！是你，很对不起，我不小（［θ］）心（［θ］）把你汽车（［tʃʰ］）

的反光镜碰坏了。”

“没有关系，已经换上（[ʃ]）了。我打电话是向你表示感谢（[θ]）的。”

“不，是我要向你表示歉意。请（[ȶʰ]）你把购货单据寄来，好让我把钱（[ȶʰ]）寄给你。”

“不用了。你在（[tθ]）无人（[Ø]）知（[tʃ]）晓的情（[ȶʰ]）况下主（[tʃ]）动给我留下字（[tθ]）条，这（[tʃ]）使我很感动。”

“这（[tʃ]）是应该的，这（[tʃ]）笔费用应由我来支付。”

“不，人（[Ø]）与人（[Ø]）之间还有比金钱（[ȶʰ]）更重要的东西，你给我留下了诚（[tʃʰ]）实（[ʃ]）和信（[θ]）任（[Ø]），这（[tʃ]）比金钱（[ȶʰ]）更重要。我再（[tθ]）一次谢（[θ]）谢（[θ]）你！”说（[ʃ]）完她搁下了电话。

我很后悔，居然（[Ø]）没有问她的姓（[θ]）名、地址，也不知道她的年龄、职业，但她的话却深深地印在（[tθ]）了我的脑海里。

2. 声母偏误分析

受母方言影响，方言区的人们在使用普通话朗读时会出现声母的偏误，这种情况主要出现在方言声母与普通话声母有明显差异的地区，比如1号朗读者所在的日照东港区。普通话中有三套塞擦音、擦音声母 z、c、s，zh、ch、sh，j、q、x，而日照东港区方言与其对应的则有四套声母［tθ tθʰ θ］［tʃ tʃʰ ʃ］［ȶ ȶʰ］和 zh、ch、sh。齿间音［tθ tθʰ θ］、舌叶音［tʃ tʃʰ ʃ］、舌面塞音［ȶ ȶʰ］三套声母是东港区方言中有而普通话中没有的，z、c、s 声母则是普通话中有而东港区方言中没有的。即使是二者都有的 zh、ch、sh 声母，其所管辖的字也是不一样的，比如普通话中读 zh、ch、sh 声母的“周、车、声”在东港方言中声母就读［tʃ tʃʰ ʃ］。可见日照东港区方言与普通话在声母上有明显的差异。

当地人在使用普通话朗读时，本应该将这些字在方言中的声母转换成相对应的普通话声母，但是由于方言影响根深蒂固，这种转换进行得不彻底，就在朗读时保留了某些方言特征，从而出现一些声母方面的偏误现象。总的来说，这些偏误以发音部位的缺陷为主。比如东港区的人在用普通话朗读时，会把普通话中声母读舌尖后音 zh、ch、sh 的一批字的声母读得带有舌叶音色彩，如“这、张、周”的声母读得近［tʃ］，“超、出、车”的声母读得近［tʃʰ］，“十、声、上”的声母读得近［ʃ］。同样的，也会把普通话中声母读舌尖前音 z、c、s 的一批字的声母读得具有齿间音色彩，比如“在、次、三、碎”等。发音方法上的缺陷相对较少，比如“就、情、钱”等普通话读舌面塞擦音 j、q 声母的字，东港区人在用普通话朗读时，读得像舌面塞音［ȶ ȶʰ］就是此种情况。

除此之外，由于普通话中读 r 声母的字在东港区方言中都读零声母，所以他们在用普通话朗读时也常将这些字很自然地误读为零声母字，从而产生读音错误，比如把“任、人、然”等字读成“印、银、言”。

（二）韵母、声调偏误分析

韵母、声调偏误分析依据的是 2 号朗读者的朗读材料。括号内的国际音标标注的是朗读者所读的前面一个音节的韵母读音，但所标音只是表示接近这个音，并不是完全读成了这个音；括号内的数字表示的是朗读者所读的前面一个音节的声调调值。

1. 韵母、声调偏误检查

2 号朗读者的朗读材料：《诚实与信任》

一（213）天（［iã］）深（［ẽ］）夜，我（55）开（［ɛ］，213）

车从（55）外（[ɛ]）地回北京。天（[iã]）很（[ẽ]）黑，又有点雾，尽（31）管（[uã]，55）有（55）路灯，能见（[iã]）度仍然（[ã]）很（[ẽ]）差（55）。快（[uɛ]）到（[ɔ]）家时，汽车刚从快车道（[ɔ]）进入慢（[ã]）车道（[ɔ]），便（[iã],55）听到“咔嚓”一（213）声。我（55）以为（55）汽车出（213）了故障，赶（[ã]）快停了车。一检（[iã]）查，发现（[iã]）右侧的反（[ã]）光镜碎了。我（55）往（23）回（55）走了五六米，看（55）见（[iã]）一辆小红（43）车停靠（[ɔ]）在路边（[iã]），左（31）侧的反光镜也碎了。这辆车（31）的车头超（[ɔ]）出停（55）车线（[iã]，23）二三（[ã],31）十厘（43）米（23），但它毕（23）竟是停着的，责任（[ẽ]）应该（[ɛ]）在（[ɛ]）我（55）。

我（55）环（[uã]）顾四周，看（23）不见（55）一个人，便在（[ɛ]）路灯下写了一张字条（[iɔ]），压在小红车雨（23）刷下。字条（[iɔ]）上，我（55）写明自己（55）的姓名、电（[iã]，23）话，希望车（213）主与我（55）联（[iã]）系。

事隔（55）三（[ã]）天（[iã]），一（55）位陌（[ɛ]）生女子打来电（23）话（31），她（23）就是小红（55）车的主人。

“噢！是你，很（[ẽ]）对不起，我（55）不小心把（55）你汽车的反（[ã]）光镜碰坏（[uɛ]）了。”

“没有关（[uã]，43）系，已（55）经换（[uã]）上了。我（55）打（55）电（[iã],23）话是向（213）你表（[iɔ],55）示感（[ã]）谢的。”

“不，是我（55）要（[iɔ]）向你表（[iɔ],55）示歉（[iã]）意。请你（23）把（55）购货单（[ã]）据寄（213）来，好（[ɔ]，23）让我（55）把（55）钱（[iã]）寄（213）给你。”

“不用了。你（213）在无（43）人（43）知晓（[iɔ]）的情（55）

况（55）下主（23）动给我（55）留下字条（[iɔ]），这使我很（[ẽ]）感（[ã]）动。”

“这是应该（[ε]）的，这笔费用应由（43）我（55）来（43）支付（55）。”

“不，人（[ẽ]）与人（[ẽ]）之间（[iã]）还（43）有（43）比金钱（[iã]）更重要的东（31）西，你给我留下了诚实和信任，这比金钱更重要。我（55）再一次谢谢你！”说（31）完（[uã]，43）她（23）搁（31）下了电（[iã]）话。

我（55）很（[ẽ]）后悔，居（31）然（[ã]）没（43）有问她（23）的姓名、地址，也不知道（[ɔ]）她（23）的年（[iã]）龄、职（55）业，但（55）她（23）的话却深（[ẽ]）深（[ẽ]，31）地印（23）在（31）了我的脑（[ɔ]，55）海（31）里。

2. 韵母偏误分析

2 号朗读者在朗读时，沾化方言的韵母特点对他的普通话韵母发音影响比较大，因此出现的韵母偏误现象比较多。归结起来，主要表现在以下几点。

一是普通话的 ai、uai、ao、iao 四个韵母在沾化方言中分别读为[ε][uε][ɔ][iɔ]，表现为复元音韵母 ai、ao 读为单元音韵母[ε][ɔ]的单元音化特点。受此特点影响，沾化人时常会将母方言中的复韵母单元音化特点迁移至普通话中，从而将韵母 ai、uai、ao、iao 读得近似于[ε][uε][ɔ][iɔ]，如朗读材料中的“开、坏、到、条”等字的韵母读音。

二是普通话的 an、ian、uan、üan 和 en、in、uen、ün 八个前鼻音韵尾韵母，在沾化方言中分别读成了鼻化元音韵母[ã iã uã yã]和[ẽ iẽ uẽ yẽ]。受此特点影响，沾化人在进行普通话朗读时常会将母方言的鼻化特征迁移至普通话中，造成前鼻音韵母的鼻尾 -n 归音不到位，读得近似于鼻化韵母，如朗读材料中的“天、管、很、便”等字的韵母读音。

三是“陌”字的韵母，普通话读 o，沾化材料中读为了［ε］，类似的字还有“伯、迫”等。在这一带方言中，除了普通话的 o 韵母字外，一部分普通话的 e 韵母字也会读为［ε］韵母，如“侧、策、色、择、策”等。

以上前两点中提到的与普通话读音有差异的方言韵母特点，在冀鲁官话区的分布比较广泛。这些地区的人们在朗读时，往往会将母方言中的语音特征不经意地带进普通话读音当中，影响普通话韵母的正确发音，由此产生出一些不易察觉的韵母偏误现象。由于这些偏误多是音值上的偏差，一般不涉及音类的分合，学习者一般很难觉察它们与普通话的差异，所以，这些问题常常会成为方言区人们学习普通话韵母读音的主要难点。

因此，方言区人们学习普通话朗读时，要尽可能多地了解母方言韵母与普通话韵母的差异，自觉地排除方言韵母干扰；对比较顽固的语音偏误现象，要找出偏误产生的原因，有系统地加以纠正，提高学习效率。

3. 声调偏误分析

冀鲁官话区的人们在用普通话朗读时也常常受到自己方言声调的影响，产生出一些声调偏误，具体表现为以下两种情况。

一是单字调的偏误，指人们在朗读时常会把一个字在方言中的调值直接迁移到普通话中，造成声调的偏误。沾化方言中的阴平调值是 213，人们在运用普通话朗读时容易把普通话调值为 55 的阴平字读为 213，或更省力的 23，比如材料中的“一、开、出、车、她”；沾化方言中的阳平调值是43，人们在朗读时也容易把普通话调值为35的阳平字读为43调，比如材料中的“红、厘、无、人、由、来”等；沾化方言的上声调是一个高平调，调值为55，人们在朗读时受方言影响也会把普通话中的上声调214读成55调，比如材料中的“我、有、己、表、脑”。

此外，如果方言中有与普通话调型调值相近的声调，人们也常会将其直接迁移为普通话的调值，造成声调的偏误。例如，普通话中的上声是一个曲折调，调值是214，沾化方言的阴平也是一个曲折调，调值是213，二者调型相同但调值上略有差异，因此沾化人常把当地阴平调的调值迁移为普通话的上声调调值，不过曲折程度不像普通话那样明显（实际近23），比如“你、主、好、雨、米”。普通话中的去声调是一个全降调，调值是51，而沾化方言的去声调是一个中降调，调值为31，二者调型相同，调值上有些不同，沾化人在朗读时容易受此影响把去声字的调值读得近似于方言中的调值31，比如“话”。

二是连读变调的偏误。相对于普通话的连读变调现象来说，冀鲁官话大部分地区的连读变调都更为丰富和复杂，这就使得冀鲁官话区的人们在进行普通话朗读时常常受方言影响，把一些方言中存在但普通话中没有的连读变调现象迁移到普通话中，造成连读变调的偏误。比如“去声＋去声（31+31）”在沾化方言中前字会变调，读为“23+31”，2号朗读者在朗读时就把普通话中本不应该发生变调的前字51读为了23，如“毕竟”“电话”中的“毕、电”。“阴平＋轻声”普通话中前字不变调，仍读为55，但在沾化方言中前字阴平调值213会变读为31。沾化人在普通话朗读中遇到这类词时也会受方言影响出现连调偏误，比如朗读材料里“三十”“东西”“搁下”中的“三、东、搁”。类似的还有把属于“去声＋轻声”的词“看见”中的“看”

按照沾化方言的变调规律读成55，而非普通话中不变调的51。

另外，普通话应该发生变调，而方言区人们朗读时未按普通话变调规则进行变调的情况，也一定程度存在。比如，普通话“一”本调读55，“不”本调读51，作去声前字时两者都要变读为升调35，如“一位”“不必”中的“一”“不”，而沾化人朗读时往往不变调，即把“一位”的“一”按普通话本调读成平调，“不必”的“不”按普通话本调读成降调。与此相关的，“一”有时也会按方言的本调来读，比如“一”作阴平前字时，普通话的变调规律是“一”变为降调51，如“一天”“一声”中的“一”，但沾化人说普通话时这个“一”既不按变调规律读成降调，也不按普通话本调读为平调，而是按方言本调读成了曲折调213。

根据考察，在普通话朗读学习中，由母方言影响而产生的韵母偏误现象主要分两类：一是音值偏差，二是音类错误。音类的错误通常比较容易发现，也是普通话学习者最先和最自觉修正的问题；而音值上的偏差，由于一般不涉及音类的分合，普通学习者一般很难觉察，以至于成为方言区人们学习普通话的难点。

（三）小结

方言区的人们学习普通话朗读，除了要掌握一定的朗读技巧外，最主要的还是要注意提高普通话发音的准确性，特别要关注母方言特点迁移进普通话的情况。据统计，普通话水平越低，方言迁移现象越多，反之则越少。因此，纠正方言特征是有效提高普通话水平，特别是快速提升低等级普通话水平的关键。要想高效地纠正方言特征就必须了解自己母方言与普通话之间的差异，找出它们之间的对应关系，弄清自己普通话朗读中母方言迁移的特征和原因，有针对性地自觉克服母方言影响，以达到有效提升普通话水平的目的。

参考文献

[1] 北京大学中国语言文学系语言学教研室．汉语方言词汇［M］．2 版．北京：语文出版社，1995.

[2] 曹梦雪．河北昌黎城关方言非叠字两字组连读变调和轻声［J］．方言，2020（4）.

[3] 曹延杰．宁津方言志［M］．北京：中国文史出版社，2003.

[4] 董绍克．汉语方言词汇差异比较研究［M］．北京：民族出版社，2002.

[5] 傅林．沧州献县方言研究［M］．北京：中华书局，2020.

[6] 高晓虹．章丘方言志［M］．济南：齐鲁书社，2011.

[7] 高晓虹．山东方言的平舌儿化韵母［J］．语言学论丛，2016（1）.

[8] 高晓虹．山东方言的卷舌儿化［J］．中国方言学报，2017（1）.

[9] 黄伯荣．汉语方言语法类编［M］．青岛：青岛出版社，1996.

[10] 河北省地方志编纂委员会．河北省志·方言志［M］．北京：方志出版社，2005.

[11] 吕叔湘．现代汉语八百词［M］．北京：商务印书馆，1980.

[12] 罗福腾．从胶东话走向普通话［M］．济南：山东大学出版社，

1996.

［13］李巧兰．河北方言中的“X- 儿”形式研究［D］．山东大学，2007.

［14］李巧兰．汉语方言中儿化增音现象的成因探讨：以河北方言为例［J］．唐山学院学报，2012（4）．

［15］李旭．霸州方言志［M］．天津：南开大学出版社，2019.

［16］孟庆泰，罗福腾．淄川方言志［M］．北京：语文出版社，1994.

［17］钱曾怡．山东人学习普通话指南［M］．济南：山东大学出版社，1988.

［18］钱曾怡．博山方言研究［M］．北京：社会科学文献出版社，1993.

［19］钱曾怡．论儿化［J］．中国语言学报，1995（5）．

［20］钱曾怡．济南方言词典［M］．南京：江苏教育出版社，1997.

［21］钱曾怡．山东方言研究［M］．济南：齐鲁书社，2001.

［22］钱曾怡．汉语方言研究的方法与实践［M］．北京：商务印书馆，2002.

［23］钱曾怡．汉语官话方言研究［M］．济南：齐鲁书社，2010.

［24］亓海峰，曾晓渝．莱芜方言儿化韵初探［J］．语言科学，2008（4）．

［25］山东省地方史志编纂委员会．山东省志・方言志［M］．济南：山东人民出版社，1993.

［26］沈丹萍．唐山曹妃甸方言研究［M］．北京：中华书局，2021.

［27］沈兴华．黄河三角洲方言研究［M］．济南：齐鲁书社，2005.

［28］石明远．莒县方言志［M］．北京：语文出版社，1995.

［29］王福堂．汉语方言语音的演变和层次［M］．修订本．北京：语文出版社，2005.

[30] 王临惠.天津方言历史演变及相关问题研究[M].北京：中国社会科学出版社，2019.

[31] 吴永焕.山东方言儿变韵的衰变[J].语言科学，2009(5).

[32] 杨秋泽.利津方言志[M].北京：语文出版社，1990.

[33] 詹伯慧.汉语方言及方言调查[M].武汉：湖北教育出版社，1991.

[34] 赵日新.豫北方言儿化韵的层次[J].中国语文，2020(5).

[35] 张金圈.无棣方言志[M].广州：世界图书出版广东有限公司，2015.

[36] 张鸿魁.临清方言志[M].北京：中国展望出版社，1990.

[37] 张树铮.山东寿光北部方言的儿化[J].方言，1996(4).

[38] 张世方.北京官话语音研究[M].北京：北京语言大学出版社，2010.

[39] 张世方.从周边方言看北京话儿化韵的形成和发展[J].语言教学与研究，2003(4).

[40] 郑莉.衡水桃城区方言研究[M].北京：中华书局，2021.

[41] 中国社会科学院语言研究所，中国社会科学院民族学与人类学研究所，香港城市大学语言资讯科学研究中心.中国语言地图集[M].2版.北京：商务印书馆，2012.

[42] 中国语言资源采录展示平台，https://zhongguoyuyan.cn/.